ITALIAN

W9-ALW-925

ITALIAN

Lydia Vellaccio and Maurice Elston

Advisory Editor: Paul Coggle
Institute of Languages and Linguistics
University of Kent at Canterbury

TEACH YOURSELF BOOKS

Grateful thanks to our three sons, Carlo, Tony and Paolo, for their considerable assistance in the making of this course.
L. V. & M. C. E.

Library of Congress Catalog Card Number: 92-80893

First published in UK 1985 by Hodder Headline Plc, 338 Euston Road, London NW1 3BH

First published in US 1992 by NTC Publishing Group, 4255 West Touhy Avenue, Lincolnwood (Chicago), Illinois 60646 – 1975 U.S.A.

Typeset by Macmillan India Ltd, Bangalore 25
Printed in England by Cox & Wyman Ltd Reading, Berkshire.

Impression number	18	17	16	15	14	13	12	11	10
Year	1999	1998	1997	1996	1995	1994			

Contents

Grammar: **potere, dovere** + infin.; **venire a/ rimanere a** + infin.; **stufo di** + infin.; stressed and unstressed object pronouns; **da** *(at the place of)*; **magari; che** in questions and relative clauses; **il quale/ la quale**; present of **potere, dovere, dire** and **sapere**

Introduction

One of the attractions of learning a language on your own is that you can go about it at your own pace and in your own time. Italian has the added advantage that the spoken form is very close to the way the language is written, so that this book, though it can never replace native speakers in their country, can provide a simple and practical entry into the language. Another bonus which is particularly welcome to the learner is that many words are similar in both languages: this means that a competent reading knowledge may be gained with relative ease.

Read the paragraphs which follow to give you an idea of the course layout and some hints on how to tackle the individual sections of each unit.

Contents of Units

These will give you a general picture of the topics and centres of interest that you will be meeting in the course, together with the grammar and structures that go with them.

Pronunciation

You may find it easier to keep referring back to this section as you do the first few units, rather than attempt to master it in one reading. Remember, however, that printed instructions can give only an approximation of the actual sounds. Seize any opportunity you can on radio or television to check on your Italian pronunciation.

Dialoghi

The dialogues form the main substance of the book. They give you examples of current spoken Italian in everyday situations. The phrases and English renderings which follow are there to underline the main points of language that the unit will be dealing with. The additional vocabulary will enable you to understand the dialogues without difficulty. Additional material in the form of mini-dialogues concentrates on more detailed situations, and appears in some of the units. Some may find that the best way of seeing how the language works is to study the dialogues; others may find it easier to work through the grammar notes too as they go along: this is a matter for individual preference.

Vero o Falso? Once you think you have understood the dialogues, check your comprehension by working through these 'true or false' statements about them. If, after referring to the key, you see you have answered any wrongly, try and see why before continuing.

Domande You can answer these questions either by direct reference to the dialogues or you can look at the notes first, especially in the case of later units where a certain amount of adaptation of the language may be necessary. (There are no questions on the mini-dialogues.)

Grammatica

You may of course try reading this section before all the others, just to get an idea of what points are being covered in any one unit. However, you will generally find that the section will make more sense if the dialogues have already been read. Their purpose is to explain how the language works so that you may put it to use.

Esercizi

Once you have mastered the dialogues and the notes, you will have another opportunity of practising your writing skills in the Exercise section. However, you should bear in mind that since many of the exercises are designed to give you practice as well as testing material, some will be suitable for oral repetition once you have checked they are correct. With others you will find you have additional material by waiting a suitable period of time and using the answers to work back to the exercises as a type of revision.

Prova di Comprensione

This section (comprehension) is divided into two parts:

Conversazione This acts as a very useful revision for the whole of each unit. A scene is presented which uses the same sort of language as the dialogues, but in a slightly different situation. Although one or two new words may be included, you will be given help with the meaning of them either through the preliminary questions or through the fact that they are like their English equivalents.

Lettura (reading)   What you will have met up to this point in each unit will be examples of spoken Italian. This reading passage aims to give you the opportunity to develop your skill at understanding the written language. You will see from the passages that a wide variety of subject matter has been covered, and that where there are difficulties, the preliminary questions in English will help to resolve them. It doesn't matter if you don't understand every single word; you will find that words not listed below any passage will be in the vocabulary at the back of the book. There will also be many words in these passages whose meanings you will be able to guess: don't be afraid to do so.

Informazioni

Additional information of interest is given to you here and occasionally supplementary questions are added for which you can check the answers at the back.

Key to the Exercises

The more you learn, the more resourceful you will become in your use of the Italian language. Do not be surprised, therefore, if in the later stages of the book you have produced answers at variance with the ones given. They may well be equally correct, and gradually your experience will tell you what is and what is not acceptable.

Appendix

Since new verbs appear throughout the book the most useful ones have been collected together on these pages for ease of reference.

Index

This will refer you to sections in the grammar notes which deal with particular points. You will rapidly familiarise yourself with the headings used and will find that the further you progress with the course, the more time you will save by consulting it.

Further possibilities

If you are using this course as a preliminary for travel, do not be afraid of using the language you have acquired at every available opportunity. Italians are flattered by anyone taking the trouble to learn their language and are usually encouraging, hospitable and attentive to foreigners. Remember, too, that radio and television courses may give you additional practice, whilst the showing of Italian films will be a further stimulus. To extend your reading skills, you may like to try any of the magazines or newspapers mentioned in Unit 20. In this case a dictionary will be very useful.

Use of this course in conjunction with the cassette

Although this course is self-contained and can be worked through independently of any other aids, the purchase of the cassette could enhance your learning in two very useful ways:

(a) As a pronunciation guide with recordings of selected dialogues. You could therefore start each unit by listening to a dialogue and imitating what you hear.

(b) As revision, by listening to the **Conversazioni** which are also recorded. In this case, you could try and answer the questions by covering up the text and trusting entirely to your ear, even if this involved several play-throughs. In this way you would be making a valuable check on your progress and gaining confidence in understanding spoken Italian.

Pronunciation guide

Since Italian spelling is far more consistent than English, a command of its underlying principles makes the pronunciation of new words relatively straightforward.

Vowels

Italian vowels are much 'purer' than their English counterparts and are much more like the vowels heard in Northern England or Scotland than in the South.

a	is like English *a* in *bath* (Northern pronunciation)	**banca**
e	has two sounds:	
	like English *e* in *well*	**bella**
	like English *e* in *they*	**mela**
i	is like *i* in *machine*	**avanti**
		via
o	has two sounds:	
	like English *o* in *got*	**no**
	like English *ou* in *ought*	**sono**
u	is like English *u* in *rule*	**una**

Consonants

The consonants needing particular care are:

c	two sounds:	
	like *ch* in *child* when followed by **e** or **i**	**centro, cinema**
	like *c* in *cat* when followed by **a, o, u** or a consonant	**banca, conto** **cultura, classe**
g	two sounds:	
	like *g* in *general* when followed by **e** or **i**	**cugino, gente**
	like *g* in *gun* when followed by **a, o, u** or most consonants	**dialogo, pagare,** **lingua, grande**

h	is found initially in a few words only. It is never pronounced	ha
r	or **rr** is rolled as in Scotland:	strada birra

s	two sounds:
	    like *s* in *song*
	    like *s* in *toes* (usually
	    like this between vowels)
		secondo
		musica

z	two sounds:
	    like *ts* in ca*ts*
	    like *ds* in *odds*
		grazie
		zona

Double consonants (**ll, mm, rr, ss,** etc.) are more deliberately pronounced
The following combinations need special attention:

ch	like *ch* in *architect*	architetto **ch**i
gh **gli**	like *g* in *gone* like *lli* in *million*	paghiamo luglio
gn	like *ni* in *onion*	giugno
gu	before a vowel is like *gu* in *linguist*	lingua
sc	like *sh* in *she*	scena

Stress and accents

On most words the stress falls on the last syllable but one:	banca posta museo
When the stress falls on the final syllable this is always shown	città perchè
On a few words the stress falls on the last syllable but two:	musica contribuiscono
Very rarely the stress may fall on the last syllable but three:	telefonano desiderano

1 In giro per la città

In this unit you are first going to learn how to ask and answer questions about things and people, then how to make introductions.

1 Cos'è questo?

Frank (**Franco**) is showing his American-born cousin (**cugino italo – americano**) Robert Smith (**Roberto**) round the town. **Roberto** speaks Italian fluently but it is his first visit to Italy.

Roberto Cos'è questo?
Franco Questo è il museo.
Roberto E cos'è questo qui?
Franco Questo è il Duomo.
Roberto È bello! E questa, cos'è? È la banca?
Franco Sì. Questa è la banca.
Roberto Dov'è la posta?
Franco È lì, in Piazza Vittoria.
Roberto Dov'è Piazza Vittoria?
Franco È più avanti. È dopo la stazione.
Roberto Chi è questo? È Garibaldi?
Franco No. Questa è la statua di Mazzini. La statua di Garibaldi è in Via Roma.
Roberto Ma dov'è Via Roma? È a destra?
Franco Via Roma è a sinistra. La strada a destra è Via Quattro Novembre.

Cos'è questo? *What's this?*
Questo è il museo *This is the museum*
Cos'è questa? *What's this?*
Questa è la banca *This is the bank*
Chi è questo? *Who is this?*
È Mazzini *It's Mazzini*
Dov'è Piazza Vittoria? *Where is Victory Square?*

e *and*
qui *here*
il Duomo *the Cathedral*
bello, bella *beautiful*
sì *yes*
la posta *the post-office*
lì *there*
dopo *after*
la stazione *the station*
la statua *the statue*

> **È più avanti**   *It's further on*
> **Ma dov'è Via Roma?**   *But where is Via Roma?*
> **È a destra?**   *Is it on the right?*
> **Via Roma è a sinistra**   *Via Roma is on the left*
>
> **di**   *of*
> **la via, la strada**   *the street/road*
> **Quattro Novembre**   *Fourth of November*
> **ma**   *but*

Vero o Falso? (*True or False?*)   The following are statements about the above dialogue. Say whether each one is true or false. Rewrite those which are false.

1   Roberto è il cugino di Franco.
2   Roberto è italo-americano.
3   Piazza Vittoria è dopo il Duomo.
4   Via Roma è una strada.
5   La statua di Mazzini è in Via Roma.
6   Via Roma è a destra.

Domande (*Questions*)   Answer in Italian the following questions on the dialogue:

1   Chi è il cugino di Franco?
2   È bello il Duomo?
3   Dov'è la posta?
4   Dov'è Via Quattro Novembre, a destra o a sinistra?
5   La statua di Garibaldi è in Piazza Vittoria?

2   Piacere

Franco meets an acquaintance, **la signorina** (*Miss*) **Anna Mauri** and introduces her to his cousin. They then meet **la signora** (*Mrs*) **Bruna Cresta** and all go for a drink.

Franco	Ah, ecco la signorina Anna! Mio cugino: Roberto Smith—la signorina Mauri.
Anna	Piacere.
Roberto	Piacere. Un caffè, signorina? Una birra?
Anna	Un caffè, grazie.
Franco	Ecco la signora Bruna! Vogliamo andare al Bar Paradiso?
Roberto	Andiamo!

Piacere *How do you do?*	**una birra** *a beer*
mio *my*	**grazie** *thanks*
ecco *there's, here's*	**vogliamo andare?** *shall we go?*
la signorina *the young lady, Miss*	**al bar** *to the café*
la signora *the lady, Mrs*	**andiamo!** *let's go!*
un caffè *a coffee*	

Vero o Falso?   **Domanda**
7 Anna è una signorina.   6 Chi è Bruna?

Grammatica

1 Questions and answers

How to ask a question about who or what, someone or something is:

People: **Chi è?** *Who is it?*   **È Anna.** *It's Anne.*
Things: **Cos'è?** *What is it?*   **È la posta.** *It's the post-office.*

È means *he is/she is/it is* and also *you are*, according to context.
To ask where someone or something is, use:

> **Dov'è?**   *Where is he/she/it?*
> **Dov'è la statua?** *Where is the statue?*

Dov'è stands for **dove** (*where*) + **è**: the final **–e** is dropped for ease of
pronunciation. The final **–a** of **cosa** is dropped in **cos'è** for the same
reason.

People:
Dov'è Anna? *Where is Anne?*   **È in piazza.** *She is in the square.*
Dov'è Roberto? *Where is Robert?*   **È in piazza.** *He is in the square.*

Things:
Dov'è il museo? *Where is the*   **È in piazza.** *It is in the square.*
                     museum?
Dov'è la fontana? *Where is the*   **È in piazza.** *It is in the square.*
                       fountain?

In addition to the above types of question, Italian uses voice
modulation by raising the tone on the final word so that:

> **Questo è il Duomo.**   means   *This is the cathedral.*
> **Questo è il Duomo?**   means   *Is this the cathedral?*

The last example could also be expressed as follows:

> **È questo il Duomo?** (as in English) or **È il Duomo questo?**

2   *Signore* (*Mr*), *Signora* (*Mrs*), *Signorina* (*Miss*)

Titles ending in **-ore**, such as **signore**, **dottore** (*Doctor*) and **professore** (*professor, teacher*), drop the final **–e** when followed by a proper name:

Buongiorno, dottore!	becomes	**Buongiorno, dottor Nuzzo!**
Buongiorno, professore!	becomes	**Buongiorno, professor Salviati!**

Note that

(a)   **buongiorno** (*hello, good morning*, or *goodbye*) is often followed by the title alone, written without an initial capital letter.

(b)   Italians prefer not to use **buongiorno**, etc., on its own but like to say: **Buongiorno, signore! Buongiorno, signora!** etc. In such cases, **signore**, etc., are best left untranslated.

When you are not addressing people directly, but talking about them, you must use **il signore, la signora**, etc.:

Dov'è **il** signore?	*Where is the gentleman?*
Dov'è **il** signor Nuzzo?	*Where is Mr Nuzzo?*
Dov'è **la** signora Salviati?	*Where is Mrs Salviati?*

3   *il, la* (*the*); *un, una* (*a, an, one*); *questo, questa* (*this*)

In Italian most words end in a vowel.
Names for men usually end in **–o** (**Roberto, Franco**)
Names for women usually end in **–a** (**Anna**)
Names for things usually end in **–o** or **–a** (**museo, banca**)

If they end in **–o** they are called masculine nouns.
If they end in **–a** they are called feminine nouns.

Some nouns end in **–e**, and you must learn whether these are masculine or feminine as you meet them.

Un, il and **questo** are used with masculine nouns.
La, una and **questa** are used with feminine nouns.

The following table illustrates these points:

Questo		**il** museo. **un** dottore.		*the*	*museum.*
	è		*This is*	*a*	*doctor.*
Questa		**la** piazza. **una** lezione.		*the* *a*	*square.* *lesson.*

4 *Grazie*

Note the following additional uses of **grazie**:

Sì, **grazie**.   *Yes please.*
No, **grazie**.   *No thank you.*

Esercizi

ESERCIZIO 1.1 Look back at the dialogues and answer these questions saying whether each of the following is **un signore**, **una signora**, **una signorina**:

(*a*) Chi è Roberto?   (*c*) Chi è Franco?
(*b*) Chi è Anna?   (*d*) Chi è Bruna?

ESERCIZIO 1.2 Answer the following questions which refer to the plan below, using **a sinistra** or **a destra**. You are standing where the cross is and looking up **Via Roma** towards the station.

(*a*) Dov'è la posta?   (*c*) Dov'è Piazza Mazzini?
(*b*) Dov'è Piazza Dante?   (*d*) Dov'è il Bar Paradiso?

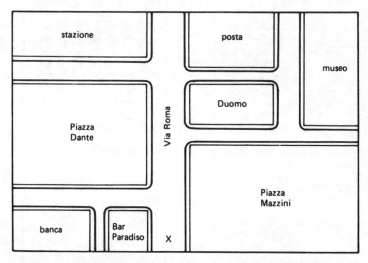

ESERCIZIO 1.3 Now ask where the remaining buildings are (**stazione, banca, Duomo, museo**) and answer the questions you have formed as in Exercise 1.2.

ESERCIZIO 1.4 Ask what the following are and answer as in (*a*) below, which is done for you.

(a)

(b)

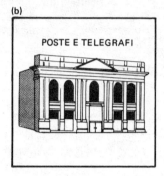

Cos'è questa?
Questa è la fontana.

(c)

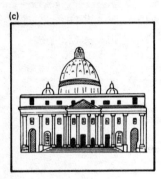

(d)

(e)

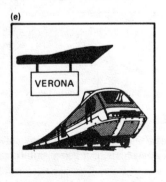

(f)

Prova di Comprensione

1 Conversazione

Read the following passage in which a guide is showing tourists round the town, and answer the questions on it.

1 Why is Via Roma mentioned?
2 Which consulate is mentioned?
3 Where is it?
4 What sort of bank is specified?
5 What does the guide describe as magnificent?
6 Which building is very interesting?
7 Why is Bernini, the famous Italian architect and sculptor, mentioned?
8 What is behind the Excelsior cinema?

Signore e signori, buongiorno!
Questa è la strada principale: Via Roma.
Questo a sinistra è il consolato americano. Questa è la Banca Commerciale.
Andiamo più avanti. Ecco Piazza Aragona. È magnifica, vero? Il museo qui a destra è molto interessante. La fontana è di Bernini, un famoso architetto e scultore italiano.
La Stazione Centrale è lì dopo il Cinema* Excelsior.

* Generally, words ending in **–ma** are not of Italian origin and are masculine. Most are very similar to English words: **il cinema, il problema, il panorama, il programma**, etc.

2 Lettura

Before reading this passage, look at the questions carefully, since they will give you some clues about the subject matter.

1 What sort of activities can an Italian engage in when he goes to a square?
2 What buildings might you find around the square?
3 Which Italian cities are mentioned as famous for their squares?
4 Which square has fountains on either side of it?
5 What is noteworthy about the square in Florence?

La piazza

In Italia la piazza rappresenta una parte integrante della vita, e una bella statua o una bella fontana contribuiscono spesso alla sua bellezza. Per un caffè, per un appuntamento, per una discussione o per un po' di musica, un italiano va generalmente in piazza dove c'è spesso un teatro famoso, un monumento, una statua importante, un bar o un ristorante con un'orchestra. Famosa in tutto il mondo è Piazza San Pietro a Roma, con il Vaticano e con una fontana a destra e una fontana a sinistra. A Venezia, Piazza San Marco è stupenda, e a Firenze Piazzale Michelangelo offre un magnifico panorama di tutta la città.

integrante *integral*	**va** *goes*
della vita *of life*	**c'è** *there is*
spesso *often*	**con** *with*
alla sua bellezza *to its beauty*	**tutto/tutta** *whole, all*
appuntamento *appointment*	**mondo** *world*
per *for*	**a** *in*
o *or*	**un piazzale** *an open square*
un po' *a bit, a little*	

Informazioni

1 *Dante, Mazzini, Garibaldi*

Squares and streets in Italian towns are often named after famous people in the country's history. Dante (1265–1321) was the greatest Italian poet. Garibaldi (1807–82) and Mazzini (1805–72) were both Italian patriots who fought for the unification of Italy.

2 *Il bar*

Il bar is the normal name for an Italian café. Both alcoholic and non-alcoholic drinks are served there. In most you have to pay at the cashier's desk first, obtain a ticket (**scontrino**) and present it at the counter to get your drink. If you sit at a table, you pay more.

2 Parlare di sè

In this unit you will learn how to give and ask for personal details: where someone comes from, job, marital status, family. You will also be introduced to numbers and learn how to ask and answer whether you understand.

1 Di dov'è?

La signora Barbara Setzler, whose husband is Swiss, is applying for a job as an accountant (**ragioniera**) at the office of **il dottor Verga**, a manager (**dirigente**) of two shoe factories. Downstairs she asks the porter (**portiere**) where his office is.

Barbara	A che piano è il signor Verga, per favore?
Portiere	Il dottor Verga? Terzo piano, N°10. Quarta porta a destra.
Barbara	Grazie.
Portiere	Prego.

She goes up to the office. In the waiting room she finds **il signor Nunzio**, an accountant (**ragioniere**) and a young lady talking to each other while waiting to be interviewed.

Ragioniere	Capisce l'inglese?
Signorina	No. E lei?
Ragioniere	Capisco tutto, ma non parlo bene.
Signorina	È di Milano?
Ragioniere	No. Sono di Firenze. Lei, di dov'è?
Signorina	Io sono di Milano.
Ragioniere	Cosa fa, signorina?
Signorina	Sono dattilografa.
Ragioniere	Io sono ragioniere.

A che piano è il signor Verga . . .? *What floor is Mr Verga on . .?*	**per favore** *please*
	il dottore *doctor*
(Al) terzo piano N°10 (numero dieci) *(On the) third floor N°10*	**quarto/a** *fourth*
	porta *door*
	grazie *thank you*
	prego *don't mention it*

Capisce l'inglese? *Do you understand English?*	**Cosa fa, signorina?** *What do you do?*
Capisco tutto ma non parlo bene *I understand everything but don't speak well*	**Sono dattilografa.* E lei?** *I'm a typist. And you?*
È di Milano? *Are you from Milan?*	**il ragioniere** *(male) accountant*
No. Sono di Firenze. Lei, di dov'è? *No. I'm from Florence. Where are you from?*	

* Notice that Italian says literally *I am typist*: i.e. the article *a* is omitted when saying what one's job is.

Vero o Falso?

1   Barbara è ragioniera.
2   Il dottor Verga è al terzo piano.
3   La signorina capisce l'inglese.
4   Il ragioniere è di Firenze.

Domande

1   Con chi parla* il portiere?
2   Di dov'è la signorina?
3   Chi è dattilografa e chi è ragioniere?

   * **Parla**   *is speaking*

2   Quanti figli ha?

Doctor Verga is still engaged, so Barbara and his secretary have a chat while they are waiting.

Segretaria	È sposata?
Barbara	Sì. Sono sposata.
Segretaria	Quanti figli ha, signora?
Barbara	Due: Luisa e Paolo.
Segretaria	Quanti anni hanno?
Barbara	Il bambino ha sette anni e va a scuola. La bambina ha solo quattro anni.
Segretaria	Ah, sono piccoli! Io non sono sposata. Mio fratello invece è sposato.
Barbara	Quanti fratelli e quante sorelle ha?
Segretaria	Ho un fratello e una sorella. Io sono la seconda.

È sposata? *Are you married?*	**va a scuola** *goes to school*
Sì. Sono sposata *Yes. I'm married*	**bambina** *girl*
	solo *only*
Quanti figli ha, signora? *How many children have you (got)?*	**quattro** *four*
Due *two*	**sono piccoli** *they are young, small*
Quanti anni hanno? *How old are they?*	**mio fratello** *my brother*
	invece *but, on the other hand*
Il bambino ha sette anni *The boy is seven years old*	**sorella** *sister*
	quanti/e? *how many?*

Vero o Falso?

5   La segretaria è sposata.
6   Barbara ha quattro figli.

Domande

4   La bambina va a scuola?
5   La segretaria è sposata?
6   Quante sorelle ha la segretaria?

Minidialogo

Cameriere	Scusi, signore, cinque o sei caffè?
Signore	Sei caffè al tavolo numero undici e nove birre al numero dodici.
Cameriere	Va bene. Grazie.

il cameriere *waiter*	**al tavolo** *at the table*
scusi *excuse me*	**undici** *eleven*
cinque *five*	**dodici** *twelve*
sei *six*	**va bene** *fine*

Grammatica

1   Articles: *l'* (*the*); *un'* (*a/an*)

l' is used before masculine and feminine words beginning with a vowel.

un' is used only before feminine words beginning with a vowel.

	masc. and fem.		fem. only
the **l'**	avvocato appuntamento orchestra italiana	*a/an* **un'**	orchestra italiana

But **un** (masc.) is used before consonants or vowels:

un telefono   **un** appuntamento

2 Plural of nouns

Nouns ending in **−o** (masc.) change the final **−o** to **−i**:

fratel**lo** fratel**li** (*brothers*)

Nouns ending in **−a** (fem.) change the final **−a** to **−e**:

sorel**la** sorel**le** (*sisters*)

Nouns ending in **−e** (masc. or fem.) change the final **−e** to **−i**:

(il) ragionier**e**   ragionier**i** (*accountants*)
(la) stazion**e**   stazion**i** (*stations*)

Nouns ending in a consonant or in an accented vowel do not change:

(il) caffè   due caffè (*two coffees*)
(il) bar   tre bar (*three bars*)
(la) città   due città (*two towns*)

3 Adjectives

There are two types of adjectives:

those ending in **−o/−a**
those ending in **−e**

They agree in number and gender with the noun they qualify. On page 18 you will find a table illustrating agreement in more detail.

4 Pronouns

Personal pronouns (**io**, **lei**, etc.) are normally omitted. They are used only for emphasis, contrast or to avoid ambiguity (see dialogue, p. 9).

(Io) sono di Milano.   *I am from Milan.*

(**Lei**) è di Firenze?	*Are you from Florence?*
(**Lei**) parla italiano?	*Do you speak Italian?*

5 Negative

To form the negative put **non** before the verb:

(Io) **non** $\left\{ \begin{array}{l} \text{parlo} \\ \text{sono} \end{array} \right\}$ inglese. *I* $\left\{ \begin{array}{l} \textit{do not speak} \\ \textit{am not} \end{array} \right\}$ *English.*

6 Numbers

Here are the numbers from 1 to 12. Notice that **un, una**, besides meaning *a* or *an*, also mean *one*. This is the only number which agrees with the noun which follows. The others do not change. When there is no noun following, use **uno, una: un museo** but **numero uno** (*number one*).

1	uno	5	cinque	9	nove
2	due	6	sei	10	dieci
3	tre	7	sette	11	undici
4	quattro	8	otto	12	dodici

First, second, third, etc., are adjectives in Italian:

il **primo** piano	*the 1st floor*
il **secondo** dialogo	*the 2nd dialogue*
la **terza** porta	*the 3rd door*
la **quarta** strada a destra	*the 4th road on the right*

7 *Tavolo/tavola*

Tavolo is the normal way of referring to a table in a café. In a house **tavola** is more generally used.

Esercizi

ESERCIZIO 2.1 Write out the dialling codes for the following Italian towns as in the first example and practise saying them:

(*a*)	Pisa	3950	tre nove cinque zero
(*b*)	Genova	3910	
(*c*)	Perugia	3975	
(*d*)	Roma	396	
(*e*)	San Remo	39185	

ESERCIZIO 2.2 Roman numerals show the floor someone is on, ordinary ones the room number. Form questions, and answer them, as in the example:

Sig. Alvati ɪ 12

A che piano è il signor Alvati, per favore?
Primo Piano, numero dodici.

(a)	Dott. Corradi	ɪɪɪ	9.	(c)	Prof. Ripa	ɪv 6.
(b)	Sig.ra Malara	ɪɪ	8.	(d)	Sig.na Lotti	ɪ 10.

ESERCIZIO 2.3 Here are some Italian nameplates. Ask what each person does and answer, as in the example:

Dott. O. Colombo
PROFESSORE

Cosa fa il dottor Colombo?
È professore.

(a)

Prof. P. Russo
ARCHITETTO

(b)

Carlo Pini
RAGIONIERE

(c)

Olga Fulvi
DENTISTA

(d)

Alfredo Biondi
GIORNALISTA

ESERCIZIO 2.4 You are going through an Italian town. Your guide is pointing out all the sights and in response you show your appreciation by saying either **È bello!** (for masculine nouns) or **È bella!** (for feminine ones):

Esempio: Questo è il Duomo. È bello!
Questa è la stazione. È bella!

(*a*) Questo è il ministero.
(*b*) Questo è il museo.
(*c*) Questo è il Bar Luigi.
(*d*) Questa è la fontana.

(*e*) Questa è Via Roma.
(*f*) Questo è il teatro.
(*g*) Questa è Piazza Vittoria.
(*h*) Questo è il consolato.

Informazioni

Telephones

To make a telephone call in Italy you generally go to a bar or café. There will often be a yellow disc outside to show that there is a public telephone. To operate it you will have to use **gettoni** (*tokens*) which you can buy at the **cassa** (*cash-desk*) or at a newspaper kiosk. In certain cases, especially at airports and stations, money may be used. It is also possible to make calls from some post-offices but these are not plentiful.

STD is **teleselezione** and the dialling code is called **prefisso**.

3 Il colloquio

In this unit personal details are continued: name, nationality, age, etc., and how to ask someone whether they speak a language and how to answer. There is also an introduction to telephone language.

1 Come si chiama?

Barbara now has her interview (**colloquio**) with **il dottor·Verga.**

Dott. Verga	Come si chiama, signora?
Barbara	Mi chiamo Barbara Setzler.
Dott. Verga	Setzler? . . . Non è italiana?
Barbara	Sì. Sono italiana. Mio marito è svizzero.
Dott. Verga	Quanti anni ha, signora?
Barbara	Ho ventisette anni.
Dott. Verga	Parla inglese?
Barbara	No. Non parlo inglese. Parlo francese e tedesco.
Dott. Verga	È ragioniera?
Barbara	Sì. Sono ragioniera.

Come si chiama? *What's your name?*

Mi chiamo . . . *My name is . . .*

(Non) è italiana? *Are(n't) you Italian?*

Sì. Sono italiana *Yes. I am Italian*

Quanti anni ha? *How old are you?*

Ho ventisette anni *I am twenty-seven*

Parla inglese? *Do you speak English?*

No. Non parlo inglese *No. I don't (speak English)*

mio/a *my*
marito *husband*
svizzero/a *Swiss*
francese *French*
tedesco/a *German*
ragioniera *(female) accountant*

Vero o Falso?

1 Barbara non è italiana.
2 Barbara non parla inglese.
3 Il marito di Barbara è tedesco.

Domande

1 Il marito di Barbara è italiano?
2 Quanti anni ha Barbara?

2 Pronto! Chi parla?

The secretary is on the telephone (**al telefono**) with **l'avvocato Russo** a lawyer (**avvocato**) who wants to speak to **il dottor Verga**.

Segretaria	Pronto! Chi parla?
Avvocato	Sono l'avvocato Russo. Vorrei parlare con il dottor Verga.
Segretaria	Io sono la segretaria. Il dottore è occupato. Ha un appuntamento?
Avvocato	No, signorina. Ma è urgente. Urgentissimo.
Segretaria	Un momento, avvocato . . . Le passo il dottor Verga.
Avvocato	Grazie.
Segretaria	Prego.

Pronto! Chi parla? *Hello! Who's speaking?*
Sono l'avvocato Russo *It's (lit: 'I'm the lawyer') Mr Russo*
Ha un appuntamento? *Have you got an appointment?*
Vorrei parlare con *I'd like to speak to*
occupato/a *busy, engaged*
urgente *urgent*
urgentissimo/a *very urgent*
Le passo . . . *I'm passing you over to . . .*

Vero o Falso?

4 L'avvocato Russo ha un appuntamento con il dottor Verga.

Domande

3 Come si chiama* l'avvocato?
4 Chi parla al telefono con la segretaria?

* **Si chiama** also means '*his/her name is . . .*'. This will be explained later.

Grammatica

1 Adjectives

Here is a table to illustrate how the two types of adjective, those ending in **−o/−a** and those ending in **−e**, agree with the nouns they qualify:

singular

	masculine		*feminine*
−o	occupato sposato italiano	**−a**	occupata sposata italiana
−e	centrale commerciale inglese	**−e**	centrale commerciale inglese
	L'avvocato è occupato. Il dottore è inglese.		La segretaria è occupata. La ragioniera è inglese.

Note that:

un italiano = *an Italian man*   un inglese = *an Englishman*
un'italiana = *an Italian woman*   un'inglese = *an English woman*

2 Age

To express age in Italian use the verb **avere** (*to have*):

Quanti anni **ha** Paolo?   *How old is Paul?*
Ha sette anni.   *He is seven years old.*

3 *Quanti, quante* (*how many*)

Quanti/quante are adjectives and therefore agree with the nouns they qualify:

Quanti fratelli ⎱ ha?   *How many* ⎰ brothers ⎱ *have you?*
Quante sorelle ⎰   ⎱ sisters ⎰

4 Verbs: present tense

In Italian the verb ending for *I* (first person singular) is always –**o**.

parlo	*I speak*
capisco	*I understand*
sono	*I am*
ho	*I have*

In Italian there is only one present tense, so that:

parlo = *I speak/I do speak/I am speaking/do I speak?/am I speaking?*

The verb endings for *you*, *he*, *she*, *it* (second and third person singular) are –**a** or –**e**.

parla	*you speak, he/she speaks*
capisce	*you understand, he/she understands*
è	*you are, he/she/it is*
ha	*you have, he/she/it has*

The '**h**' in **ho**, **ha**, **hanno** (*they have*) is never pronounced.

5 Titles

In Italy the title **professore** refers to any professor or teacher. The title **dottore** refers to any university graduate and is not confined to the medical profession. A lawyer is addressed as **avvocato** and an accountant as **ragioniere.** These titles are often used even without the name, so that to an accountant you would say: **Buongiorno, ragioniere,** or to a lawyer: **Dove va, avvocato?** (*Where are you going?*)

They are abbreviated as follows:

avvocato = **avv.**	dottore = **dott.**	professore = **prof.**
ragioniere = **rag.**	signore = **sig.**	signorina = **sig. na**
signora = **sig. ra**		

Esercizi

ESERCIZIO 3.1   Imagine the characters below are introducing them-selves and giving their nationality (represented by the flag in the top right-hand corner):

Esempio: Mi chiamo Luigi Spada. Sono italiano.

(a) Luigi Spada

(b) James Brown

(c) Marie Dubois

(d) Wayne Rogers

(e) Wilhelmina Tell

(f) Ilse Kühne

ESERCIZIO 3.2   Below is a family tree. The person ringed, Marco Pulcini, is being asked questions about himself and his family. Look at the questions and answers carefully. Then using the same questions, imagine that you are first Riccardo Rossi in family tree (*b*), and then Eva Scala in (*c*) and answer accordingly.

Esempio:

Come si chiama?
Mi chiamo Marco Pulcini.

Di dov'è?
Sono di Losanna.

È sposato? (*For* Eva: È sposata?)
Sì. Sono sposato.

Quanti figli ha?
Ho un bambino e una bambina: Enzo e Isabella.

Quanti anni hanno?
Enzo ha cinque anni e Isabella ha un anno.

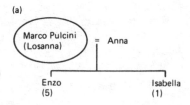

(a)

Marco Pulcini (Losanna) = Anna

Enzo (5)   Isabella (1)

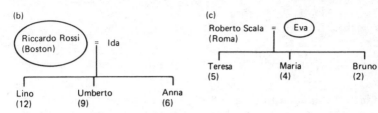

(b)

Riccardo Rossi (Boston) = Ida

Lino (12) Umberto (9) Anna (6)

(c)

Roberto Scala (Roma) = Eva

Teresa (5) Maria (4) Bruno (2)

ESERCIZIO 3.3 Using the same family trees look at the example below and complete the other two examples in the same way:

Enzo _ _ _. Enzo ha una sorella.
Lino _ _ _ _ _ _.
Teresa e Maria hanno _ _.

ESERCIZIO 3.4 Now write a paragraph about Eva Scala (family tree (c)) basing it on the passage about Ida Rossi (family tree (b)).

Ida Rossi è di Boston. È sposata. Suo marito si chiama Riccardo. Ha tre figli. Il primo è un bambino e si chiama Lino. Il secondo si chiama Umberto. La terza si chiama Anna.

suo marito *her husband*

Prova di Comprensione

Conversazione

A market researcher is obtaining information about people's jobs and families. He is interviewing a woman.

1 What is the name of the person being interviewed?
2 Is she married?
3 Where does she come from?
4 What is her job?
5 How many children has she got?
6 What is her husband's job?
7 In what sort of company does he work?
8 Where does he work?
9 What languages does he speak?
10 What languages does his wife speak?

Man	Come si chiama?
Woman	Mi chiamo Marconi. Anna Marconi.
Man	È sposata?
Woman	Sì. Sono sposata.

Man	Di dov'è, signora?
Woman	Sono di Napoli.
Man	Cosa fa?
Woman	Sono giornalista.
Man	Ha figli?
Woman	Sì. Uno. Va a scuola.
Man	Suo marito cosa fa?
Woman	È ragioniere di una piccola compagnia svizzera.
Man	Dove? A Roma?
Woman	No. A Milano.
Man	Parla tedesco?
Woman	Chi? Mio marito? No. Non parla tedesco. Parla francese e inglese.
Man	E lei?
Woman	Io parlo solo italiano.

Lettura

Before reading this passage look at the questions carefully.

1 In what part of Italy are Turin and Milan?
2 What sort of towns are they?
3 What happens to the fashion shoes made in Milan?
4 Where does Mr Verga live?
5 Why does he go to Turin?
6 What sort of man is he?
7 Where does he get his new ideas from?
8 What does he need new ideas for?

Il dottor Verga è dirigente di due fabbriche di scarpe, una a Torino, l'altra a Milano. Torino e Milano sono due importantissime città industriali nel Nord-Italia. A Milano, il dottor Verga fa solo scarpe molto eleganti da esportare a Londra, a Parigi e a Nuova York. A Torino produce un modello più adatto al mercato italiano. Abita a Milano ma va regolarmente a Torino per controllare il funzionamento della fabbrica. È molto energico e viaggia dappertutto per interessi commerciali. Ogni città che visita offre al dirigente una nuova idea per un altro modello di scarpa.

un dirigente *a manager*		**funzionamento** *running*	
fabbrica di scarpe *shoe factory*		**viaggia** *he travels*	
		dappertutto *everywhere*	
più adatto *more suitable*		**ogni città che** *every town that*	
al mercato *for the market*			
abita *he lives*			

4 Che cosa desidera?

In this unit you are going to learn greetings and how to ask for various things: ordering a drink and making purchases in a shop. You will also become familiar with the days of the week, the time and forms of transport. Numbers are continued.

1 Un incontro

A teacher meets one of his students in a café, asks about the other students and offers her a drink.

Professore	Buongiorno, signorina.
Signorina	Buongiorno, professore. Come sta?
Professore	Bene, grazie. E lei?
Signorina	Molto bene, grazie.
Professore	Dove sono gli altri?
Signorina	Sono tutti a scuola. Ma Roberto è in piazza con uno studente francese e Carla è a casa con un'amica.
Professore	Cameriere! . . . Io prendo un espresso. Lei, signorina, cosa prende?
Signorina	Un cappuccino, grazie.
Cameriere	Prego, signore?
Professore	Un cappuccino per la signorina e un espresso.
Cameriere	Ecco, signore. Il cappuccino per la signorina e l'espresso per lei.
Professore	Lo zucchero, per favore!
Cameriere	Subito, signore.

---

un incontro *a meeting*
Buongiorno. Come sta? *Good morning. How are you?*
(Molto) bene, grazie. E lei? *(Very) well, thank you. And you?*
Dove sono? *Where are they?*
Sono tutti a scuola *They are all at school*
Cosa prende? *What are you having?*

Prendo . . . *I'm having . . .*

gli altri *the others*
uno studente *a (male) student*
a casa *at home*
un'amica *a (female) friend*
un cappuccino *a white coffee*
prego *what would you like?*
lo zucchero *the sugar*
subito *at once, right away*

Vero o Falso?

1 Roberto è a casa.
2 Il professore prende un espresso.
3 Il cappuccino è per il cameriere.

Domande

1 Con chi è Roberto?
2 Chi prende l'espresso e chi prende il cappuccino?

2 Dal tabaccaio

The teacher then goes to the tobacconist's to make various purchases.

Tabaccaio	Buona sera, professore.
Professore	Buona sera. Vorrei tre cartoline.
Tabaccaio	Cartoline di Roma?
Professore	Sì. Vorrei tre cartoline di San Pietro.
Tabaccaio	Vuole queste?
Professore	Sì. Queste. Una di queste e due di queste.
Tabaccaio	Vuole altro, professore?
Professore	Vorrei anche questi sigari e un pacchetto di sigarette.
Tabaccaio	Cerini?
Professore	Ah, sì. Una scatola di cerini e i francobolli per le tre cartoline.
Tabaccaio	Ecco, professore: le cartoline, i francobolli, le sigarette, i cerini e i sigari.
Professore	Quant'è? (*he pays*)
Tabaccaio	Grazie. Buona sera.
Professore	Buona sera.

Buonasera (or **Buona sera**) *Good evening, good night*
Vuole altro? *Would you like (*lit: do you want) *anything else?*
Vorrei anche . . . *I would also like . . .*
dal tabaccaio *at the tobacconist's*

una cartolina *postcard*
un sigaro *cigar*
un pacchetto *packet*
una sigaretta *cigarette*
una scatola di cerini *a box of matches*
un francobollo *stamp*
quant'è? *how much is it?*

Vero o Falso?

4 Il professore prende una cartolina.
5 Il professore vuole una scatola di cerini.

Domande

3 Quante cartoline di San Pietro e quanti francobolli vuole il professore?
4 Quanti pacchetti di sigarette e quante scatole di cerini prende?

3 Quando parte?

Finally he meets an acquaintance: we join them in mid-conversation about their plans. They end by arranging to see each other that same evening.

Professore	Che giorno è?
Dottore	Oggi è mercoledì. Quando parte per Parigi? Giovedì o venerdì?
Professore	Parto lunedì.
Dottore	Quando ritorna?
Professore	Parto lunedì mattina e ritorno domenica sera. Vado in una piccola pensione. Gli alberghi sono cari.
Dottore	Io parto martedì. Parto a mezzogiorno e arrivo a Londra il giorno dopo verso mezzanotte.
Professore	Come va? In macchina?
Dottore	No. Vado in treno.
Professore	Allora, ci vediamo sabato pomeriggio?
Dottore	Per me è meglio stasera. In Piazza Roma verso le otto. Va bene?
Professore	Va bene! A stasera, allora. Arrivederci.

Che giorno è? *What day is it?*
Oggi è . . . *Today is . . .*
Quando parte per Parigi? *When are you leaving for Paris?*
Parto . . . *I'm leaving . . .*
Come va? *How are you going?*
Vado in treno, macchina *I'm going by train, car*
ritorno/ritorna *I/you return*
a mezzogiorno *at midday*
verso mezzanotte *at about midnight*
il giorno dopo *the day after*

la pensione *boarding house*
albergo *hotel*
allora *then*
caro/a *dear, expensive*
ci vediamo stasera *I'll see you* (lit: *we see each other*) *this evening/tonight*
per me *for me*
meglio *better*
verso le otto *at about eight o'clock*
va bene *all right*
a stasera *(till) this evening (tonight)*
arrivederci *goodbye*

Ci vediamo	lunedì martedì mercoledì giovedì venerdì sabato domenica	mattina. pomeriggio. sera.	I'll see you on	Monday Tuesday Wednesday Thursday Friday Saturday Sunday	morning. afternoon. evening/ night.

Vero o Falso

6 Il professore parte per Parigi venerdì.
7 Il dottore arriva a Londra a mezzogiorno.

Domande

5 Con chi parla il dottore?
6 Quando parte il professore e dove va?
7 Il professore va in un albergo?
8 Dove va il dottore e a che ora arriva?

4 Scusi, sa dov'è . . .?

Signorina	Scusi, sa dov'è la Stazione Centrale?
Signora	Certo, signorina. Sempre dritto. Dopo la chiesa.
Signorina	È lontano?
Signora	No. Non è lontano.
Signorina	Quanto tempo ci vuole?
Signora	A piedi una mezz'oretta.
Signorina	E in autobus?
Signora	In autobus ci vogliono solo cinque minuti.
Signorina	Che ore sono adesso, per piacere?
Signora	Sono le dieci.
Signorina	Già le dieci? Allora prendo l'autobus.

Scusi, sa dov'è . . . ? *Excuse me, do you know where . . . ?*
Quanto (tempo) ci vuole? *How long does it take?*
Ci vuole/ci vogliono . . . *It takes . . .*
Che ore sono? *What time is it?*

certo *of course*
sempre dritto *straight on*
la chiesa *church*
lontano *far*
a piedi *on foot*
una mezz'oretta *about half an hour*

Sono le dieci *It's ten o'clock*	**adesso** *now*
	per piacere *please*
in autobus *by bus*	**già** *already*
un minuto *minute*	**prendo** *I'll take*
N.B.	

One may say either **sempre dritto** or **sempre diritto**.
una mezz'ora/una mezz'oretta *about half an hour*
mezz'ora (i.e. **una** omitted) *half an hour*

Vero o Falso?

8   La signorina parla con un signore.
9   La Stazione Centrale è dopo la banca.
10 La signorina prende il treno.

Domande

9   Con chi parla la signorina?
10 Ci vuole molto tempo per la stazione, in autobus?
11 La signorina va a piedi?
12 Che ore sono quando la signorina parla con la signora?

Minidialogo

A   Scusi, sa dov'è il mercato?
B   In Piazza Tasso.
A   È lontano da qui?
B   No. È vicino.   **mercato** *market*
A   Grazie.   **da** *from*
B   Prego.   **vicino** *nearby, quite near* (lit: *near*)

Grammatica

1 Articles

(*a*) **uno** *a, an*; **lo** *the*

The above forms are used before masculine words beginning with **z**,
ps or **s** + consonant:

uno zio	*an uncle*	**lo** zio	*the uncle*
uno psicologo	*a psychologist*	**lo** psicologo	*the psychologist*
uno studente	*a student*	**lo** studente	*the student*
uno svizzero	*a Swiss (man)*	**lo** svizzero	*the Swiss (man)*

(*b*) **i/gli/le** (plural)   *the*

masculine

il becomes **i** l' becomes **gli**	+ consonant + vowel	**i** treni **gli** avvocati
lo becomes **gli**	$\left\{\begin{array}{l}+ s\ + consonant \\ + z \\ + ps\end{array}\right.$	**gli** $\left\{\begin{array}{l}studenti \\ svizzeri \\ zii \\ psicologi\end{array}\right.$

feminine

$\left.\begin{array}{l}\textbf{la} \\ \textbf{l'}\end{array}\right\}$ become **le**	+ consonant or vowel **le**	$\left\{\begin{array}{l}strade \\ orchestre\end{array}\right.$

2   Adjectives (plural)

The plural of the two types of adjective (see Unit 3, note 1) corresponds to the plural of nouns as this table shows:

Plural

masculine		*feminine*	
−i	occupati sposati italiani	−e	occupate sposate italiane
−i	commerciali centrali inglesi	−i	commerciali centrali inglesi
Gli avvocati sono occupati. I dottori sono inglesi.		Le segretarie sono occupate. Le ragioniere sono inglesi.	

i.e. All words ending in **-e** in the singular end in **-i** in the plural.

Adjectives normally come after the noun in Italian: **una banca commerciale, un ristorante italiano**. One or two very common ones, however, such as **bello/a** (*beautiful*) come before: **una bella città**. Notice especially therefore any adjective that precedes the noun (see Unit 9, note 13).

3 *I giorni della settimana* (*days of the week*)

Observe the following points:

(*a*) Days of the week do not begin with a capital letter in Italian.

(*b*) **Ci vediamo sabato** (*I'll see you on Saturday*). The English *on* must not be expressed in Italian.

(*c*) All the days are masculine except for **la domenica**, but by using the article one can render the idea of *every:*

> **La domenica vado a messa.** *Every Sunday* (or *on Sundays*) *I go to Mass.*

(*d*) In Italy the first day of the week on a calendar is Monday.

4 *Pomeriggio, sera, notte*

Although these three words mean respectively *afternoon*, *evening* and *night*, **buona sera** may be used at any time after about one o'clock and can therefore mean *good afternoon*, *good evening* or (when parting) *good night*. **Buona notte** is used only when leaving someone and is more final than **buona sera**, often implying that you are going to bed. **Arrivederci** is used only on leaving people.

In English we tend to use *tonight* and *this evening* as synonyms but, in Italian, any time in the evening up to midnight is **stasera**, and **notte** usually refers to the time when people are asleep. **Stanotte** may either mean *last night* or *tonight*.

Buongiorno, apart from meaning *good morning* may also be used as a greeting when we would say *hello* or *goodbye*. Similarly **buonasera**: *good evening, hello, goodbye*.

5 *Quant'è?* (*How much is it?*)

The final –**o** of **quanto** is dropped before **è** for ease of pronunciation (as with **dov'è** in Unit 1) and the final –**i** of **ci** is dropped in **c'è** (*there is*) for the same reason.

6 *Albergo*

The –**g**– of **albergo** is hard. To preserve the same hard –**g**– sound in the plural an –**h**– is inserted before –**i**: **alberghi** (*hotels*). The insertion of –**h**– in the plural often takes place in words ending in –**co**, –**go**, –**ca**, –**ga**: **la banca**, **le banche** (*the banks*).

7   *Che ore sono? Che ora è?* (*What time is it?*)

You must always use the definite article with the time (**le due**, **le tre**, **le dieci**, etc.) except for **mezzogiorno** and **mezzanotte**. Travel timetables are always made out on the 24-hour clock system as indicated below. Note that **e** is used when minutes are added on.

È l'una.	01	00
È l'una e cinque.	01	05
Sono le dodici e dieci.	12	10
Sono le due e quindici.	02	15
Sono le tre e quaranta.	03	40
Sono le sedici e cinquantacinque.	16	55

8   Numbers 13—50

13 tredici	21 ventuno	29 ventinove
14 quattordici	22 ventidue	30 trenta
15 quindici	23 ventitrè	31 trentuno
16 sedici	24 ventiquattro	32 trentadue, etc.
17 diciassette	25 venticinque	40 quaranta
18 diciotto	26 ventisei	41 quarantuno
19 diciannove	27 ventisette	42 quarantadue, etc.
20 venti	28 ventotto	50 cinquanta

Note:

(*a*)   **Venti, trenta**, etc., drop the final vowel when combining with **uno** and **otto: ventotto, trentotto, quarantuno, ventun(o) libri.**

(*b*)   The accent is used on the final **–e** of any number ending in **–trè** except tre itself: **quarantatrè, cinquantatrè**, etc.

9   *Mezzi di trasporto* (*means of transport*)

		aereo.			air.
		autobus.			bus.
Vado	in	bicicletta.	*I'm going*	by	bike.
		macchina.			car.
		treno.			train.
		vaporetto.			boat, steamer.

Va	a	piedi.	*He/she is* / *You are*	going	on	foot.

N.B. **a piedi** *on foot*   **in piedi** *standing*

Italian uses **a** when going to towns, **in** when going to countries:

Vado $\left\{ \begin{array}{l} \textbf{a} \quad \text{Roma} \\ \textbf{in} \quad \text{Italia} \end{array} \right\}$ in aereo. *I am going to* $\left\{ \begin{array}{l} \textit{Rome} \\ \textit{Italy} \end{array} \right\}$ *by air.*

10 Verbs: present tense

The verb ending for *they* in Italian (third person plural) is **–no**:

parlano	*they speak*
capiscono	*they understand*
hanno	*they have*
sono	*they are*
vanno	*they go*

As you can see, **sono** means both *I am* and *they are*.

Esercizi

ESERCIZIO 4.1 Say where Carlo, Roberto, etc. are going to and how they get there:

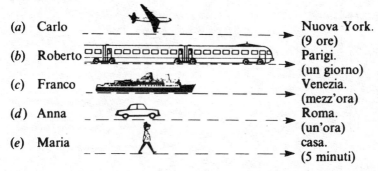

(*a*) Carlo —————————➤ Nuova York. (9 ore)

(*b*) Roberto —————————➤ Parigi. (un giorno)

(*c*) Franco —————————➤ Venezia. (mezz'ora)

(*d*) Anna —————————➤ Roma. (un'ora)

(*e*) Maria —————————➤ casa. (5 minuti)

ESERCIZIO 4.2 Imagine you are speaking to Carlo: the information given in Ex. 4.1 could be rendered in conversational form thus:

You	Dove va, Carlo?
Carlo	Vado a Nuova York.
You	Come va?
Carlo	In aereo.

Do the same for (*b*) Roberto, (*c*) Franco, (*d*) Anna and (*e*) Maria.

ESERCIZIO 4.3 Quanto tempo ci vuole?

You are now going to say how long it takes to reach New York, etc.,
by looking at the right-hand column in Ex. 4.1. **Un'ora** requires the
singular form **ci vuole** whereas **quattro ore** (*four hours*) requires the
plural **ci vogliono**. (*a*) is therefore: **Ci vogliono nove ore.**

ESERCIZIO 4.4 Dove sono?

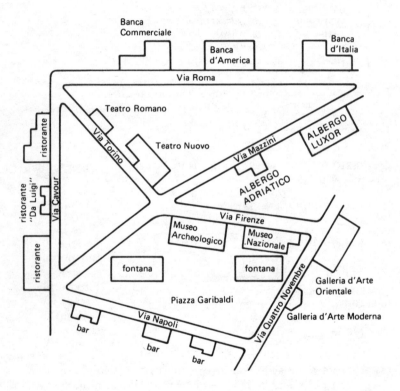

Say where the banks, hotels, museums, theatres, restaurants, cafés,
galleries and fountains are on this town plan, modelling your answer
on this example: **Le banche sono in Via Roma**. (All your statements
will be in the plural.)

ESERCIZIO 4.5 Grande (*large*), **piccolo/a** (*small*)

Make statements about the following buildings on the plan saying whether they are large or small. Make sure the adjectives agree.

Esempio: La Galleria d'Arte Orientale è grande.
La Galleria d'Arte Moderna è piccola.

(*a*) The Da Luigi restaurant.   (*d*) The banks.
(*b*) The Luxor Hotel.   (*e*) The fountains.
(*c*) The Romano theatre.   (*f*) The cafés.

ESERCIZIO 4.6 Che ora è? Che ore sono? (*What time is it?*)

To ask the time, either of the above may be used, but the answer will depend on whether the time is singular or plural:

È l'una, mezzogiorno, mezzanotte.

It's one o'clock, midday, midnight.

Sono le due, le tre, le quattro.

It's two, three, four o'clock.

Write out these times:

(*a*) 07.25   (*d*) 15.50   (*g*) 19.05
(*b*) 12.30   (*e*) 16.10   (*h*) 20.15
(*c*) 13.45   (*f*) 17.55   (*i*) 22.25
                                (*j*) 23.59

Prova di Comprensione

1 Conversazione

Two acquaintances meet in a station café and this is part of their conversation.

1 What is the profession of the second speaker?
2 Where is he going?
3 Who is he meeting there?
4 Why is he going immediately?
5 At what time does the conversation take place?
6 At what time is the train leaving?
7 When is the second speaker coming back?
8 What is he doing on Monday afternoon?

A Buongiorno, avvocato.
B Buongiorno, dottore. Come sta?
A Bene, grazie. Cosa fa qui? Parte?

B   Sì. Parto per Milano. Ho un appuntamento urgente con il dirigente di una fabbrica di cioccolato. E lei, dove va? Parte anche lei?

A   No. Io non parto.

B   Che ore sono? Il mio treno parte a mezzogiorno.

A   C'è tempo. Sono solo le undici. Cameriere! Due birre! Una sigaretta?

B   No, grazie.

A   Allòra, quando ritorna?

B   Ritorno lunedì mattina e nel pomeriggio vado a un congresso.

2 Lettura

1 What does Richard teach?
2 What sort of an establishment does he teach in?
3 In what part of town does he live?
4 What does he do in the afternoons?
5 Why does he go to Frascati?
6 When does he go and when does he return?
7 What does he do for the scientific periodical?
8 How does he always travel?

Un professore

Riccardo è professore di fisica e di chimica in un istituto tecnico a Roma. Ha trent'anni. Non è sposato e abita con un amico in un elegante appartamento nella zona residenziale della città. Parla francese, tedesco e inglese.. La mattina insegna e nel pomeriggio dà lezioni private. Ogni tanto va a Frascati da una sorella sposata. Parte il sabato sera e ritorna il lunedì mattina. Nel tempo libero scrive articoli per una rivista scientifica e fa traduzioni commerciali per una ditta svizzera. È sempre molto occupato e va spesso a congressi. Non è uno sportivo. Viaggia sempre in automobile e non va mai a piedi. La scuola e i libri sono il suo mondo.

insegna	*he teaches*	**la traduzione**	*translation*
dà	*he gives*	**ditta**	*firm*
ogni tanto	*now and again*	**non va mai a piedi**	*he never*
da	*to*		*walks*
nel tempo libero	*in his spare time*	**libro**	*book*
scrive	*he writes*	**il suo**	*his*

Informazioni

1 *Espresso, cappuccino*

Italian **espresso** (*black*) coffee is served in very small cups as it is quite strong. A **cappuccino** is a frothy white coffee which is given a distinctive flavour by a sprinkling of chocolate.

2 *Tabaccaio*

In Italy tobacco and salt are state monopolies. They are both sold in tobacconists' shops, **Sali e Tabacchi**, which also sell stamps. **Cerini** are small wax matches – handy for the pocket. The normal matches, **fiammiferi**, are much larger and used in the home. A lighter is **accendino**.

3 *Servizio compreso*

In cafés and restaurants, etc., where the service charge is included in the price, you will see **servizio compreso** (*service included*). You yourself may ask:

È compreso il servizio? *Is service included?*

However, even when it is, it is customary to leave a tip (**la mancia**) on top of this.

5 Prenotazioni e compere

In this unit you are going to learn how to make polite requests: make enquiries and book a seat on a train; buy clothes describing exactly what you want; book a hotel room.

1 Alla stazione ferroviaria

At the railway station a man is buying a ticket.

Signore   A che ora parte il treno per Bologna?
Impiegato   Parte alle* dieci e quaranta e arriva a Bologna alle quindici e venti.
Signore   Vorrei prenotare tre posti per domani mattina.
Impiegato   Domani? Impossibile!
Signore   Perchè è impossibile?
Impiegato   Perchè domani c'è lo sciopero dei ferrovieri.
Signore   Un altro sciopero? Ci sono sempre scioperi! Tre posti per dopodomani, allora.
Impiegato   C'è un rapido alle otto e trenta, e un espresso alle dieci e quaranta.
Signore   Meglio il rapido. Tre biglietti, andata e ritorno.
Impiegato   Prima o seconda classe?
Signore   Seconda classe. Scusi, da che binario parte?
Impiegato   Dal binario diciotto.

* A (*at*) combines with **la** to give **alla** and with **le** to give **alle**. This is explained in Unit 6.

Alla stazione ferroviaria *at the railway station*	**C'è/ci sono . . .** *There is/there are . . .*
A che ora parte il treno per . . . ? *At what time does the train leave for . . . ?*	**impiegato** *(booking) clerk*
	posto *seat, place*
	domani *tomorrow*
Parte alle . . . e arriva alle . . . *It leaves at . . . and arrives at . . .*	**lo sciopero dei ferrovieri** *rail (waymen's) strike*
	sempre *always*
Vorrei prenotare . . . *I would like to book . . .*	**dopodomani** *the day after tomorrow*
Perchè è impossibile? *Why is it impossible?*	**rapido** *express*
	espresso *fast train*
Perchè . . . *Because . . .*	**biglietto** *ticket*
Da che binario parte? *From which platform does it leave?*	**andata e ritorno** *return (ticket)*
	la classe *class*
Dal binario . . . *From platform . . .*	

Vero o Falso?

1 L'espresso parte per Bologna alle 10.40.
2 Il signore vuole prenotare un posto.
3 Il treno parte dal binario 18.

Domande

1 Per dove parte il signore?
2 Che treno prende? L'espresso?

2 In un negozio di abbigliamento

A sales assistant (**una commessa**) is serving a lady.

Signora	Vorrei un vestito.
Commessa	Di che colore, signora? Nero?
Signora	No. Nero, no. Vorrei un vestito bianco o rosso. Taglia quarantasei.
Commessa	Abbiamo molti vestiti bianchi, signora. Quest'anno il bianco è di moda.
Signora	Sì, questo. Questo è molto elegante. Vorrei anche una camicetta e un paio di pantaloni. Sono di nailon quelle due cravatte vicino allo specchio?

Commessa	Di seta, signora. Sono di seta pura. Belle, vero?
Signora	Bellissime. Prendo quella gialla. E sei fazzoletti.
Commessa	Benissimo, signora. Ecco i pantaloni. Questi verdi sono di cotone e questi grigi di lana. Quali vuole?
Signora	Prendo quelli grigi.
Commessa	E la camicetta, signora? Non vuole la camicetta?
Signora	No. La camicetta è troppo cara.

---

negozio di abbigliamento *outfitter's shop*
Di che colore? *What colour?*
Quali vuole? *Which ones do you want?*
Quelli . . . *Those . . . ones*

vestito *dress, suit*
nero/a, bianco/a *black, white*
rosso/a *red*
taglia *(clothes) size*
abbiamo *we have*
anno *year*
il bianco è di moda *white is in fashion*
camicetta *blouse*

un paio di pantaloni *a pair of trousers*
di nailon *nylon*
quelle cravatte *those ties*
vicino allo specchio *near the mirror*
di seta pura *pure silk*
Belle, vero? Bellissime *Beautiful, aren't they? Very beautiful.*
quella gialla *that yellow one*
fazzoletto *handkerchief*
benissimo *fine, very well*
verde *green*
di cotone *cotton*
grigio/a *grey*
di lana *wool(len)*
troppo caro/a *too dear*

Vero o Falso?

4   La signora vuole un vestito nero, taglia 44.
5   I vestiti bianchi sono di moda.
6   La signora prende la camicetta perchè non è cara.

Domande

3   Cosa c'è vicino allo specchio?
4   La signora vuole i pantaloni di cotone?
5   Perchè la signora non prende la camicetta?

3   In un albergo

A husband and wife are booking a hotel room. The husband is speaking.

Signore	Ha una camera?

Impiegato	Una camera a un letto o una camera a due letti?
Signore	Una camera a due letti con bagno.
Impiegato	Abbiamo due camere libere al quarto piano: una piccola e una grande. La camera grande è cara, ma è bella. È anche molto tranquilla.
Signore	La camera grande, allora.
Impiegato	Mezza pensione o pensione completa?
Signore	Mezza pensione per due persone.
Impiegato	Per quanti giorni?
Signore	Per due settimane. C'è un ristorante qui vicino?
Impiegato	Sì, signore. Qui vicino ci sono molti ristoranti. Sono buoni e non sono cari. Avete il passaporto, signori?
Signore	No. Non abbiamo il passaporto. Abbiamo la patente di guida.
Impiegato	La patente va benissimo. Ecco le chiavi, signore. Numero quarantuno. Gli ascensori e i gabinetti sono lì in fondo. Ragazzo! I bagagli!
Signore	C'è l'acqua calda?
Impiegato	Certo, signore. In tutte le camere c'è l'acqua calda e l'acqua fredda.

---

albergo *hotel*	**libero/a** *free*
Mezza pensione o pensione completa? *Half board or full board?*	**tranquillo/a** *quiet*
	il ristorante *restaurant*
	qui vicino *nearby*
per due persone *for two (people)*	**buono/a** *good*
Per quanti giorni? *For how many days?*	**la patente di guida** *driving licence*
Per due settimane *For two weeks*	**la chiave** *key*
	numero *number*
Avete il passaporto? *Have you (got) a passport?*	**un ascensore** *lift*
	gabinetto *toilet*
Abbiamo / non abbiamo . . . *We have / haven't . . .*	**lì in fondo** *down there*
	ragazzo *boy*
	bagaglio *luggage*
camera *room, bedroom*	**acqua** *water*
a un letto *with one bed*	**caldo/a** *hot, warm*
bagno *bath, bathroom*	**tutto/a** *all, every*
	freddo/a *cold*

Vero o Falso?

7 In questo albergo ci sono due camere libere.
8 Il signore prende la camera piccola.

Domande

6   Perchè il signore prende la camera grande e non quella piccola?
7   I signori hanno il passaporto?
8   Le camere libere sono al primo piano?

Minidialogo

A   Ha una camera, per favore?
B   Singola o doppia?
A   Singola con doccia.
B   Per quante notti?
A   Per una notte.
B   Sì. Ha un documento?
A   Ho il passaporto. La colazione è compresa nel prezzo?
B   No. È a parte.

singolo/a *single*		**la colazione** *breakfast*	
doppio/a *double*		**compreso/a nel prezzo** *included*	
doccia *shower*		*in the price*	
documento *document*		**a parte** *separately*	

Grammatica

1   *Perchè*

Perchè means both *why* and *because*. Any question beginning with **perchè** will therefore be answered by **perchè**:

> **Perchè** è impossibile?   *Why is it impossible?*
> **Perchè** domani c'è lo sciopero dei ferrovieri.   *Because there's a rail-strike tomorrow.*

2   *A che ora ...?*   (*At what time ...?*)

Note

alle due, **alle** due e venti,	*at two o'clock, at two twenty,*
alle tre, **alle** quattro e cinque	*at three o'clock, at five past four*

(**alle, al,** etc., are explained in the following Unit)
But

all'una, **all'**una e venticinque	*at one o'clock, at one twenty-five*
a mezzogiorno, **a** mezzanotte	*at midday, at midnight*

3 Description

(*a*) Colours are adjectives and therefore agree with the nouns they qualify.

(*b*) Like most adjectives they follow the noun:

Vorrei una cravatta **gialla.**   *I'd like a yellow tie.*
Vorrei un vestito **giallo.**   *I'd like a yellow dress.*

(*c*) To show what material something is made of **di** is used:

una camicetta **di** $\left\{ \begin{array}{l} \text{nailon} \\ \text{seta} \\ \text{cotone} \end{array} \right.$ *a* $\left\{ \begin{array}{l} \textit{nylon} \\ \textit{silk} \\ \textit{cotton} \end{array} \right\}$ *blouse*

(*d*) **−issimo** (superlative)
To give the idea of *very*, remove the final vowel from the adjective and add −**issimo/a**, −**issimi/e**:

bello/a	bell−	**bellissimo/a**	*very beautiful*
piccolo/a	piccol−	**piccolissimo/a**	*very small*
grande	grand−	**grandissimo/a**	*very large*

Quelle camere sono bell**issime**.   *Those rooms are very beautiful.*

4 Feminine noun endings

Nouns ending in −**gione**, −**sione** and −**zione** are feminine:

| la stagione | *the season* | la stazione | *the station* |
| la confusione | *the confusion* | la lezione | *the lesson* |

5 *Quest'anno* (*this year*)

In the singular **questo/a** normally drops the final vowel before a word beginning with a vowel (Compare Unit 4, note 5):

quest'anno *this year*   **quest**'orchestra   *this orchestra*

6 *Quello/a, quelli/e* *that* (*one*), *those* (*ones*)

Use **questo/a** when pointing at people or things near you, **quello/a** when pointing at people or things further from you:

Questa cravatta è di seta,
quella è di nailon.   *This tie is silk, that one is nylon.*

7 Verbs

In Italian the verb ending for *we* (first person plural) is always −**iamo** and the verb endings for *you* (second person plural) are −**ate**, −**ite** or −**ete**.

parliamo *we speak*	**parlate** *you speak*
capiamo *we understand*	**capite** *you understand*
abbiamo *we have*	**avete** *you have*
siamo *we are*	**siete** *you are*

8   *C'è, Ci sono* (there is, there are, is there?, are there?)

The plural of **c'è** is **ci sono**:

> **C'è** una camera libera? *Is there a room free?*
> Sì. **Ci sono** molte camere *Yes. There are many rooms*
>   libere. *free.*

9   Infinitive: *Vorrei prenotare*   (*I would like to book*)

Verbs are normally arranged in dictionaries and vocabularies under their infinitive form. **Prenotare** (*to book*) is such a form.

Vorrei + infinitive = *I would like to*

Vorrei { **prenotare** un posto. *I'd like to* { *book a seat.*
{ **parlare** con il direttore. { *speak to the director.*

10   *Fare, comprare*

Note that although **comprare** means *to buy*, the normal way of saying *to buy a ticket* is **fare il biglietto**.

11   Bianchi

As in Unit 4, note 6, the plural of **bianco/a** becomes **bianchi/bianche**. The **h** is added to preserve the hard **c** sound.

Esercizi

	Destinazione	Classe	Ora di Partenza	Binario
Signor Pulcini	Perugia	I	15.25	3
Signor Rossi	Milano	I	18.50	5
Signora Scala	Roma	II	20.35	12

ESERCIZIO 5.1 The conversation below is based on information extracted from the preceding table:

Signor Pulcini	Vorrei un biglietto per Perugia.
Impiegato	Prima o seconda classe?
Signor Pulcini	Prima classe. A che ora parte il treno?
Impiegato	Alle quindici e venticinque.
Signor Pulcini	Da che binario?
Impiegato	Dal binario tre.

Write similar conversations using first **Mr Rossi**, then **Mrs Scala**.

ESERCIZIO 5.2 Using the same table above, we can write about **Mr Pulcini** as follows:

Il signor Pulcini va a Perugia. Fa un biglietto di prima classe e parte alle quindici e venticinque dal binario tre.

Write a similar passage about **Mrs Scala**.

ESERCIZIO 5.3 Carlo is buying some new clothes. Along the top of the table you will see what colours he chooses, and down the side his choice of clothes. The figures refer to how many he buys of each.

	nero	verde
cravatta	1	3
paio di pantaloni	2	1
vestito	1	2

N.B.
(*i*) **un paio** *but* **due paia**
(*ii*) **vestito** *suit, dress*

Write what he buys, starting like this:
Carlo compra una cravatta nera, tre . . .

ESERCIZIO 5.4 Here is a list of buildings (**edifici**) and monuments (**monumenti**) in various places:

Via Rossini : La Banca Commerciale, La Banca Nazionale del Lavoro.
Via Terni : L'Albergo Alba, l'Albergo Luxor, l'Albergo Rialto.
Piazza Dante : Il Palazzo Visconti.

Piazza Cavour :   Il Bar Parini, il Bar Stella, il Bar Verdi, il Bar Marotta.

Roma :   (L'Aeroporto) Ciampino, (l'Aeroporto) Fiumicino.

Using **c'è** or **ci sono** as appropriate, make a statement about each modelling it on the first example which is done for you:

Esempio: In via Rossini ci sono due banche.

N.B. **In/a** via . . . **In/a** Piazza . . . *but* **A** Roma . . .

ESERCIZIO 5.5   Questions about the ticket.

1 From where to where is the ticket?
2 Via what towns is it?
3 How much does it cost?
4 How many days is it valid for?
5 What class is it?

16 AGO 80 4336

FS 7⫪F 328

TARIFFA 1
TRENTO

ROMA TERMINI

VIA VERONA
BOLOGNA FIRENZE

LIRE 14500 2ᴬCL

VALE GIORNI 4
COMPRESO QUELLO
DEL RILASCIO

Prova di Comprensione

1 Conversazione

A man is booking rooms in a hotel.

1 How many rooms are required?
2 How long for?
3 For whom are the rooms required?
4 On what floor are they?
5 What question is asked about the rooms?
6 Describe each room.
7 What refreshment facilities are in the hotel?
8 Where is the restaurant?

Segretario   Buongiorno, signore.
Signore   Buongiorno. Ha due camere per dieci giorni?
Segretario   Per quante persone?

Signore	Per quattro persone: due adulti e due bambini.
Segretario	Abbiamo due camere al terzo piano.
Signore	Con bagno?
Segretario	Una con bagno, l'altra no.
Signore	C'è un ristorante in quest'albergo?
Segretario	No, signore. C'è solo il bar. C'è un buon ristorante in piazza.

2 Lettura

1 What reason is given for the trains always being crowded?
2 What is suggested as being preferable?
3 Which are the two fastest types of train?
4 What makes them more expensive to travel on?
5 What is obligatory on the **super-rapido**?
6 What type of train is the **Settebello**?
7 For whom, according to the passage, is the **espresso** convenient?
8 Which is the slowest type of train?

I treni in Italia

In Italia viaggiare in treno non costa molto e per questo i treni sono sempre affollati. Spesso molti viaggiano in piedi nei corridoi. È preferibile, dunque, prenotare il posto.

I treni più veloci sono il super-rapido e il rapido, e per viaggiare su di essi è necessario pagare il supplemento. I super-rapidi o TEE (Trans-Europ Express) sono treni di lusso con servizio di prima classe solamente e prenotazione obbligatoria. Questi si fermano solo nelle città principali. Il Settebello, per esempio, che va da Milano a Roma (632) chilometri) fa solo due fermate: Bologna e Firenze. I rapidi hanno di solito la prima e la seconda classe e qualche volta solo la prima: sono convenienti per quelli che hanno poco tempo a disposizione.

Dopo il rapido, in ordine di importanza viene l'espresso: un treno a lungo percorso che fa servizio di prima e seconda classe e collega i paesi e le città più importanti. A volte il rapido non è diverso per velocità e fermate da un espresso, ma il primo ha la precedenza sul secondo. I treni diretti, infine, fanno molte fermate, i locali invece, si fermano in tutte le stazioni.

In Italia è preferibile fare il biglietto alla stazione, poichè altrimenti bisogna pagare la multa al controllore che in treno controlla i biglietti.

spesso molti . . . *often many people*	**viene** *comes*
nei, nelle *in the*	**a lungo percorso** *long distance*
dunque *therefore*	**collega** *links*
su di essi *on them*	**il paese** *small town, village*
di lusso *luxury*	**a volte** *sometimes*
solamente, solo *only*	**diverso/a da** *different from*
si fermano *(they) stop*	**infine** *finally*
di solito *usually*	**poichè** *since*
qualche volta *sometimes*	**altrimenti** *otherwise*
per quelli che *for those who*	**bisogna** *it is necessary*
poco tempo *little time*	**multa** *fine*
	il controllore che . . . *the inspector who . . .*

Informazioni

1   *Alberghi e pensioni*

Both **alberghi** and **pensioni** are hotels, but **alberghi** tend to be larger and better equipped, **pensioni** more modest in price and amenities. For each region of Italy a list of hotels is published—**Elenco degli Alberghi** where categories, prices and amenities are given for each **albergo** and **pensione**. The tourist information office **Azienda di Soggiorno e Turismo**, to be found in most towns, will be able to give information on where to go. In villages and small towns an office called **pro loco** will give you advice on where to spend the night.

2   *Prezzo, prezzi*

It is often possible in markets and small shops to bargain for the price of an article or to ask for a discount (**uno sconto**) unless, that is, the sign **prezzi fissi** (*fixed prices*) is displayed.

6 Necessità quotidiane

In this unit you are going to learn how to express what you want to do and why; how hot or cold it is; how hungry or thirsty you are. You will also be able to ask for precise quantities, and talk about times and dates.

1 Che caldo!

On a very hot afternoon Franco and Roberto park their car, hoping to find a place for refreshments.

Franco	Che caldo! Ho sete. Vorrei bere.
Roberto	Io, invece, ho fame. Vorrei mangiare qualcosa. Chissà se c'è una trattoria da queste parti.
Franco	Che sole! Perchè non parcheggiamo qui, vicino alle biciclette?
Roberto	No, qui no. C'è divieto di sosta. Non vorrei pagare un'altra multa!
Franco	È vero. Lì, vicino alla fontana ci sono le vigilesse.
Roberto	Qui, va bene. All'ombra dell'albero. Che fame!
Franco	Prima però, vorrei comprare le sigarette e telefonare al professore. C'è un tabaccaio aperto?
Roberto	Eh, no. È tardi. A quest'ora i negozi sono chiusi.

Che caldo! Che sole! *How hot it is! How sunny it is!*
Ho sete/fame *I'm thirsty/hungry*

divieto di sosta *no parking*
invece *but*
chissà se . . . *I wonder whether*
trattoria *restaurant*

Vorrei bere/mangiàre qualcosa
  I'd like to drink/eat something
Perchè non parcheggiamo qui?
  Why don't we park here?
C'è un tabaccaio aperto? *Is there a tobacconist's open?*
No . . . i negozi sono chiusi
  No . . . the shops are closed

da queste parti *round here*
il sole *sun*
vicino alle biciclette *by the bicycles*
pagare *to pay*
altro/a *other*

multa *fine*
lì *there*
fontana *drinking fountain*
vigilessa *traffic warden (female)*
va bene *it's all right*
all'ombra dell'albero *in the shade of the tree*
prima *first of all*
però *however, but*
comprare *to buy*
telefonare *to telephone*
tardi *late*
a quest'ora *at this time*
chiuso/a *closed*

Vero o Falso?

1 Franco vuol* bere perchè ha fame.
2 Franco e Roberto parcheggiano vicino alle biciclette.
3 Le vigilesse sono vicino alla fontana.
4 A quest'ora il tabaccaio è aperto.

Domande

1 Roberto ha fame: cosa vuol fare?
2 Cosa fanno Franco e Roberto all'ombra dell'albero?
3 Cosa vuol comprare Franco? A chi vuol telefonare?

* **vuole** may become **vuol** before an infinitive beginning with a consonant, especially in the spoken language:

Cosa **vuol**	{ fare?	*What would you*	{ *to do*
	bere?	*like* (lit: *do*	*to drink?*
	mangiare?	*you want)*	*to eat?*

2 In salumeria

Salumiere   Cosa desidera, signore?
Signore   Vorrei dei panini, del formaggio, del burro e della mortadella.
Salumiere   Quanto formaggio, signore?
Signore   Un etto di formaggio, un etto di burro, due etti di mortadella e sei panini.

Salumiere	Ecco, signore.
Signore	Vorrei anche degli spaghetti e dello zucchero.
Salumiere	Quanto zucchero?
Signore	Mezzo chilo di spaghetti e un chilo di zucchero. Poi vorrei delle uova fresche e dell'olio.
Salumiere	Subito, signore. Ecco. Desidera altro?
Signore	No. Basta cosi. Pago qui?
Salumiere	No, paga alla cassa.

Salumeria delicatessen
Cosa desidera? *What would you like?* (**Desidera** *is more formal than* **vuole**)
Vorrei . . . *I'd like . . .*
Desidera altro? *Would you like anything else?*
No. Basta così *No. That will do* (lit: *it's enough thus*)
Pago qui? *Do I pay here?*
No. Paga alla cassa *No. You pay at the cash desk.*

dei, del, della, etc. *some*
panino *roll*
formaggio *cheese*
etto *100 grams*
burro *butter*
mortadella *mortadella (Bologna sausage)*
quanto *how much*
chilo *kilogram*
poi *then*
l'uovo (*pl*: **le uova**) *egg*
fresco/a *fresh*
olio *oil*

Vero o Falso?

5 Il signore vuole dei panini, del caffè, del burro e della birra.
6 Prende un chilo di mortadella e un etto di zucchero.
7 Paga alla cassa.

Domande

4 Quanto burro e quanto formaggio desidera il signore?
5 Il salumiere e il signore sono in banca?

3 Cosa fate qui?

Two couples meet at the airport. It is the ladies who are addressing each other.

Signora A	Cosa fate qui all'aeroporto?
Signora B	Aspettiamo degli amici. E voi, partite?
Signora A	Si. Noi andiamo in Grecia. Ma i ragazzi, no. Questa volta loro fanno il campeggio. Vanno al mare.

Signora B   Beati voi! Vorrei partire anch'io! Come va il nuovo lavoro?

Signora A   Be', insomma . . . C'è molto da fare. Incomincio alle otto e mezza e finisco all'una meno un quarto. Poi ritorno in ufficio alle quattro e un quarto e lavoro fino alle sette. E lei, lavora sempre nella stessa biblioteca?

Signora B   Sì. Quest'anno faccio un po' di tutto. Faccio anche delle ricerche. Ma non parliamo di lavoro! Piuttosto, perchè non ci vediamo il mese prossimo? Va bene il dodici a casa mia?

Signora A   Quanti ne abbiamo oggi?

Signora B   Ne abbiamo trentuno. Domani è il primo giugno.

Signora A   Sì, il dodici va bene. Al dodici, allora!

Signora B   Arrivederci e buon viaggio!

Cosa fate qui all'aeroporto? *What are you (pl.) doing here at the airport?*

Aspettiamo degli amici *We are waiting for some friends*

E lei, lavora sempre . . . ? *And you, are you still working . . . ?*

Sì . . . faccio un po' di tutto *Yes . . . I do a bit of everything*

Quanti ne abbiamo oggi? *What's the date today?*

Ne abbiamo trentuno *It's the thirty-first*

voi, noi, loro *you (pl.), we, they*

partire *to go away, leave*

Grecia *Greece*

Questa volta *This time*

fare il campeggio *to go camping*

vanno (andare) **al mare** *they are going to the seaside*

Beati voi! *Aren't you lucky!*

anch'io *I too*

come va il nuovo lavoro? *how's the new job going?*

Be', insomma *Well, you know*

c'è molto da fare *there's a lot to do*

incominciare *to begin, start*

alle otto e mezzo *see clocks overleaf*

finire *to finish*

in ufficio *at the office*

fino a *till*

nella stessa biblioteca *in the same library*

le ricerche *research*

il mese prossimo *next month*

il primo giugno *the first of June*

Al dodici, allora *See you on the 12th then*

buon viaggio! *have a good journey!*

Vero o Falso?

8   I signori Avino e i signori Bernardo sono in ufficio.

9 I signori Bernardo aspettano dei cugini.
10 La signora Avino ritorna in ufficio a mezzogiorno.

Domande

6 Cosa fanno all'aeroporto i signori Bernardo?
7 Dove vanno i signori Avino e dove vanno i ragazzi?
8 Fino a che ora lavora la signora Avino?
9 Dov'è la signora Avino alle cinque? È a casa?
10 Chi fa il campeggio e chi fa delle ricerche?

Minidialoghi

A Scusi, a che ora apre il tabaccaio?
B Verso le otto e chiude all'una.
A E di pomeriggio?
B Apre verso le quattro e chiude alle sette e mezza di sera.
A Grazie.
B Prego.

apre *opens*	**di pomeriggio** *in the afternoon*
chiude *closes*	**di sera** *in the evening*
verso *at about*	

A Buonasera, signor Massara.
B Buonasera. Un gelato, per favore.
A Come lo vuole? Alla crema o al cioccolato?
B Alla fragola con panna.
A Va bene.

gelato *ice-cream*	**Va bene** *OK, fine*
come lo vuole? *how would you like it?*	**al cioccolato** *chocolate*
alla crema *confectionary cream*	**alla fragola** *strawberry*
	panna *dairy-cream*

A Buongiorno, signora.
B Buongiorno. Un tè e una pasta, per piacere.
A Il tè al limone o al latte?
B Al latte, grazie.

un tè *tea*	**il limone** *lemon*
pasta *cake, pastry*	**il latte** *milk*

L'orologio (*the clock*)

When not using the 24-hour clock (see Unit 4, note 7) we may use the words **quarto** and **mezzo/a**.

Che ora è?/Che ore sono? *What time is it?*

Sono le dodici	Sono le dodici	sono le dodici	sono le dodici e
È {mezzogiorno / mezzanotte	e {un quarto / quindici	e {mezzo/mezza / trenta	trentacinque

È l'una meno venti   È l'una meno un quarto   È l'una

	domani	alle } verso le }	due (2.00). tre e mezza (3.30). quattro meno un quarto (3.45).
Ci vediamo	dopodomani stasera domenica mattina	all' all'	una (1.00). una e mezza (1.30).
	il mese prossimo l'anno prossimo	a } verso }	mezzogiorno. mezzanotte.

N. B.   **Verso** only means *about* when referring to time.

Note how Italian distinguishes between a.m. and p.m.

Alle {	otto della mattina quattro del pomeriggio otto di sera tre di notte	At {	*eight in the morning (8 a.m.)* *four in the afternoon (4 p.m.)* *eight in the evening (8 p.m.)* *three at night (3 a.m.)*

One may also say **del mattino** but **della mattina** is more usual.

I mesi dell'anno (*months of the year*)

gennaio	aprile	luglio	ottobre
febbraio	maggio	agosto	novembre
marzo	giugno	settembre	dicembre

For months, you hear either **in** or **a**: **in/a giugno**, **in/a settembre**, etc. However **in** is used with April and August; **in aprile**, **in agosto**.

Grammatica

1 The date

(*a*) Like the days, the months start with small letters: **ottobre, novembre, dicembre**, etc.

(*b*) Asking the date:

Quanti ne abbiamo (oggi)?	*What's the date (today)?*
(Ne abbiamo) trentuno.	*(It's) the thirty-first.*

Ordinary numbers are used for the date:

il due marzo, il cinque luglio   *2nd March, 5th July.*

However, for the first of the month use **il primo** (*first*):

il primo settembre   *1st September.*

(*c*) Note that *on* is not expressed, as in the following example:

Ci vediamo il tre agosto.   *I'll see you on 3rd August.*

(*d*) **Prossimo/a** (*next*)

la settimana **prossima**	*next week*
il mese **prossimo**	*next month*
l'anno **prossimo**	*next year*

2 *Di* +definite article

Di (*of*) combines with the definite article (**il**, **la**, etc.) to mean *some*.

(*i*) Start by putting the definite article before the word.
(*ii*) Change **di** to **de**.
(*iii*) Join **de** to the definite article (see the table on the next page).

Note particularly the masculine forms **del, dei, degli**, since in all other cases the letter 'l' is doubled.

(i)	(ii)	(iii)
la birra (*the beer*)	**de +la** birra	**della** birra (*some beer*)
i panini (*the rolls*)	**de +i** panini	**dei** panini (*some rolls*)

di +il = del	**del** formaggio	*some cheese*
di +lo = dello	**dello** zucchero	*some sugar*
di +l' = dell'	**dell'** olio	*some oil*
di +la = della	**della** mortadella	*some mortadella*
di +l' = dell'	**dell'** acqua	*some water*
di +i = dei	**dei** panini	*some rolls*
di +gli = degli	**degli** spaghetti	*some spaghetti*
di +le = delle	**delle** uova	*some eggs*

Di + definite article also, of course, retains its literal meaning (*of the*):

l'ombra **dell'**albero   *the shade of the tree*

3   *A* + definite article

A (*at, to*) combines with the definite article in a similar way, as in the table below. In this case the examples are used with **vicino a** (*near (to)*):

a +il = al		al mare		sea
a +lo = allo		allo studente		student
a +l' = all'		all' albergo		hotel
a +la = alla	vicino	alla stazione	near the	station
a +i = ai		ai musei		museums
a +gli = agli		agli specchi		mirrors
a +le = alle		alle statue		statues

Da (*from*) +definite article behaves similarly:

dal binario due   *from Platform 2*

A +definite article appears in many idiomatic expressions without **vicino**:

al sole *in the sun*	**all'aperto** *in the open air*
al mare *at/to the seaside*	**all'ombra** *in the shade*
(**il mare** *sea*)	**al fresco** *in the cool*

4 *Perchè non . . . ?*

This expression is used to introduce a polite suggestion:

Perchè non andiamo al ristorante? *Why don't we go to the restaurant?*

5 *Beati voi!*

The adjective ending changes according to the person(s) referred to:

Beato lui! *Isn't he lucky!* **Beata lei!** $\begin{cases} Isn't\ she\ lucky! \\ Aren't\ you\ lucky! \end{cases}$

6 *Che* (*in exlamations*)

Che may be used with nouns or adjectives in this construction:

Che $\begin{cases} \text{bello/a!} \\ \text{belli/e!} \end{cases}$ *How lovely!/nice!*
Che caldo! *How hot it is!*
Che sole! *How sunny it is!* (lit: *What sunshine!*)
Che fame! *How hungry I am!* (lit: *What hunger!*)

7 *Buon viaggio!*

Italians use many similar expressions to wish each other something:

Buon divertimento! *Enjoy yourself!*
Buon lavoro! *Have a good day's work!*
Buon appetito! *Have a good meal!*
Buon Natale! *Merry Christmas!*
Buon Anno! *Happy New Year!*

The adjective **buono/a** is nearly always shortened to **buon** before a masculine singular noun. It follows the rules of the indefinite article.

8 Irregular plurals

Un uovo (*an egg*) is masculine, but the plural **uova** is feminine:

delle uova fresche *some fresh eggs* (For **fresche** compare Unit 4, note 6).

Un paio (*a pair*), **due paia** (Unit 5, Ex. 3) behaves similarly.

The plural of **uomo** (man) is **uomini**.

amico *(male) friend* (hard 'c') has the plural form **amici** (soft 'c')
but **amica** *(female) friend* (hard 'c') has the plural form **amiche** (hard 'c')

9   Verbs

(a)   Regular (present tense)

Italian verbs are divided into three conjugations or types according to whether their infinitive forms end in −**are**, −**ere**, or −**ire**. All forms of the present tense have now been met except for the second person singular form '**tu**' which is given here for reference but which will be dealt with in Unit 11. The endings are added to the stem which is obtained by taking off the infinitive endings −**are**, −**ere**, or −**ire**.

	TYPE I **parlare** *to speak*	TYPE II **prendere** *to take*	TYPE IIIa **offrire** *to offer*	TYPE IIIb **capire** *to understand*
io	parlo	prendo	offro	capisco
tu	parli	prendi	offri	capisci
lei, lui	parla	prende	offre	capisce
noi	parliamo	prendiamo	offriamo	capiamo
voi	parlate	prendete	offrite	capite
loro	parlano	prendono	offrono	capiscono

Verbs ending in −**iare** do not double the **i** in the **tu** form: **(tu) incominci, (tu) mangi.**

Other verbs following similar patterns:

TYPE I :	incominciare, mangiare, ritornare, lavorare, aspettare, parcheggiare
TYPE II :	chiudere (*to close*), vedere
TYPE IIIa :	aprire (*to open*), partire
TYPE IIIb :	finire, contribuire (*to contribute*)

From now on any verbs which follow any of these regular patterns will be entered in the vocabularies under the infinitive form only. Type III will be entered either as **offrire** (IIIa) or **finire** (IIIb)

(b)   Irregular (present tense)

The verbs not following the above patterns are irregular in the present tense and will be marked thus in the vocabularies:
avere (irr.). They will be listed as they occur. The ones we have met so far are listed opposite.

essere *to be*	avere *to have*	fare *to do, make*	andare *to go*
sono	ho	faccio	vado
sei	hai	fai	vai
è	ha	fa	va
siamo	abbiamo	facciamo	andiamo
siete	avete	fate	andate
sono	hanno	fanno	vanno

10 *Vero*

Literally **vero** means **true**, but used at the end of a question it means *isn't it?*, *aren't they?*, *don't you?*, etc., depending on the context:

Sono belli, **vero**? *They're beautiful, aren't they?*

Arriva domani, **vero**?
$\left\{\begin{array}{l}\textit{He/she's arriving tomorrow, isn't he/she?}\\ \textit{You're arriving tomorrow, aren't you?}\\ \textit{He/she'll be arriving tomorrow, won't he/she?}\\ \textit{You'll be arriving tomorrow, won't you?}\end{array}\right.$

11 *-essa*

In English we don't always make a distinction between male and female: a doctor may be a man or a woman. In Italian, one way of showing the difference is the ending **-essa**. **Vigilessa** is the feminine form of **vigile**. Other examples:

professore	professor**essa**	studente	student**essa**
dottore	dottor**essa**	avvocato	avvocat**essa**

12 *Molto, troppo*

These words may be used either as adverbs or adjectives.
When used as adverbs they are invariable:

È **molto** bella. (*adverb*) *She's very beautiful.*
La camicetta è **troppo** *cara.* (*adverb*) *The blouse is too dear.*

Abbiamo **molte** *camere.* (*adj.*) *We have many rooms.*
In classe ci sono **troppi** *studenti.* (*adj.*) *There are too many students in class.*

Qui c'è **molta** ombra. (*adj.*) *There's a lot of shade here.*

Esercizi

ESERCIZIO 6.1   Using the plan in Unit 4 Exercise 4 (p. 32) answer the following questions with **vicino a** . . .

(*a*)   Dov'è la Banca Commerciale?
(*b*)   Dov'è il Teatro Nuovo?
(*c*)   Dov'è l'Albergo Adriatico?
(*d*)   Vicino a che piazza è via Napoli?

ESERCIZIO 6.2   Using the same plan, write statements about the banks, hotels, etc., like this:

In Via Roma ci sono delle banche.

ESERCIZIO 6.3   Look at Maria's shopping list and, without mentioning the quantities, write down what she wants to buy. Start like this:

Maria vuol comprare del burro, . . .

un etto di burro
due etti di formaggio
due bottiglie di birra
un litro di olio
tre chili di spaghetti
un chilo di zucchero
una scatola di cerini
una bottiglia di acqua minerale

una bottiglia di acqua minerale   *a bottle of mineral water*

ESERCIZIO 6.4 Read through this passage about what Franco does on holiday (**in vacanza**):

Ogni anno, in agosto, Franco va in vacanza per tre o quattro settimane. Quest'anno desidera fare dei bagni e perciò va al mare con degli amici. Tutte le mattine prepara dei panini con il formaggio o con il salame, poi va alla stazione centrale e prende il treno delle sette e cinque. Verso le otto arriva al mare dove fa subito il bagno. A mezzogiorno mangia i panini. Nel pomeriggio va al bar e se ha molta fame, al ristorante. Ritorna a casa la sera verso le otto.

> **fare dei bagni** *to go swimming*
> **nel pomeriggio** *in the afternoon*
> **perciò** *that's why*

Now imagine that Franco and Roberto are going away together and rewrite the passage starting like this:

> Ogni anno, in agosto, Franco e Roberto vanno in vacanza . . .

Prova di comprensione

1 Conversazione

Two acquaintances, a man and a woman are talking about their holiday plans.

1 Where is the man going?
2 How long is he going for?
3 Is he going camping?
4 Where is the woman going?
5 How long is she going for?
6 How is she going?
7 Where is she going when she comes back?
8 How long is she staying there?
9 Is she going away alone?

Signora	Va in vacanza quest'anno?
Signore	Sì. Vado in Grecia. Parto dopodomani.
Signora	Beato lei! Per quanto tempo?
Signore	Per un mese.
Signora	Fa il campeggio come sempre?
Signore	No. Questa volta vado in albergo. E lei, dove va?
Signora	Io vado in Germania. Vado a Berlino per una settimana.
Signore	Va in aereo?

Signora	No. Vado in treno. Poi, quando ritorno, parto per la Francia per un paio di settimane.
Signore	Va con amici?
Signora	Sì. Vado con amici.

2 Lettura

1 At what time in the afternoon do the shops generally close in Italy?
2 At what time do they reopen?
3 In the evenings, do they close at the same time in winter and summer?
4 Are all shops closed on Sundays?
5 What varies from the North to the South of Italy?
6 At what times do government offices open and close?
7 Would you expect a theatre in Italy to be open on Sunday?
8 Where would you expect to find the stores Upim, Standa and La Rinascente?

Gli orari

Generalmente, in Italia, i negozi chiudono all'una. Riaprono verso le quattro del pomeriggio, e richiudono, d'inverno, alle sette e trenta, d'estate, alle otto. L'orario dipende molto dalla località, dal proprietario del negozio, e soprattutto da ciò che si vende. La domenica sono tutti chìusi, eccetto quelli di generi alimentari che nei piccoli paesi rimangono aperti fino all'una, e a volte fino a sera tardi. Anche per quanto riguarda gli uffici, è difficile dare un orario preciso: varia dal Nord al Sud d'Italia e da città a città. Quelli statali normalmente aprono la mattina alle otto e trenta e chiudono alle due del pomeriggio. I teatri, i cinema, i ristoranti, i bar sono sempre aperti fino a tardi, anche nei giorni festivi. Upim, Standa e La Rinascente sono magazzini molto popolari e si trovano in quasi tutte le città.

proprietario *owner*	**per quanto riguarda** *as far*
soprattutto *especially*	*as . . . are concerned*
da ciò che si vende *on what is sold*	**dare** *to give*
	orario *timetable*
eccetto *except for*	**uffici statali** *government offices*
generi alimentari *foodstuffs*	**giorni festivi** *public holidays*
un paese *village*	**magazzino** *store*
che *which*	**si trovano** *are found*
rimangono *remain*	**quasi** *almost*
a volte *sometimes*	

Informazioni

1 Shops

In winter, Italian shops are generally open from 8.00 a.m. to 7.00 p.m. The lunch break is usually from 1.00 p.m. to 3.00 p.m. In summer, shops tend to be closed between 1.00 p.m. and 4.00 p.m. and to remain open until 8.00 p.m. Many of them observe half-day closing during the week, others one whole day. The latter, such as tobacconists, chemists, hairdressers and some restaurants, close on a rota system.

2 *Giorni festivi, giorni feriali, ferie*

Be careful with these terms. **Giorni festivi** are public holidays and may therefore be contrasted with **giorni feriali**, working days or weekdays. However **le ferie** are *holidays*. On the one hand one may see in summer many shops displaying the sign **CHIUSO PER FERIE** (*closed for the holidays*) and, on the other, **ORARIO FERIALE** (*weekday timetable*) and **ORARIO FESTIVO** (*Sunday or holiday timetable*).

3 Police

The general word for '*policeman*' is **poliziotto**. Most frequently seen in towns is **il vigile** who is responsible for traffic control. The feminine counterpart, **la vigilessa**, assumes the duties of a traffic warden. Many other duties that would fall to the police are carried out by the **carabinieri**, who are more in evidence in country districts, and are strictly speaking part of the armed forces.

7 Io e la mia famiglia

In this unit you are going to learn how to ask and give details about where you live, and talk about your work, leisure and family.

1 Dove abita?

Marisa interviews Carmela, asking her where she lives, what her work is and what she does in her spare time.

Marisa	Dove abita?
Carmela	Abito a Napoli.
Marisa	In che parte di Napoli abita?
Carmela	Al centro.* Vicino all'università.
Marisa	Che lavoro fa?
Carmela	Insegno matematica in un istituto tecnico.
Marisa	Cosa fa nel pomeriggio?
Carmela	Se ho delle riunioni rimango a scuola, altrimenti torno a casa. Quando ho del tempo libero, gioco a tennis o esco con qualche amica.
Marisa	E la sera?
Carmela	Dipende . . . Leggo, scrivo, ascolto la radio, guardo la televisione, oppure se c'è un bel film, vado al cinema.

* You can also say **in centro.**

Dove abita? *Where do you live?*

Abito a Napoli *I live in Naples*

In che parte di Napoli abita? *In what part of Naples do you live?*

Al centro *In the centre*

Che lavoro fa? *What's your job?* (lit: *what work do you do?*)

Insegno matematica *I teach maths*

insegnare *to teach*
istituto tecnico *technical institute*
la riunione *meeting*

rimanere (irr.) *to remain, stay*
altrimenti *otherwise*
tornare *to return*
se *if*
tempo libero *spare time*
giocare a tennis *to play tennis*
esco (*from* uscire, irr.) *I go out*
dipendere *to depend*
leggere *to read*
scrivere *to write*
ascoltare la radio (*pl.* **le radio**) *to listen to the radio*
guardare la televisione *to watch television*
oppure *or else, or*
un bel film *a nice film*

Vero o Falso?

1 Carmela abita vicino all'università.
2 Insegna francese.

Domande

1 In che città abita Carmela?
2 Insegna all'università?
3 Con chi esce quando ha del tempo libero?
4 Cosa fa la sera?

2 Che bella fotografia!

Marisa now looks at a family photograph of Pietro, Carmela's colleague.

Marisa   Che bella fotografia! Chi è quel signore lì vicino alla sedia?
Pietro   Sono io.
Marisa   E quei signori davanti a lei, sono i suoi genitori?
Pietro   Sì. Questi sono i miei genitori: mio padre, mia madre, e questi qui sono i miei nonni.
Marisa   È sua sorella la signora dietro ai nonni?
Pietro   No. È mia moglie, e il bambino seduto per terra è nostro figlio Alessandro.

Che bella fotografia! *What a lovely photograph!*
Chi è quel signore . . . ? *Who is that gentleman . . . ?*
Sono io *It's me.* (lit: *'I am I')*
E quei signori . . . sono i suoi genitori? *And those people . . . are they your parents?*
Sì. Sono i miei genitori *Yes. They're my parents*
È sua sorella la signora . . . ? *Is the lady . . . your sister?*
No. È mia moglie *No. She's my wife*

sedia *chair*
devanti a *in front of*
suo/a, suoi, sue *his, her, its, your*
mio/a, miei, mie *my*
il padre *father*
la madre *mother*
***i nonni** *grandparents*
dietro a *behind*
la moglie *wife*
seduto/a *seated, sitting*
per terra *on the floor*
nostro/a *our*

***nonno** *grandfather*
nonna *grandmother*

Vero o Falso?

3　Pietro è sposato.
4　Nella fotografia sua sorella è dietro ai nonni.

Domande

5　Come si chiama il figlio di Pietro?
6　Alessandro è seduto sulla sedia?

Grammatica

1　*In* + definite article

The preposition **in** also combines with the definite article. The contracted form always begins with the letter '**n**' and the pattern is then similar to **del**, **della**, etc., and **al**, **alla**, etc., in the previous unit: **nel, nello, nella, nell', nei, negli, nelle**.

2　*Bello, quello*

When **bello** and **quello** precede the noun they qualify, they behave similarly to the contracted forms above:

È un **bel** bambino.	*He's a lovely child.*
Che **bello** scaffale!	*What a nice book-case/shelf!*
Quei libri sono interessanti.	*Those books are interesting.*
Quell'istituto è grande.	*That institute is large.*
Quegli appartamenti sono belli.	*Those flats are nice.*

3　Possessive adjectives (with family relations)

Mio, suo and **nostro** are adjectives and must therefore agree with the nouns they qualify. Take special care with **suo, sua, suoi, sue**, which apart from *your* can each mean *his* or *her*.

suo padre	*his* or *her father*	**nostra** madre	*our mother*
sua sorella	*his* or *her sister*	**nostro** fratello	*our brother*

When the relations are in the plural the definite article is required.

Sono **i suoi** genitori?	*Are they your parents?*
Sì. Sono **i miei** genitori.	*Yes. They are my parents.*

Loro *their* is invariable and is always preceded by the definite article.

> **La loro** cugina è qui. *Their cousin* (fem.) *is here.*

A complete list of all the possessives will be given in Unit 9, note 5.

4 *Chi è?*

Notice how in answer to this question the pronoun follows the verb and agrees with it:

Chi è? Sono **io**.	*Who is it? It's me.*
È **lui/lei**.	*It's him/her* or *you.*
Chi siete? Siamo **noi**.	*Who are you? It's us.*
Chi sono? Sono **loro**.	*Who are they? It's them.*
È **lei**? Siete **voi**?	*Is that you* (sing.)/*her? Is that you* (pl.)?

5 *Giocare a*

To play a game is **giocare a**.

$$\text{giocare a} \begin{cases} \text{tennis} \\ \text{pallone*} \\ \text{rugby} \\ \text{carte} \end{cases} \qquad to\ play \begin{cases} tennis \\ football \\ rugby \\ cards \end{cases}$$

* *'to play football'* may also be: **giocare al calcio**

6 *Qualche*

Qualche means *a few* or *some* and is always followed by a singular noun, which must be countable:

qualche	$\begin{cases} \text{amico} \\ \text{amica} \end{cases}$	*some friends* or *some friend*
qualche volta		*sometimes* or *some time*
but	**dell'**acqua	*some water*
	del vino	*some wine*

7 *Signori*

Although **signori** is masculine plural in form, it can refer to men only or both men and women.

> **I signori** Spada   *Mr and Mrs Spada*

Similarly **ragazzi** can mean *boys and girls*, **figli**, *sons and daughters*, etc.

8 *Tornare a casa*

Tornare is frequently used instead of **ritornare** (*to return*); normally the prefix **ri–** means to do something again: **ritelefonare**, *to telephone again*; **rileggere**, *to reread*, **rivedere**, *to see again*. Note the two expressions **a casa** and **a scuola** where no article is used.

9 *Guardare, ascoltare, aspettare*

Guardare and **ascoltare** are followed by a direct object in Italian. The prepositions *at* (*to look at*) and *to* (*to listen to*) are not expressed. **Aspettare** (Unit 6) behaves in a similar way.

Guardo spesso la televisione.	*I often look at (watch) television.*
Ascoltiamo la radio.	*We listen to the radio.*
Aspetta l'autobus?	*Are you waiting for the bus?*

10 Irregular verbs

uscire *to go out*		**rimanere** *to stay, remain*	
esco	usciamo	rimango	rimaniamo
esci	uscite	rimani	rimanete
esce	escono	rimane	rimangono

Esercizi

ESERCIZIO 7.1 Transform the sentences as in the example and notice particularly how the form of **bel/bello**, etc., that you use corresponds to the form of **quel/quello**, etc.

> *e.g.* Quel museo è bello.
> Che bel museo! (*What a nice museum!*)

(*a*) Quella stazione è bella.
(*b*) Quei fiori sono belli.
(*c*) Quegli specchi sono belli.
(*d*) Quelle chiese sono belle.
(*e*) Quelle cartoline sono belle.
(*f*) Quegli alberi sono belli.

ESERCIZIO 7.2 Complete the description of each picture by finishing off the sentence under each one using the appropriate form of **nel/nella/negli**, etc., in every example. The first one is done for you.

(*a*) Il treno è
nella stazione.

(*b*) La statua —
— — —.

(*c*) La macchina —
— —.

(*d*) Le sigarette —
— —.

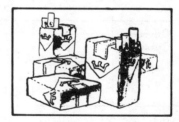

(*e*) Gli studenti —
— — —.

(*f*) C'è troppo sale
— —.

ESERCIZIO 7.3 Read the following passage in which Anna is talking about herself and note how all the information can be extracted from the table below:

Abito a Milano. Lavoro in una banca commerciale. Esco la mattina alle otto meno un quarto e torno a casa alle cinque. Il sabato non lavoro. Vado al mare con mia sorella.

Dove abita?	Dove lavora?	A che ora (a) esce la mattina? (b) torna a casa?	Dove va il sabato?	Con chi esce?
Anna: Milano	banca commerciale	7.45 5.00	mare	sorella
Maria: Terni	agenzia di viaggi[1]	7.55 6.05	montagna	marito
i signori Spada: Napoli	istituto di lingue[2]	7.30 1.40	campagna	genitori

[1] *travel agency*   [2] *language institute*

(a) Write a similar passage first saying what **Maria** would say about herself, and then what **i signori Spada** would say about themselves (**Abitiamo**, etc. . . .).

(b) Write contrasting statements about **Anna** on the one hand and **i signori Spada** on the other. Start like this:
Anna abita a Milano, ma i signori Spada abitano a Napoli.

ESERCIZIO 7.4 Here are some of the things that **Anna, Maria** and **i signori Spada** do in their spare time:

Anna:	leggere; ascoltare la radio
Maria:	giocare a tennis; andare al cinema
I signori Spada:	guardare la televisione; giocare a carte

First write out how **Anna** would talk about what she does, next do the same for **Maria**, and finally write out how **i signori Spada** would talk about what they do.

Prova di Comprensione

1 Conversazione

Marisa is asking a lady about her work and leisure.

1 What sort of work does she do?
2 At what time does she go out?
3 Where does she stay till 1.30?
4 What does she do at 2 p.m.?
5 What does she do in the evenings? (*two activities*)
6 On what day does she go to Santa Marinella?
7 Where is Santa Marinella?
8 Why does she go there?

Marisa	Lei lavora, vero?
Signora	Sì. Lavoro. Insegno francese e tedesco.
Marisa	A che ora esce la mattina?
Signora	Esco di casa verso le otto. Rimango a scuola fino all'una e mezza. Torno a casa verso le due.
Marisa	Cosa fa la sera?
Signora	Leggo. Leggo molto. Se c'è un bel programma, guardo la televisione.
Marisa	E la domenica?
Signora	Vado a Santa Marinella. I miei genitori hanno una villa lì, proprio vicino al mare.

Informazioni

1 Schools

In Italy the normal school timetable starts at 8.30 a.m. and may end at 1.30 p.m.

2 Family snapshots

It is not unusual for Italians you have just met, especially on long train journeys, to show you their family snapshots and ask personal questions. They don't mean to be indiscreet: they are generally interested in you, your family and your children.

8 Cerco casa

In this unit you are going to learn how to ask for accommodation and
how to specify more precise locations for buildings and objects.

1 All'agenzia immobiliare

Robert is looking for a flat and is speaking to the estate agent
(**l'agente immobiliare**).

Ag. imm.	Buongiorno! Desidera?
Roberto	Buongiorno! Cerco un appartamento di quattro camere.
Ag. imm.	Al centro o in periferia?
Roberto	Al centro. Possibilmente da queste parti.
Ag. imm.	Dunque, vediamo un po'... Ah sì! Ce n'è uno proprio vicino al Duomo. È signorile, ammobiliato, ha quattro camere, cucina, ingresso, bagno, balcone.
Roberto	Sì. Va benissimo. Qual è l'indirizzo?
Ag. imm.	Via Mirafiori 12, interno 7.
Roberto	E il numero di telefono?
Ag. imm.	86 84 52.

---

all' agenzia immobiliare *at
the estate agency*
Cerco un appartamento *I'm
looking for a flat*
**Ce n'è uno proprio vicino al
Duomo** *There's one just near
the cathedral*
Qual è l'indirizzo? *What's the
address?*
Via Mirafiori 12, interno 7 *12,
Mirafiori Road, flat 7*
E il numero di telefono? *And the
telephone number?*

cercare *to look for*
periferia *outskirts*
possibilmente *if possible*
dunque *now then*
vediamo (vedere) **un po'** *let's see*
signorile *luxurious*
ammobiliato/a *furnished*
cucina *kitchen*
ingresso *entrance hall*
il balcone *balcony*
va benissimo *that's fine*

Vero o Falso?

1 Roberto cerca un appartamento in periferia.
2 Cerca un appartamento di due camere.

Domande

1 Che cosa cerca Roberto?
2 L'appartamento è vicino alla stazione?

2 Nell'appartamento

The estate agent shows Robert round the flat.

Ag. imm.	Ecco l'appartamento. Questo è l'ingresso. Di qua, prego. Da questa parte c'è il salotto.
Roberto	Che bei mobili!
Ag. imm.	Sono tutti moderni. Questa è la camera da letto. Nell'armadio c'è posto anche per le lenzuola.
Roberto	Il balcone dà sulla strada?
Ag. imm.	No. Dà sul cortile. La finestra dello studio dà sulla strada. Qui c'è la sala da pranzo.
Roberto	Quel vaso sulla tavola è cinese?
Ag. imm.	Ah, non lo so.
Roberto	E questa porta?
Ag. imm.	È la porta della cucina. Avanti, prego!
Roberto	Dopo di lei!
Ag. imm.	Grazie. Come vede, nell'appartamento ci sono tutte le comodità.
Roberto	A chi pago l'affitto?
Ag. imm.	Alla padrona di casa che abita al pianterreno.

Il balcone dà sulla strada? *Does the balcony look out over the street?*
No. Dà sul cortile *No, it looks out over the courtyard*
Quel vaso sulla tavola è cinese? *Is that vase on the table Chinese?*
Non lo so *I don't know*
Avanti, prego! *Do go in!*
Dopo di lei! *After you!*
A chi pago l'affitto? *Who do I pay the rent to?*
Alla padrona di casa *(To) the landlady*

nel, nella, etc. *in the*
di qua, prego *this way, please*

da questa parte *through here, this way*
salotto *living-room*
il mobile *piece of furniture*
bei (pl.) *nice, beautiful*
moderno/a *modern*
camera de letto *bedroom*
armadio *wardrobe*
posto *space, room*
le lenzuola *sheets*
finestra *window*
studio *study*
qua/qui *here*
sala da pranzo *dining-room*
tavola *table*
come vede *as you can see*
comodità *comfort*
pianterreno *ground floor*

Vero o Falso?

3   I mobili sono antichi.
4   Il vaso è sullo scaffale.

Domande

3   Che cosa dà sul cortile, e che cosa dà sulla strada?
4   Che cosa si paga alla padrona di casa?

3   Un appartamentino

The landlord (**il padrone di casa**) shows a woman tenant (**inquilina**) round a flat.

Inquilina	Dove si accende la luce?
Pad. di casa	Qui, vicino al citofono.
Inquilina	C'è anche il telefono?
Pad. di casa	Sì. È lì nell'angolo, sul tavolino. Prego, da questa parte.
Inquilina	È questo il soggiorno?
Pad. di casa	Sì. C'è tutto: il divano, le sedie, le poltrone, lo scaffale per i libri. . .
Inquilina	Ah, c'è anche il televisore!
Pad. di casa	Sì. È a colori. Lei guarda molto la televisione?
Inquilina	No. Non molto. Oh, che bella cucina! Anche il frigorifero è grande!
Pad. di casa	E questo è il bagno. Qui c'è la presa per il rasoio, qui la doccia e lì la lavatrice.

---

appartamentino *little flat*
Dove si accende la luce? *Where does one turn the light on?*
Qui, vicino al citofono *Here, by the entry-phone*
angolo *corner*
tavolino *small table*
soggiorno *living/dining room*
divano *settee*

poltrona *armchair*
lo scaffale *book-case/shelf*
libro *book*
il televisore *television set*
a colori *(in) colour*
frigorifero *refrigerator*
presa per il rasoio *razor socket*
doccia *shower*
la lavatrice *washing-machine*

Vero o Falso?

5   La luce si accende vicino al citofono.
6   Il televisore è in bianco e nero.

Domande

5   Cosa si accende vicino al citofono?
6   Dove (esattamente) sono il televisore e il frigorifero?

Minidialoghi

A   Scusi, c'è un supermercato qui vicino?
B   Sì. Ce n'è uno lì, in fondo alla piazza.
A   Grazie.
B   Prego.

supermercato   *supermarket*   **in fondo a**   *at the other end of*

A   C'è una farmacia qui vicino, per piacere?
B   Sì, ce ne sono due. Una è lì all'angolo, e l'altra è vicino al Municipio.
A   Grazie, buongiorno.
B   Prego, buongiorno.

farmacia   *chemist's*   **Municipio**   *Town Hall*

Grammatica

1   *Cercare*

Cercare means *to look for* and is followed by a direct object in Italian. (Compare with the verbs in Unit 7, **Grammatica** note 9, page 66.)

2   *In periferia*

We have already met expressions where **in** is used without the definite article (Unit 4, **Grammatica** note 9, page 30). A few more examples are grouped here and you will notice others like them throughout the course.

in $\left\{ \begin{array}{l} \text{periferia} \\ \text{piazza} \\ \text{montagna} \\ \text{campagna} \end{array} \right.$ *in the* $\left\{ \begin{array}{l} \text{suburbs} \\ \text{square} \\ \text{mountains} \\ \text{country} \end{array} \right.$

3 *Ce n'è, ce ne sono* (*there is, there are*)

Ne meaning *some, any, of it, (some) of it, (some) of them*, etc., must be used when quantities or numbers are involved in relation to a noun previously mentioned. Although **ne** is not expressed in English, it is essential in Italian. When **ci** precedes **ne** it becomes **ce**: **Ce n'è, ce ne sono**. In the following examples notice how **uno, una** and **molti** agree with the noun to which they refer:

Quanti piani ci sono?	*How many floors are there?*
Ce n'è uno. (C'è un piano)	*There's one (of them).*
Quante camere ci sono?	*How many rooms are there?*
Ce n'è una. (C'è una camera)	*There's one (of them).*
Quanti musei ci sono?	*How many museums are there?*
Ce ne sono molti. (Ci sono molti musei)	*There are lots (of them).*

Notice also the negative construction:

C'è del burro?	*Is there any butter?*
No. **Non ce n'è**.	*No. There isn't (any).*
Ci sono degli sbagli?	*Are there any mistakes?*
No. **Non ce ne sono**.	*No. There aren't (any).*

4 *Le lenzuola* (sing: *il lenzuolo*)

For this plural form see Unit 6, note 8, page 55.

5 *Su* + definite article

Su is another preposition that contracts with the definite article. See the table below.

6 Table of contracted forms

The following table contains all the contracted forms of prepositions in common use in a form handy for reference.

The only two other contracted forms that you are likely to meet and that are not included in the table below are **col (con + il)** and **coi (con + i)**, but they are optional:

Vado a Firenze **col** direttore.	*I'm going to Florence with the director.*
Parlano **coi** ragazzi.	*They are speaking to the boys. (lit: with the boys)*

	il	lo	la	l'	i	gli	le
di *(of)*	del	dello	della	dell'	dei	degli	delle
a *(at, to)*	al	allo	alla	all'	ai	agli	alle
da *(by, from)*	dal	dallo	dalla	dall'	dai	dagli	dalle
in *(in, into)*	nel	nello	nella	nell'	nei	negli	nelle
su *(on)*	sul	sullo	sulla	sull'	sui	sugli	sulle

7 Dopo di lei *(after you)*

Although **dopo** is used by itself before a noun, it is used with **di** before a pronoun:

Il cinema è **dopo** la stazione.   *The cinema is after the station.*
Dopo di lei!   *After you!*

8 Si accende

Si before the third person of a verb has an impersonal meaning, *one*. When English wants to make a generalisation it uses *you* or *people* in the same way,

Si accende la luce.   *You turn the light on.*
Come **si** fa?   *How do you do it?*
In Italia non **si** mangia molto burro.   *People don't eat much butter in Italy.*
L'affitto **si** paga alla padrona di casa.   *You pay the rent to the landlady.*
Si sta bene qui all'ombra.   *It's nice (Lit. one is well) to be here in the shade.*

9 Verbs ending in *−care*, *−gare*, and *−gere*

Verbs ending in *−care* and *−gare* keep their hard 'c' and 'g' sounds throughout their conjugation. They must therefore add an 'h' before 'i' (and 'e' when it appears in other tenses). Verbs in *−gere* do not change their spelling in this way: the 'g' sound therefore changes according to the vowel following, i.e. in **leggo** and **leggono** the 'g' sound is pronounced as in 'got', but in other persons (**leggi**, **legge**, etc.) as in 'ledge'. See the table overleaf.

giocare *to play*	pagare *to pay*	leggere *to read*
gioco	pago	leggo
giochi	paghi	leggi
gioca	paga	legge
giochiamo	paghiamo	leggiamo
giocate	pagate	leggete
giocano	pagano	leggono

Like **giocare**: **cercare** (*to look for*)

Esercizi

ESERCIZIO 8.1   Look at how many rooms, etc. there are in the homes of **Anna**, **Maria** and **i signori Spada**.

	stanze*	camere da letto	piani
Anna	4	2	1
Maria	3	1	1
I signori Spada	7	4	2

Answer the questions using **Ce n'è** or **Ce ne sono** and the number.
(*a*)   Quanti piani ci sono nella villa dei signori Spada?
(*b*)   Quante camere da letto ci sono nella villa dei signori Spada?
(*c*)   Quante camere da letto ci sono nell'appartamento di Maria?
(*d*)   Quante stanze ci sono nell'appartamento di Anna?
(*e*)   Quante stanze ci sono nella villa dei signori Spada?

* In general you can use either **camera** or **stanza** for *room*, but when you want to distinguish between a bedroom and other rooms use **camera da letto** for *bedroom*.

ESERCIZIO 8.2   **Nel, nella**, etc.: Fit the five objects in the left-hand column into the five rooms on the right. (They all refer to the flats in the dialogues.)

presa per il rasoio	camera da letto
frigorifero	soggiorno
televisore	sala da pranzo
letto	cucina
tavola	bagno

The first one would be: La presa per il rasoio è nel bagno.

ESERCIZIO 8.3   Do as in Exercise 8.2 this time using **sul, sulla**, etc.

vaso	scaffale
lenzuola	tavolino
telefono	tavola
libri	letto

ESERCIZIO 8.4   Read the following and notice how the information can be extracted from the table below:

Marco cerca un appartamento di due camere, al centro, vicino al Duomo.

	camere	centro o periferia?	dove?
Marco	2	centro	Duomo
Davide	4	periferia	strada principale
Bianca	3	periferia	stazione
Lola e Rita	5	centro	ufficio

(*a*)   Write a sentence to say what Davide is looking for.
(*b*)   Write a similar sentence for Bianca.
(*c*)   Write a similar sentence for Lola e Rita.
(*d*)   Supposing the estate agent were to ask Lola e Rita what they were looking for, what would they answer?

Prova di comprensione

1   Conversazione

Marisa is asking an inhabitant of Rome something about her flat (see **Informazioni** on page 79).

1   Near what building does she live?
2   What is said about the age of the flat?
3   On what floor does she live?
4   Is there a lift in the building?
5   How many rooms does she say she has?
6   How many bedrooms does she say she has?
7   Which rooms are not included in her total?
8   What can you say about these last two rooms?

Marisa	Abita a Roma, signora?
Signora	Sì. Abito vicino al Colosseo.
Marisa	In una casa moderna?
Signora	Beh . . . non molto moderna.
Marisa	A che piano abita?
Signora	Al quarto.
Marisa	C'è l'ascensore?
Signora	No. L'ascensore non c'è.
Marisa	Quante stanze ha?
Signora	Cinque: tre camere da letto, la sala da pranzo e il salotto. Il bagno è piccolo, ma la cucina è bella grande.

2   Lettura

The extracts below are from **piccola pubblicità** (*small-ads*) in an Italian newspaper. First look at **Informazioni** opposite, next look carefully at the questions, then see if you can understand the advertisements and give the appropriate answers. They are written in 'telegraphic style'—only the essential words are there.

1	Porto Cervo (Sardegna) affittasi appartamento signorile in zona turistica.
2	Milano appartamenti in vendita da 2 a 5 locali.
3	Arona in zona residenziale con parco vendesi appartamento.
4	Milanocase garantisce vendita immediata.
5	Como unica posizione villa panoramica 2 appartamenti indipendenti.
6	La villa che sognate: stupenda costruzione, fronte mare Riviera dei Fiori.
7	Cerco in giugno appartamento libero signorile in costruzione recente.
8	Studente inglese cerca alloggio ammobiliato con scambio conversazione.

un locale	*room (used mostly commercially with this meaning)*
sognare	*to dream (about)*
alloggio	*lodgings*

1 What is being let in Sardinia?
2 What are being sold in Milan?
3 What is being advertised in Arona?
4 What service is the firm Milanocase offering to prospective sellers?
5 Describe the villa in Como.
6 What makes the villa at Riviera dei Fiori so desirable?
7 What is the advertiser looking for exactly? When for?
8 Who is looking for what and what does he want to exchange?

Informazioni

Houses and flats

Although strictly speaking **appartamento** means *flat* and **casa** means *house* or *home*, since most Italians live in flats anyway, they do not make any clear distinction between the two and usually refer to the house or flat they live in as their **casa**. **Uscire di casa** means *to go out* or *to leave home*. The building the flats are in is called **palazzo** (lit: *palace*) or **condominio**. There is often a caretaker in charge, **il portiere**, but as costs rise, caretakers are becoming rarer, and **il citofono** more and more used.

In Italian newspaper advertisements you will see the words **vendesi** (from **vendere** *to sell*) and **affittasi** (from **affittare** *to let* or *to rent*— hence **l'affitto** *the rent*). They are a commercial way of saying **si vende** and **si affitta**. *To rent* may also be expressed as **prendere in affitto**.

You will also see the expression **doppi servizi** frequently used. This means that the flat has two bathrooms: the second one might have a simpler layout with toilet, shower and washbasin but not necessarily another bath. Often the washing machine is put in here.

As in English, Italian names for reception rooms are subject to regional variations and changes in fashion. Generally speaking **il salotto** would be a rather formal small sitting-room (a larger one would be called **il salone**) and **il soggiorno** would combine the functions of sitting-room and dining-room.

Most flats have balconies. In increasing order of size they are called: **il balcone**, **il terrazzo**, **la terrazza**. All three mean a lot to Italians.

9 Vita di tutti i giorni

In this unit you are going to learn how to give details and ask about activities you do regularly; also how to express satisfaction and dissatisfaction, particularly in relation to a meal. The weather and seasons will also be covered.

1 Che sport fa?

Giulio is talking to a journalist (**il/la giornalista**) about his sporting activities and in particular about his jogging, which he practises in all kinds of weather.

Giornalista	Che sport fa durante le vacanze?
Giulio	Il tennis, il nuoto e lo sci.
Giornalista	Dove va a nuotare? In piscina?
Giulio	D'inverno in piscina, d'estate al lago.
Giornalista	Va a nuotare tutti i giorni?
Giulio	No. Due volte alla settimana.
Giornalista	Ma il suo sport preferito è il jogging, vero?
Giulio	Eh sì. Ogni mattina appena mi alzo, mi lavo, mi vesto e via per un'ora.
Giornalista	Corre anche quando fa brutto tempo?
Giulio	Le condizioni atmosferiche non sono importanti per me. Pioggia, neve, vento, o sole, non fa nessuna differenza.
Giornalista	Si sente stanco dopo un'ora di corsa, immagino!
Giulio	No. Non mi sento affatto stanco. Anzi, per me il jogging è anche un modo per rilassarmi.

Che sport fa? *What sports do you do?*		**durante** *during*	
Il tennis, il nuoto e lo sci *Tennis, swimming and skiing*		**tutti/e** (pl.) *every*	
		due volte alla settimana *twice a week*	
Dove va a nuotare? *Where do you go swimming?*		**preferito** *favourite*	
		appena *as soon as*	
		alzarsi *to get up*	

D'inverno in piscina, d'estate al lago *In winter in the pool, in summer in the lake*	**lavarsi** *to wash*
	vestirsi *to get dressed*
	via *away*
Corre anche quando fa brutto tempo? *Do you run even when the weather's bad?*	**correre** *to run*
	le condizioni
	atmosferiche *atmospheric conditions*
. . . non sono importanti per me *. . . are not important for me*	**importante** *important*
	pioggia *rain*
Non fa nessuna differenza *It doesn't make any difference*	**la neve** *snow*
	vento *wind*
Si sente stanco . . . immagino! *I should think you feel tired!*	**corsa** *running*
	immaginare *to imagine, think*
No. Non mi sento affatto stanco *No. I don't feel tired at all*	**anzi** *in fact, as a matter of fact*
	modo *means*
	rilassarsi *to relax*

Vero o Falso?

1 D'estate Giulio va a nuotare in piscina.
2 Va a nuotare ogni giorno.
3 Il suo sport preferito è il nuoto.
4 Ogni mattina si alza, si lava e si veste.
5 Per Giulio il jogging è un modo per rilassarsi.

Domande

1 Che sport fa Giulio durante le vacanze?
2 Che sport fa ogni mattina?
3 Dove va a nuotare d'inverno, e dove va a nuotare d'estate?
4 Corre solo quando fa bel tempo?
5 Si sente molto stanco dopo il jogging?

2 Un giorno qualunque

Aldo and Rita, husband and wife who work in their own bookshop, are in the middle of an interview about a typical day. Rita interrupts to offer the journalist a drink.

Rita Un bicchier di vino?

Giorn. No, grazie. Non bevo. Dunque . . . a che ora vi alzate la mattina?

Aldo Di solito ci alziamo presto: alle sei.

Giorn. Come mai alle sei? Cosa fate in piedi così presto?

Rita	Prima di tutto facciamo il caffè.
Aldo	Senza un buon caffè non ci svegliamo.
Rita	Mentre facciamo colazione, mettiamo un po' in ordine la casa e ci prepariamo, è già ora di uscire.
Giorn.	Lavorate tutti e due?
Rita	Sì. Lavoriamo insieme nella nostra libreria.
Aldo	Io mi occupo della vendita dei libri, e mia moglie si occupa della contabilità.
Giorn.	A mezzogiorno mangiate fuori?
Rita	No. Torniamo a casa per il pranzo. Pranziamo verso le due.
Aldo	Dopo pranzo ci riposiamo un po' e poi torniamo insieme al negozio.
Giorn.	E la sera, cenate tardi?
Rita	Sì. Piuttosto tardi. Non ceniamo mai prima delle nove.

---

un giorno qualunque *just an ordinary day*

Un bicchier di vino? *(Would you like) a glass of wine?*

No, grazie. Non bevo *No thanks. I don't drink*

A che ora vi alzate la mattina? *At what time do you get up in the morning?*

Di solito ci alziamo presto: alle sei *Usually we get up early: at six*

Lavorate tutti e due? *Do you both work?*

Sì. Lavoriamo insieme nella nostra libreria *Yes. We work together in our bookshop*

A mezzogiorno mangiate fuori? *Do you eat out at midday?*

No. Torniamo a casa per il pranzo *No. We return home for lunch*

E la sera, cenate tardi? *And in the evening do you have dinner late?*

Non ceniamo mai prima delle nove *We never have dinner before nine o'clock*

dunque *well then, so*

come mai? *why/how is that?*

in piedi così presto *up so early*

prima di tutto *first of all*

senza *without*

svegliarsi *to wake up*

mentre *while*

mettere in ordine *to tidy*

far colazione *to have breakfast*

prepararsi *to get ready*

è ora di *it's time to*

occuparsi di *to look after*

vendita *sale*

contabilità *book-keeping*

mangiare fuori *to eat out*

pranzare *to have lunch*

riposarsi *to rest*

cenare *to have dinner*

piuttosto *rather*

Vero o Falso?

6 Aldo e sua moglie lavorano in una libreria.
7 Aldo si occupa della contabilità.
8 A mezzogiorno Aldo e sua moglie mangiano a casa.
9 Pranzano verso le due.
10 La sera cenano piuttosto presto.

Domande

6 Rita e Aldo si alzano tardi la mattina?
7 Che cosa* fanno appena si alzano?
8 Chi lavora nella libreria: Rita o Aldo?
9 Che lavoro fanno nella loro libreria?
10 Cosa fanno subito dopo pranzo?

* **Cosa, che cosa,** and **che** may all be used interchangeably to mean *what* in English in the following type of question (i.e. before a verb):

Cosa				
Che cosa }	fanno?	*What*	}	do they do?
Che				are they doing?

Minidialoghi

A pranzo in una mensa (*at lunch in a canteen*)

A   Buon appetito!
B   Grazie, altrettanto!
A   Mmm . . . i miei spaghetti sono ottimi!
B   Anche le mie lasagne sono buone.
A   Come sono le sue melanzane?
B   Buonissime. Ed i suoi peperoni?
A   Squisiti!

grazie, altrettanto *the same to you*	**melanzana** *aubergine*
ottimo/a *very good*	**il peperone** *pepper (as vegetable)*
le lasagne *type of 'pasta'*	**squisito/a** *delicious*

A   C'è qualcuno a quel tavolo?
B   No. Non c'è nessuno.
A   Allora, andiamo a sederci lì.
B   È buono il suo pollo?
A   Ottimo. E la sua bistecca?

B Non sa di niente.
A Vuole il sale e il pepe?
B Sì, grazie. Vuol passarmi anche il pane, per favore?

qualcuno *anyone*	**il sale** *salt*
nessuno *no-one*	**il pepe** *pepper*
sedersi *to sit down*	**sì, grazie** *yes please*
pollo *chicken*	**vuol passarmi** *would you pass*
bistecca *steak*	**me**
non sa di niente *it's got no taste*	**il pane** *bread*
(**sa** from **sapere** = *to know*)	

A A quest'ora è difficile trovare un tavolo.
B Qui ce n'è uno. Ci sediamo qui?
A Sì. Oddio, com'è forte questo vino!
B Ma come, non mangia niente?
A No. La minestra è fredda, la carne è dura, e la frutta è acerba.

difficile *difficult*	**niente** *nothing*
trovare *to find*	**minestra** *soup*
oddio! *Good Heavens!*	**la carne** *meat*
forte *strong*	**duro/a** *hard*
vino *wine*	**frutta** *fruit*
ma come! *what! how come?*	**acerbo/a** *not ripe*

Grammatica

1 *Andare a* + infinitive

Andare a + infinitive expresses the idea of *to go and do something:*

D'estate **va a** nuotare.   *In summer he goes and swims. (i.e. goes swimming.)*

D'inverno **andiamo a** sciare.   *In winter we go skiing.*
Vado a fare il biglietto.   { *I'm going to buy the ticket.*
     { *I'll go and buy the ticket.*

2 *Le stagioni e il tempo* (*Seasons and weather*)

la stagione	l'inverno	*the season*	*winter*
le stagioni	l'estate	*the seasons*	*summer*
	la primavera		*spring*
	l'autunno		*autumn*

Note in the table below how *in spring, in summer*, etc., is expressed:

in	d'inverno d'estate autunno primavera	in	winter summer autumn spring

To ask what the weather is like, the verb **fare** is used:

Che tempo **fa?**	**Fa**	freddo. caldo. bel tempo. brutto tempo.	*What's the weather* *like?*	*It's*	cold. hot. fine. bad weather.
Che tempo **fa?**		C'è il sole. Tira/c'è vento. Piove. Nevica.	*What's the weather* *like?*	*It's*	sunny. windy. raining. snowing.

3 *Tutto, ogni*

In the singular **tutto/a** means *whole, all, everything:*

Tutto il libro è in italiano.	*The whole book is in Italian.*
È **tutto** per me.	*It's all for me.*
Mangia **tutto**.	*He eats everything.*
Al giorno d'oggi **tutto** costa.	*Nowadays everything is expensive.*

In the plural **tutti/e** means *all, every:*

Tutti noi.	*All of us.*
Usciamo **tutti** i giorni.	*We go out every day.*

Note also **tutti/e e due** which means *both*:

Sono **tutti e due** italiani.	*They are both Italian.*
Tutte e due le ragazze vanno a Roma.	*Both girls are going to Rome.*

Ogni also means *every* but is followed by the singular except when followed by a number:

Ogni giorno, **ogni** sera.	*Every day, every evening.*
Ogni cinque minuti; **ogni** due giorni	*Every five minutes; every two days.*

4 *Due volte alla settimana*

The idea of frequency is expressed by **a** + definite article:

Quante volte	**al** giorno **alla** settimana **al** mese		esce? prende l'autobus? prende il treno? telefona?

How many *times a*	*day* *week* *month*	*do* *you*	*go out?* *take the bus?* *take the train?* *'phone?*

5 Possessives (continued)

When we are talking about relatives in the singular we use the possessive as in Unit 7 (page 64) (**mio fratello, suo padre**). In all other cases the definite article must precede the possessive adjective:

La mia macchina è fuori.	*My car is outside.*
I loro spaghetti sono freddi.	*Their spaghetti is cold.*
I miei genitori abitano a Roma.	*My parents live in Rome.*
La loro macchina è nuova.	*Their car is new.*

Note particularly that **loro** never changes. The following table sets out all the forms and the pronouns they correspond to:

Singular						
1	io	**il mio**	**la mia**	**i miei**	**le mie**	*my*
2	tu	**il tuo**	**la tua**	**i tuoi**	**le tue**	*your*
3	lui/lei	**il suo**	**la sua**	**i suoi**	**le sue**	*his, her, your*
Plural						
1	noi	**il nostro**	**la nostra**	**i nostri**	**le nostre**	*our*
2	voi	**il vostro**	**la vostra**	**i vostri**	**le vostre**	*your*
3	loro	**il** **la** **i** **le** } **loro** (*never changes*)				*their*

6 Reflexive verbs

When in English we say 'he washes himself', *himself* refers to the subject *he*, and the construction is called reflexive. However, in

English we often have a choice as to whether or not we use a reflexive construction: i.e. 'He washes himself' can equally be expressed as 'he washes'. This type of action must in such cases be expressed reflexively in Italian: **si lava**. In the dictionary, reflexive verbs are recognisable by the addition of **si** to the infinitive which drops the final 'e': (lavare) **lavarsi**   *to wash oneself, to get washed*
(vestire) **vestirsi**   *to dress oneself, to get dressed*

(io)	**mi lavo**	*I wash*	(noi)	**ci laviamo**	*we wash*
(tu)	**ti lavi**	*you wash*	(voi)	**vi lavate**	*you wash*
(lui/lei)	**si lava**	*he/she/you wash(es)*	(loro)	**si lavano**	*they wash*

7 Double negatives

In Italian, if a sentence is negative, then the verb must be preceded by a negative word, so that if words such as **nessuno** (*no-one*), **niente** (*nothing*), etc., come after the verb, then **non** must come before it:

Non bevo	niente. con nessuno. più.	*I don't drink*	anything. with anyone. any more.
Non bevo	mai.	*I never drink.*	

If however the negative word such as **nessuno, niente**, etc., comes at the beginning of the sentence, then **non** must not be used:

> **Nessuno** va in vacanza quest'anno.   *No-one is going on holiday this year.*

Nessuno is always singular and before a noun is used like **un, uno, una**:

> nessun libro, **nessuno** sbaglio   *no book, no mistake*
> **Non** esercita **nessuna** professione.   *He doesn't practise any profession.*

8 *Bicchier, ed, ad*

Un bicchiere (*a glass*) can drop the final '–e' before a consonant.
E (*and*) **a** (*at, to*) can add a '–d' when a vowel follows:

> Vorrei **un bicchier** d'acqua.   *I would like a glass of water.*
> Giorgio **ed** Anna vanno **ad** Amalfi.   *George and Anne are going to Amalfi.*

9   *Grazie*

Although **grazie** normally means *thank you* and **per favore** or **per piacere** *please*, care must be taken to use only **sì/no grazie** when someone is offering you something:

Un caffè, signora?	*A cup of coffee?*
Sì, grazie.	*Yes please.*
Un bicchier di vino?	*A glass of wine?*
No, grazie.	*No thank you.*

10   *È ora di uscire*

Note how this construction is used with **di** + infinitive:

È ora di
- andare.
- tornare.
- mangiare.
- alzarsi.

It's time to
- *go.*
- *return.*
- *eat.*
- *get up.*

11   *Prima di, dopo*

Note how **prima di** (*before*) is used with times. **Dopo** (*after*) is also included in the table below and behaves like **verso** (Unit 6, page 52).

Parto	**prima di** / **dopo**	mezzogiorno. mezzanotte.	*I'm leaving*	*before* / *after*	*midday.* *midnight.*
	prima dell' / **dopo l'**	una.			*one o'clock.* *three o'clock.*
	prima delle / **dopo le**	tre. cinque. otto, etc.			*five o'clock.* *eight o'clock, etc.*

12   *Ci sediamo qui*

The most common way of referring to time in the immediate future in Italian is to use the present tense:

Ci sediamo qui?	*Shall we sit here?*
Esco più tardi.	*I'll go out later.*

13   **Position of adjectives**

Here are the adjectives most commonly seen before a noun:

bello/a	*beautiful*	grande	*big, large*
buono/a	*good*	piccolo/a	*small*
brutto/a	*ugly, horrible*		

14 Irregular verbs

volere *to want*	**bere** *to drink*	**sedersi** *to sit*
voglio	bevo	mi seggo, mi siedo
vuoi	bevi	ti siedi
vuole	beve	si siede
vogliamo	beviamo	ci sediamo
volete	bevete	vi sedete
vogliono	bevono	si seggono, si siedono

Esercizi

ESERCIZIO 9.1   Il mio, la mia, il suo, la sua, etc.

(*a*) You are going to imagine that all your possessions in the left hand column (**il mio vestito,** etc.) are in the place indicated by the word on the right of each pair. You have to produce the complete statements; e.g. No 1 would be: **Il mio vestito è nell'armadio.** When joining each pair you will have to choose between **in** (*in*) and **su** (*on*) and the article.

vestito	armadio	libri	studio
biglietto	tavolino	bagagli	ingresso
cravatta	sedia	chiavi	radio
camicia	letto	sigarette	tavola

camicia *shirt*

(*b*) Now imagine you are asking a friend where his/her suit, his/her ticket, his/her tie, etc., are.

E.g.   Dov'è il suo vestito?

ESERCIZIO 9.2   Alzarsi, svegliarsi, etc.

Sandro is early-rising, energetic and conformist, quite unlike his Bohemian brother Gino who is described here:

> Gino non si sveglia mai prima delle sette e mezzo. Non si alza mai presto. Non si lava mai con l'acqua fredda. Non si veste mai prima di mezzogiorno.

Imagine you are Sandro and describe yourself using **sempre** (instead of **non . . . mai**): Mi sveglio sempre . . .

ESERCIZIO 9.3   Rosa and Isa have habits verging on delinquency. Column 1 shows what they always do **(sempre)** and Column 2 shows what they never do **(non . . . mai)**. Make sentences from each pair of words, starting like this: Si alzano sempre tardi e non fanno mai colazione. Note that **sempre** and **mai** go immediately after the verb.

sempre	mai
alzarsi tardi	fare colazione
giocare a carte	lavorare
uscire	studiare
guardare la televisione	leggere
parlare	ascoltare
prendere l'autobus	andare a piedi
cominciare*	finire

* **cominciare** and **incominciare** (Unit 6) both mean *to begin, to start*.

ESERCIZIO 9.4   Che tempo fa?

(*a*)   Che tempo fa sulle Alpi?
(*b*)   Che tempo fa a Milano e a Torino?
(*c*)   Che tempo fa a Roma?
(*d*)   Che tempo fa a Napoli?

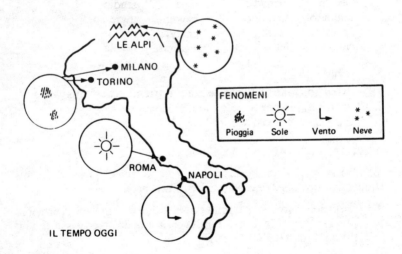

Prova di Comprensione

1 Conversazione

Pina is being interviewed about her work and holidays by a journalist.

1 What sort of work does Pina do?
2 What sort of day does she have?
3 What is the maximum amount of hours she works in a day?
4 How many times a year does she go away on holiday?
5 In what season does she not go away? Why not?
6 In what seasons does she go away?
7 Where does she go? Who with?
8 What is her favourite sport?

Giorn.	Ma non si riposa mai, signora?
Pina	Beh, con un ristorante è difficile riposarsi. La sera andiamo a letto molto tardi, e la mattina ci alziamo molto presto.
Giorn.	Quante ore al giorno lavora?
Pina	Dieci, dodici, qualche volta anche quattordici ore.
Giorn.	Non si stanca?
Pina	Un po'. Ma mi riposo durante le vacanze.
Giorn.	Quante volte all'anno va in vacanza?
Pina	Due volte.
Giorn.	Quando? D'estate?
Pina	No. D'estate è impossibile. Abbiamo troppi clienti. Andiamo in primavera e in autunno.
Giorn.	Dove va?
Pina	Vado in Svizzera con mia figlia. Andiamo a sciare.
Giorn.	Sciate bene?
Pina	Io sì. Lo sci è il mio sport preferito.

2 Lettura

1 What sort of climate does Italy have?
2 What comparison is made between the mountains and the plains?
3 Why are certain parts of Southern Italy mentioned?
4 Is snow restricted to certain parts of Italy?
5 What is said about the frequency of snow in Italy?
6 Why is Faenza mentioned?
7 Why is Sicily mentioned?
8 Why are Palermo, Naples and Rome mentioned?

Il clima italiano

Il clima italiano, sia settentrionale che meridionale, è più o meno temperato. Piove più in montagna che in pianura, e in certe parti dell'Italia meridionale piove pochissimo. In ogni parte della penisola nevica, ma la neve permane solo a grandi altitudini; altrove non dura a lungo. La frequenza con cui cade la neve varia da una regione all'altra. La città dove nevica meno è Faenza: una sola volta ogni dieci anni. Il cielo si mantiene sereno di più nell'Italia meridionale ed in Sicilia. Le città più serene d'Italia sono Palermo, Napoli e Roma.

sia . . . che	*both . . . and*	**durare**	*to last*
meridionale	*Southern*	**a lungo**	*for long*
più o meno	*more or less*	**con cui**	*with which*
pianura	*plain*	**cadere**	*to fall*
penisola	*peninsula*	**cielo**	*sky*
permanere	*persist*	**mantenersi**	*to keep, stay*
altrove	*elsewhere*	**sereno**	*clear, sunny*

Informazioni

Meals (*pasti*) and mealtimes

In general meals are as set out below, but it should be noted that since **pranzo** always refers to the main meal of the day, it could sometimes refer to the evening meal.

la colazione	*breakfast*	**far colazione**	*to have breakfast*
il pranzo	*lunch*	**pranzare**	*to lunch*
la cena	*dinner*	**cenare**	*to have dinner, supper*

dopo { colazione / pranzo / cena } *after* { breakfast / lunch / dinner }

Buon appetito! is always used to wish someone a good meal at the outset and the response is **grazie altrettanto! (a lei)**.

If you are eating something (even a sandwich) and you are in the company of someone who is not, it is customary to say: **Vuol favorire?** (*Would you like some?*). The other person answers: **No grazie, buon appetito!** (lit: *no thanks, good appetite*)

Many Italians simply have coffee for breakfast. Others may also have something to eat such as rolls and butter or a 'brioche'. Lunchtime normally extends from about 12.30 to 3.00 p.m. and, whether taken in a restaurant or in a family, is likely to be a much more leisurely and social affair than over here, especially in the South. Visitors to Italy are always surprised to see how much the Italians eat. The evening meal, **la cena**, tends to be rather late by our standards, often not before 8.00 p.m. In summer, wine, red or white, will often be served straight from the fridge.

10 Preferenze

In this unit you are going to learn how to express your likes, preferences and feelings in various situations, in sickness and in health. Numbers from sixty onwards are also covered.

1 Reparto borse

Ada and Eva are choosing leather goods in a department store (**grande magazzino**)

Ada	Com'è bella questa borsa! Le piace?
Eva	No. Non mi piace. È troppo grande.
Ada	Questa qui è più piccola. Va bene con i guanti.
Eva	Sì, però è troppo chiara. Non ce n'è una più scura?
Ada	Lì ce n'è una. È meno cara, ma è di plastica. Preferisce quella?
Eva	No. Preferisco questa di pelle. Quanto costa?
Ada	Costa molto.
Eva	Non importa. La compro lo stesso.
Ada	Io vorrei prendere anche il portafoglio per Marco.
Eva	Di che colore lo vuole? Qui ce ne sono due molto belli. Sono più scuri della borsa. Le piacciono?
Ada	Sì. Mi piacciono moltissimo. Quanto costano?
Eva	Costano poco.
Ada	Costano poco? Allora li compro tutti e due.
Eva	Come sono eleganti quelle scarpe in vetrina! Perchè non le compra?
Ada	Perchè non ho più soldi!

---

reparto borse *handbag department*
Le piace (questa borsa)? *Do you like (this bag)?*
No. Non mi piace *No. I don't (like it)*

come *how*
Com'è . . . ! *How . . . it is!*
più *more*
i guanti *gloves*
però *but*
chiaro/a *light*

Preferisce quella? *Do you prefer that one?*		**Sono più scuri della borsa** *They're darker than the bag*	
No. Preferisco questa di pelle preferire (IIIb) *No. I prefer this leather one*		**Le piacciono?** *Do you like them?*	
		Sì. Mi piacciono moltissimo *Yes. I like them very much*	
Quanto costa? *How much does it cost?*		**Quanto costano?** *How much do they cost?*	
Costa molto *It's dear.* (lit: *it costs a lot*)		**Costano poco.** *They're cheap.*	
Non importa. La compro lo stesso *Never mind. I'll buy it all the same*		**Allora li compro.** *I'll buy them then.*	
		scuro/a *dark*	
Vorrei prendere anche il portafoglio . . . *I'd like to get a wallet too . . .*		**meno** *less*	
		plastica *plastic*	
		elegante *smart, elegant*	
Di che colore lo vuole? *What colour would you like it?*		**scarpa** *shoe*	
		vetrina *shop window*	
		i soldi *money*	

Vero o Falso?

1 Eva vuole una borsa di plastica.
2 La borsa di pelle non costa molto.
3 Ada vuol prendere le scarpe per Marco.

Domande

1 Eva vuol comprare dei guanti?
2 Preferisce la borsa di plastica o quella di pelle?
3 Perchè Ada non compra le scarpe che sono in vetrina?

2 Come si sente?

Sig.na	Ha delle aspirine, per favore?
Signore	No. Mi dispiace, non ne ho. Perchè? Si sente male?
Sig.na	Non mi sento molto bene. Ho mal di testa e mal di gola.
Signore	Ha la febbre?
Sig.na	Penso di no. Ma ho anche il raffreddore e un po' di tosse. A che ora apre la farmacia?
Signore	Fra un'ora. Un attimo. Vediamo sul giornale quale farmacia è di turno. Intanto ho delle compresse per la gola. Le vuole con l'acqua o senz'acqua?
Sig.na	Non importa. Le prendo così, senz'acqua.
Signore	Bastano due?
Sig.na	Ne basta una, grazie. Ah . . . sto già meglio!

Come si sente? *How do you feel?*	**Fra un'ora** *In an hour's time*
Ha delle aspirine, per favore? *Have you got any aspirins please?*	**Bastano due?** *Are two enough?*
	Ne basta una, grazie *One is enough, thank you*
No. Mi dispiace, non ne ho *No, I'm sorry, I haven't (any)*	**mal di gola** *sore throat*
Si sente male? (sentirsi IIIa) *Do you feel ill?*	**la tosse** *cough*
	il raffreddore *cold*
Non mi sento molto bene *I don't feel very well*	**aprire** (IIIa) *to open*
	un attimo *just a moment*
Ho mal di testa *I've got a headache*	**il giornale** *newspaper*
	di turno *on duty (rota-opening)*
Ha la febbre? *Have you got a temperature?*	**intanto** *meanwhile*
	compressa *tablet*
Penso di no *I don't think so*	**così** *as they are*
A che ora apre la farmacia? *At what time does the chemist's open?*	**stare** (irr.) **meglio** *to be better*

Vero o Falso?

4   La signorina si sente male.
5   Ha mal di testa e mal di gola.
6   Il signore offre delle aspirine alla signorina.

Domande

4   Perchè la signorina vuole delle aspirine?
5   Perchè il signore guarda il giornale?
6   La signorina prende le compresse con l'acqua?

3   In macchina

Rina   Le piace guidare?
Aldo   Moltissimo.
Rina   Consuma molta benzina questa macchina?
Aldo   No. Anzi è molto economica.
Rina   È più economica dell'Alfetta 1600?
Aldo   Sì. Ma è meno veloce.
Rina   Quando arriviamo al suo paese?
Aldo   Fra un paio d'ore.
Rina   Mica male! Preferisce vivere in campagna o in città?

Aldo   Preferisco vivere in campagna. Ora abbiamo una nuova discoteca proprio sotto casa.

Rina   Le piace la musica?

Aldo   Sì. Molto.

Rina   Le piace di più la musica classica o la musica pop?

Aldo   Preferisco la musica classica.

Rina   Va spesso a ballare?

Aldo   Quasi ogni domenica. Perchè non viene anche lei stasera? Se vuol venire con noi alla discoteca . . .

Rina   No, grazie. Voglio andare a casa presto. E poi, dopo mezzanotte è difficile tornare, perchè devo prendere due mezzi: il treno e l'autobus.

In macchina   *In the car*

Le piace guidare?   *Do you like driving?*

È più economica dell'Alfetta 1600?   *Is it more economical than the Alfetta 1600?*

Sì. Ma è meno veloce   *Yes, but it's not so fast* (lit: *less fast*)

Preferisce vivere in campagna o in città?   *Do you prefer to live in the country or in town?*

Preferisco vivere in campagna   *I prefer to live in the country*

Le piace di più la musica classica o la musica pop?   *Do you prefer classical music or pop?*

Se vuol venire con noi . . .   *If you'd like to come with us . . .*

È difficile tornare, perchè devo prendere due mezzi: il treno e l'autobus   *It's difficult to get back because I have to take* (lit: *two means of transport*) *the train and the bus*

consumare   *to use*

benzina   *petrol*

il paese   *village*

un paio d'ore   *a couple of hours*

mica male   *not bad*

ora   *now*

sotto   *under, below*

spesso   *often*

quasi   *almost*

ballare   *to dance*

venire (irreg.)   *to come*

con noi   *with us*

discoteca   *discotheque*

Vero o Falso?

7   La macchina di Aldo consuma meno benzina dell'Alfetta 1600.
8   La macchina di Aldo è più veloce dell'Alfetta 1600.
9   Aldo preferisce vivere in città.
10   Preferisce la musica pop.

Domande

7   Dove va Aldo?
8   Cosa c'è sotto casa sua adesso?

9　Che cosa fa Aldo quasi ogni domenica?
10　È facile per Rina tornare a casa dopo mezzanotte?

Minidialogo

A　In che giorno è chiuso questo negozio?
B　Il lunedì.
A　E gli altri giorni è sempre aperto?
B　Sì, signora. È aperto dalle otto all'una e dalle quattro alle otto.
A　Grazie.
B　Prego.

Grammatica

1　*Come, com'è, come sono*

Like **che** in Unit 6, **come** can be used in exclamations, but must be followed by a verb:

> **Com'è** grande!　　　*It's big, isn't it?* (lit: *how big it is!*)
> **Come** sono eleganti!　*They're smart, aren't they?*

Come can also be used to introduce questions asking what someone or something is like:

> **Com'è** la sua casa?　　　*What's your/his/her house like?*
> **Com'è l'amico di** Pietro?　*What's Peter's friend like?*

2　*Piace, piacciono, dispiace*

Piacere (lit: *to be pleasing*) is used to express the idea of liking in Italian:

> **Mi piace.**　*I like* or *I like it.* (lit: *it is pleasing to me*)
> **Le piace.**　*You/she likes (it).* (lit: *it is pleasing to you/her*)
> **Gli piace.**　*He likes (it).* (lit: *it is pleasing to him*)

> **Mi piace** tanto questo disco. ⎫
> Questo disco **mi piace** tanto. ⎭　*I like this record very much.*

Use the third person plural when more than one thing or person is liked:

> **Le piacciono** queste ⎫
> 　cravatte?　　　　　⎬　*Do you like these ties?* (lit: *are*
> Queste cravatte **le**　⎭　　*these ties pleasing to you?*)
> 　**piacciono?**

To express dislike use **non**:

> Le ulive **non mi piacciono**   *I don't like olives.*

Dispiacere means *to be sorry* or *to mind*:

Ha delle aspirine?	*Have you got any aspirins?*
Mi dispiace. Non ne ho.	*I'm sorry, I haven't.*
Le dispiace tornare domani?	*Do you mind coming back tomorrow?*

Note that if a pronoun is not used, then **a** will be required:

> A Carlo **non piace** l'arte moderna.   *Carlo doesn't like modern art.*

3   *Quanto costa, quanto costano?*

Be careful to use the plural **costano** when asking about the price of more than one article:

Quanto
{ costa { questo vestito? / questa borsa? }
  costano { questi libri? / queste scarpe? }

How much does { this suit / this handbag } *cost?*
How much do { these books / these shoes } *cost?*

4   *Lo, la, li, le, ne*

Lo, la, li, le also mean *him, her, it, them*, and like **ne** usually precede the verb. **Lo, la** become **l'** before a vowel or '**h**': **l'ascolto**.

Dov'è { il libro? / Pietro? / la chiave? / Maria? }   Non **lo** / Non **la** } vedo.

Where is { the book? / Peter? / the key? / Mary? }   *I can't* (lit: *don't*) *see* { it. / him. / it. / her. }

Dove sono { i giornali? / i bambini? / le scarpe? / le ragazze? }   Non **li** / Non **le** } vedo.

Where are { the newspapers? / the children? / the shoes? / the girls? }   *I can't see*   *them.*

Ne is normally used with numbers and quantities:

Quante aspirine prende?	*How many aspirins are you taking?*
Ne prendo una.	*I'm taking one (of them).*
Ha degli spiccioli?	*Have you got any small change?*
Non **ne** ho.	*I haven't got any.*

5   *Volere, preferire, piacere, + infinitive*

The table shows how all the above can be used with the infinitive.

Vorrei		*I would like*	*to travel.*
Preferisco	viaggiare.	*I prefer*	*to dance.*
Mi piace	ballare.	*I like*	*travelling.*
			dancing.

6   *Facile, difficile, meglio, impossibile*

The above adjectives, used impersonally, may also be followed by a similar construction.

	facile	telefonare.		*easy*	*'phone.*
È	difficile	uscire di qui.	*It's*	*difficult*	*get out of here.*
	meglio	parcheggiare.		*better*	*park.*
	impossibile			*impossible*	

to

7   *Più/meno . . . di . . . , di più*

Di (or **di** + article) is also used to translate *than. Larger, smaller*, etc., are expressed by **più** (*more*) + adjective. *Not so large, not so small as . . .* are expressed by **meno** (*less*) + adjective.

Londra è **più** grande **di** Roma.	*London is larger than Rome.*
Maria è **meno** bella **di** Rita.	*Mary is not as beautiful as Rita.*
L'aereo è **più** veloce **del** treno.	*The plane is faster than the train.*

Piacere di più can be used instead of **preferire. Di più** (*more* or *most*) is used at the end of a phrase instead of **più**:

La musica classica mi piace **di più**.	*I like classical music more.*
È quello che lavora **di più**.	*He's the one who works most.*

8   *Non ho più soldi*

The partitive article (**del, della, dei**, etc.) is not used in negative plural expressions:

Non ha mai soldi.	*He never has any money.*
Non bevo liquori.	*I don't drink liqueurs.*

9   *Sentirsi, stare*

Both these verbs are used to describe how one is or feels:

Come si sente?   **Mi sento** { stanco. / sfinito. / bene. / male.   *How do you feel? I feel* { *tired. / exhausted. / well. / ill.*

Come sta?   **Sto** { bene. / male. / meglio. / peggio.   *How are you?*   *I'm* { *well. / ill. / better. / worse.*

10   *Avere la febbre, mal di . . .*

Many expressions to do with health (**la salute**) are formed with **avere** + the definite article or **avere** + **mal di**:

Ho { la febbre. / la tosse. / il raffreddore. / l'influenza.   *I have* { *a temperature. / a cough / a cold. / influenza.*

Ho mal di { gola. / testa. / stomaco. / denti.   *I have* { *a sore throat. / a headache. / a stomachache. / toothache.*

11   *Fra*

Note the two separate meanings: *in* of time, and *between* or *among*.

Lo vedo **fra** cinque minuti.   *I'll see him in five minutes.*
La posta è **fra** la banca e il museo.   *The post-office is between the bank and the museum.*

12   *Basta, bastano*

As with **costa, costano** (note 3) be careful to distinguish between singular and plural:

(Non) **basta** { un'aspirina. / un litro di vino.   *One aspirin / A litre of wine* } *is (not) enough.*

(Non) **bastano** { Mille lire. / tre bicchieri.   *A thousand lire / Three glasses* } *are (not) enough.*

Basta così, grazie.   *That's enough, thank you.*

13 *Irregular verbs*

venire	*to come*		stare	*to be, to stay*	
vengo	veniamo		sto	stiamo	
vieni	venite		stai	state	
viene	vengono		sta	stanno	

14 *I numeri* (continued)

60	sessanta	*Ordinals*
70	settanta	5th quinto
80	ottanta	6th sesto
90	novanta	7th settimo
100	cento	8th ottavo
101, 102, etc.	centouno, centodue, ecc.	9th nono
200	duecento	10th decimo
300	trecento	
1000	mille	
2000	duemila	
3693	tremilaseicentonovantatrè	
1,000,000	un milione	
2,000,000	due milioni	

Note:

(a) Compound numbers are written as one word.

(b) **Cento** and **mille** are used without **un**:

cento anni, **mille** chilometri *a hundred years, a thousand kilometres.*

(c) **mille** has a plural form **mila**, but **cento** is invariable.

(d) **Un milione** (plural **milioni**) is a noun and is connected to another noun by **di**:

un milione di lire *one million lire*
due milioni di abitanti *two million inhabitants.*

(e) Ordinals from 11th onwards add **–esimo** after taking off final vowel from the number, except for those ending in **–tre** and **–sei**:

11th undicesimo   **23rd ventitreesimo**
12th dodicesimo   **26th ventiseiesimo**

They behave like adjectives.

Esercizi

ESERCIZIO 10.1 Lisa's likes are marked in the table by one tick, her preferences by two ticks. Make statements about Lisa's likes and preferences.

Esempio: (*a*) La birra le piace, ma preferisce il vino.
Be careful with (*e*) and (*f*).

ESERCIZIO 10.2 Now imagine that you are Lisa and that somebody else is asking you the questions. Form both questions and answers.

	✓	✓ ✓
(*a*) birra		vino
(*b*) vino bianco		vino rosso
(*c*) cinema		teatro
(*d*) Milano		Firenze
(*e*) melanzane		peperoni
(*f*) libri		riviste

Esempio: Le piace la birra o il vino?
La birra mi piace, ma preferisco il vino.

ESERCIZO 10.3 Read the following passage about Olga and answer the questions on it using **lo, la, li, le** or **l'** (object pronouns).

Ogni mattina Olga prende un cappuccino al bar. Poi va in tabaccheria a comprare le sigarette. Dopo passa per la salumeria e prende un po' di mortadella e di salame per il pranzo. Al ritorno si ferma prima in panetteria e compra sei panini e infine all'edicola per prendere il giornale e aspettare la sua amica.

> **al ritorno** *on the way back*   **infine** *finally*
> **fermarsi** *to stop*   **edicola** *newsagent's*
> **panetteria** *baker's shop*

(*a*) Dove prende Olga il cappuccino?
(*b*) Dove compra le sigarette?
(*c*) Dove prende la mortadella?
(*d*) Dove compra i panini?
(*e*) Dove compra il giornale?
(*f*) Dove aspetta la sua amica?

ESERCIZIO 10.4 Complete the following sentences by choosing for each one the most appropriate of these expressions with **avere**: **la febbre, mal di denti, mal di testa, mal di gola, mal di stomaco.** (Use each expression once only)

(a) Rita non vuol parlare troppo, perchè . . .
(b) Non vuol leggere, perchè . . .
(c) Vuol prendere delle aspirine, perchè . . .
(d) Non vuol mangiare molto, perchè . . .
(e) Vuol telefonare al dentista, perchè . . .

ESERCIZIO 10.5 Read the following passage and make comparisons between the three brothers using **più grande di** . . . or **più piccolo di** . . .

Pietro, Paolo e Lino sono tre fratelli. Pietro ha venti anni, Paolo ne ha dieci e Lino ne ha tre.

Esempio: Paolo . . . Lino.
            Paolo è più grande di Lino.

(a) Pietro . . . Paolo.
(b) Lino . . . Paolo.
(c) Lino . . . Pietro.
(d) Pietro . . . Lino.
(e) Paolo . . . Pietro.

ESERCIZIO 10.6 Using **più/meno veloce di** . . . make comparisons between the speeds of the following pairs.

(a) L'aereo . . . il treno.
(b) Il treno . . . l'autobus.
(c) La macchina . . . la bicicletta.
(d) La bicicletta . . . l'autobus.
(e) L'espresso . . . il rapido.

ESERCIZIO 10.7 Use **fra** (see example) in this exercise to say in how many minutes', days' or weeks', etc. time you are going to do something.

Esempio: Sono le cinque. Vedo il dottore alle cinque e venti.
            Lo vedo fra venti minuti.

(a) Sono le quattro. Vedo il ragioniere alle quattro e cinque.
(b) Oggi è giovedì. Vedo la mia amica domenica.

(c)   Sono le dieci. Prendo il treno alle undici.
(d)   Oggi è sabato. Pago l'affitto sabato prossimo.

N.B. Tra may be used instead of **fra**. The choice will depend on how the phrase sounds. For instance, to an Italian ear **fra tre ore** would sound better than **tra tre ore**.

Prova di Comprensione

1 Conversazione

Alfredo is explaining to Gianni what he would like to buy and why.

1   What would he like to buy?
2   What is wrong with the one he has got?
3   Ideally what sort would he like?
4   Why are his requirements incompatible?
5   What does he say about the price?
6   Why does he mention this?
7   What is he looking for in this case?
8   Why does he object to the number of bedrooms?

Alfredo	Vorrei comprare una nuova macchina.
Gianni	Perchè? La sua non va?
Alfredo	Va benissimo. Ma consuma troppa benzina.
Gianni	Ah, ne vuole una più economica!
Alfredo	Sì. Vorrei una macchina più economica e più veloce.
Gianni	Una macchina più piccola, allora?
Alfredo	No. Le macchine piccole non mi piacciono.
Gianni	Ma quelle veloci non sono troppo care?
Alfredo	Sì, però non vorrei pagare tanto.
Gianni	Si capisce!
Alfredo	Vorrei comprare anche un appartamento.
Gianni	Ma lei ne ha già uno!
Alfredo	Sì. Ma ne vorrei prendere un altro un po' più grande.
Gianni	Con tre camere da letto?
Alfredo	Eh no! Con quattro figli tre camere da letto non bastano!

2 Lettura

1 Which are you most likely to find in Italy: buses, trams or trolley-buses?
2 In Italy, is it ever possible to buy a ticket on the bus itself?
3 Where would you buy one if you were in Florence or Bologna?
4 What cities does the text mention as having underground railways?
5 Which of the cities mentioned has the most limited underground railway?
6 If you wanted a book of underground tickets where would you go?
7 Where would the coaches which came from the provinces go?
8 What does the passage say about the private coaches?

I mezzi di trasporto urbano

L'autobus è il mezzo di trasporto urbano più diffuso in Italia. In alcune città esistono ancora i filobus e i tram che integrano il servizio degli autobus. Di solito il biglietto si fa sul mezzo stesso, dal bigliettaio o da una macchina automatica. Nelle grandi città come Firenze e Bologna, non si può fare il biglietto sull'autobus, bisogna comprarlo al bar, dal tabaccaio o negli uffici appositi.

A Napoli, a Roma e a Milano c'è anche la metropolitana. A Napoli essa ha una sola linea che appartiene alle Ferrovie dello Stato; al contrario, le metropolitane di Roma e di Milano sono più moderne e molto estese. I biglietti della metropolitana si comprano alla stazione singolarmente o in blocchetti, ma in blocchetti solamente dal tabaccaio o in edicola.

Nel centro di ogni grande città confluiscono i pullman provenienti dalle province, dalle quali a loro volta partono le corriere per i paesi più piccoli e distanti. I pullman della SITA, un'azienda privata a diffusione nazionale, offrono un servizio di collegamento veloce ed efficiente tra provincia e provincia e tra province e capoluogo, anche se più costoso di quello offerto dalle aziende di trasporto provinciali e dalle linee ferroviarie statali.

mezzo di trasporto *means of transport*	**appartenere** *to belong*
diffuso/a *widespread*	**Ferrovie dello Stato** *State Railways*
alcune *some*	**esteso/a** *extensive*
ancora *still*	**edicola** *news-stand*
integrare *to complement*	**confluire** *to come together*
stesso/a *itself*	**un pullman** *coach*
bigliettaio *conductor*	**proveniente** *coming*
non si può *one cannot*	**a loro volta** *in their turn*
bisogna comprarlo *it is necessary to buy it*	**corriera** *bus (country)*
apposito/a *appropriate*	**azienda** *firm, concern*
esso/a *it*	**collegamento** *link*
	capoluogo *chief town*

Informazioni

1 *Paese*

Italians refer to the place they came from as **il mio paese**. Generally speaking **paese** means *village* or *small town* and has no exact equivalent in English. **Il mio paese natio** or **nativo** would be *my native village* or *my birthplace*. **Paese** may also mean *country*, but in this case it is often written with a capital 'P': **L'Italia è un bel Paese.** *Italy is a beautiful country.*

2 Public Transport

It is important to note beforehand where to obtain bus tickets because a fine (**una multa**) is imposable on the spot for not having one.

11 Mi dispiace, non posso

In this unit you are going to learn how to ask for permission to do something and say whether you can or cannot do it. You will also be able to enquire of others and say what you yourself want or have to do, in a friendly way.

1 In un ufficio

Mr Cioffi asks to speak to the firm's Director, but on being told by the Secretary that he is at the Head Office (**la sede centrale**), he decides to wait until the Director comes back.

Sig. Cioffi	Permesso?
Segretaria	Avanti!
Sig. Cioffi	(*not hearing her*) Permesso? . . . Posso entrare?
Segretaria	Avanti! Avanti! Prego, si accomodi!
Sig. Cioffi	Vorrei parlare con il direttore.
Segretaria	Mi dispiace, il direttore non c'è. È alla sede centrale. Se vuole può parlare con me.
Sig. Cioffi	No. Devo parlare con lui personalmente.
Segretaria	Allora, deve tornare più tardi.
Sig. Cioffi	Più tardi non posso. Devo andare a Milano per affari. A che ora ritorna il direttore?
Segretaria	Fra venti minuti. Vuole aspettare qui? Prego, si accomodi!
Sig. Cioffi	Grazie.

---

ufficio *office*
Posso entrare? *May I come in?*
Avanti! Prego, si accomodi! *Come in!* (lit: *forward*) *Please sit down*
Il direttore non c'è . . . *The Director isn't in . . .*
. . . può parlare con me *. . . you can speak to me*

Devo parlare con lui *I must speak to him*
Allora deve tornare più tardi *Then you'll have to come back later*

Permesso? *May I come in?* (lit: *is it permitted?*)
per affari *on business*

Vero o Falso?

1 Il signor Cioffi vuol parlare con il direttore.
2 Il direttore c'è.
3 Il signor Cioffi deve parlare con il direttore personalmente.
4 Il signor Cioffi può ritornare più tardi.

Domande

1 Il signor Cioffi vuole uscire dall'ufficio?
2 C'è il direttore?
3 Perchè il signor Cioffi non può ritornare più tardi?
4 Cosa deve fare per vedere il direttore?

2 Diamoci del tu!

Remo gets acquainted with Rina and he puts the relationship on a more informal footing by suggesting the use of the familiar form **tu** (*you*) instead of the more formal **lei**.

Remo È qui per le vacanze?
Rina No. Sono qui per motivi di studio.
Remo Che cosa studia?
Rina Medicina.
Remo Che anno fa?
Rina L'ultimo anno. Mi laureo a giugno.
Remo Ah, c'è tempo per gli esami! Cosa fa di bello stasera?
Rina Nulla. Rimango a casa a studiare.
Remo Non è stufa di studiare?
Rina Un po'. E lei, cosa fa?
Remo Ma Rina, diamoci del tu!
Rina E tu, cosa fai?
Remo Niente d'interessante. Perchè non vieni da me? Possiamo fare quattro chiacchiere, mangiare un piatto di spaghetti, e poi magari andare ad un concerto. Che ne dici?
Rina D'accordo.
Remo Sai l'indirizzo?
Rina No. Non lo so.
Remo Non importa. Passo da te alle sette e poi andiamo a casa insieme.

Che cosa studia? *What are you studying?*	**motivi di studio** *for study (purposes)*
Che anno fa? *What year are you in?* (lit: *doing*)	**l'ultimo anno** *final year*
Cosa fa di bello stasera? *Are you doing anything (interesting) tonight?*	**laurearsi** *to graduate*
	c'è tempo *there's (still) time*
	un esame *examination*
Nulla. Rimango a casa a studiare *No, I'm not doing anything. I'm staying in to work.* (lit: *to study*)	**nulla** *nothing*
	stufo/a di *fed up with*
	da me, da te *to my, your house*
Ma . . . diamoci del tu! *But . . . let's use* **tu!**	**fare quattro chiacchiere** *to have a chat*
E tu, cosa fai? *And you, what are you doing?*	**piatto** *plate, dish*
	magari *perhaps*
Niente d'interessante *Nothing interesting*	**concerto** *concert*
	Che ne dici? (from **dire** (irreg.)) *What do you say?*
Sai l'indirizzo? *Do you know the address?*	**d'accordo** *agreed*
	sapere (irreg.) *to know*
No. Non lo so *No, I don't (know it)*	**passare** *to drop by*

Vero o Falso?

5 Rina studia matematica.
6 Fa il primo anno.
7 Si laurea a febbraio.

Domande

5 Rina è lì per motivi di famiglia?
6 Sa l'indirizzo di Remo?

3   Vuoi venire con me?

As explained in the notes to this Unit, when addressing friends, or when the situation is very informal, the familiar **tu** form is used, especially amongst young people, as in this dialogue. The dialogue takes place on a Friday.

Angelo	Ciao, Isa!
Isa	Ciao!
Angelo	Vuoi venire con me?
Isa	Dove?
Angelo	A ballare.
Isa	Quando? Adesso?
Angelo	Stasera alle otto.

Isa	No. Stasera non posso. Devo andare al cinema con un'amica.
Angelo	Puoi venire domani? O devi uscire anche domani?
Isa	Domani sera devo andare a teatro con i miei.
Angelo	Peccato! Domenica alle otto?
Isa	Domenica va benissimo. Ma non posso venire prima delle nove.
Angelo	Alle nove va bene. Ciao, allora!
Isa	Ciao!

Ciao, Isa! Vuoi venire con me? *Hallo, Isa! Would you like to come out with me?*
Ciao! . . . Stasera non posso *Hallo! . . . I can't this evening*
Puoi venire domani? *Can you come tomorrow?*

Domani . . . devo andare . . . *Tomorrow . . . I've got to go . . .*
Ciao! *Goodbye!*

stasera *this evening, tonight*
i miei *my family, parents*
Peccato! *What a pity!*

Vero o Falso?

8 Angelo vuole andare a ballare con Isa.
9 Isa può uscire con lui venerdì.
10 Stasera deve andare al cinema con un'amica.
11 Sabato deve uscire con un suo cugino.
12 Domenica Angelo deve vedere Isa alle otto.

Domande

7 Con chi vuole uscire Angelo e dove vuole andare?
8 Dove deve andare Isa venerdì sera?
9 Perchè non può uscire con Angelo sabato sera?
10 Angelo deve vedere i suoi domenica alle nove?

Grammatica

1 *Potere*

(*a*) Asking for permission:

Posso { entrare? / fumare? / telefonare? } **Can- / May** } I { come in? / smoke? / 'phone? }

(*b*)   Saying whether you can or cannot do something:

A che ora **può** venire?	*At what time can you come?*
Non **posso** venire prima delle undici.	*I can't come before eleven.*

2   *Dovere*

Saying what you must or have to do:

Cosa **deve** fare domani?	*What have you got to do tomorrow?*
Devo andare ad un congresso.	*I've got to go to a congress.*

3

All forms of the present of **potere** (*to be able*) and **dovere** (*to have to*) are frequently heard. You therefore need to be able to recognise them instantly.

Potete aspettare, signori?	*Can you wait, (ladies and) gentlemen?*
Sì. **Possiamo** aspettare fino a mezzogiorno.	*Yes, we can wait until midday.*
Dovete andare adesso?	*Must you go now?*
Sì. **Dobbiamo** andare subito.	*Yes, we must go immediately.*
Le sue colleghe non **possono** rimanere?	*Can't your colleagues stay? (*il/la **collega** *colleague)*
No. **Devono** ritornare a casa.	*No, they have to go back home.*

4   *Cosa fa di bello?*

A friendly way of asking what people are doing. Note the use of **di** + adjective, used in parallel expressions:

C'è qualcosa **di** nuovo?   *Is there anything new?*

	di nuovo.		*new.*
	d'interessante.		*interesting.*
Non c'è	**di** bello.		*nice.*
niente	**di** speciale.	*There's nothing*	*special.*
	di rilevante.		*important.*
	di strano.		*strange.*
	di male.		*wrong.*

5   *Venire a, rimanere a* + **infinitive**

In Italian, some verbs such as **volere**, **potere** and **dovere** are followed directly by the infinitive. Others, like **rimanere**, **venire** and **andare** are followed by a preposition + infinitive. It is important to note examples as you come across them:

> **Rimango** a casa **a studiare.** *I'm staying in to study.*
> Vuoi **venire** con me **a ballare?** *Would you like to come dancing with me?*
> **Vado a** telefonare. *I'm going to 'phone.*

6 *Stufo di* + infinitive

Some adjectives or adverbs too may be followed by the infinitive (Unit 10, note 6, p. 100) or by a preposition + infinitive, and again you must note examples as they occur:

> Sono **stufo di** lavorare. *I'm fed up with working.*
> È **meglio** lavorare. *It's better to work.*

7 *Diamoci del tu, ciao, tuo*

The familiar form **tu** (second person singular) is used in very informal situations, i.e. amongst relatives, friends, children and young people. **Diamoci del tu** (lit: *let's give each other* **tu**) is said when passing from the **lei** form to the more familiar form. When you want to say *hello* or *goodbye* to someone you are on **tu** terms with, you say **ciao**.

Note also how to express *your* when using informal **tu**:

> Puoi venire con **tua** sorella. *You can come with your sister.*
> Devi uscire con **i tuoi** amici? *Have you got to go out with your friends?*

8 Pronouns: stressed and unstressed

(a) *Unstressed pronouns*

Lo, la, li, le, l' (Unit 10, note 4, p. 99) are pronouns. As they all replace the direct object they are called direct object pronouns. **Mi, ti, ci**, etc., (see Reflexive Verbs, Unit 9, note 6) are also direct object pronouns. Besides meaning *myself, yourself, ourselves*, etc., they mean *me, you, us*, etc. Remember that they precede the verb (the cases where they don't will be explained later). They are called unstressed pronouns. Compare the two tables below to see how they are used. Note particularly that **la** also means *you* (formal, sing. masc. or fem.). **La ringrazio** may therefore mean *I thank you* (referring to a man or a woman) or *I thank her*.

> Dottore, **la** ringrazio. *I thank you.*
> Signora, **la** ringrazio. *I thank you.*

Non	lo	capisco.	*I don't understand*	him/it.
	la			her/it/you (formal).
	li			
	le			*them.*

Ida non	mi	capisce.	*Ida doesn't understand*	me.
	ti			you (informal).
	ci			us.
	vi			you.

Lo is used with **sapere** even when there is no definite object:

Dov'è Carlo?	*Where is Carlo?*
Non **lo** so.	*I don't know.*

Sai il mio indirizzo?	*Do you know my address?*
Sì. **Lo** so.	*Yes, I do (know it).*

Ne too can be classed with the unstressed pronouns and also means *about it*:

Che **ne** pensi?	*What do you think (about it)?*
Che **ne** dici?	*What do you say (about it)?*

(*b*) *Stressed pronouns*
These must be used when preceded by a preposition (**a**, **da**, **con**, etc.).
Note that except for **me** and **te** they are the same as the subject
pronouns (i.e. those used to conjugate verbs: *I/you/he speak(s)*—see
Unit 6, note 9).

Gino può venire	con	me.	*Gino can come* with	me.
		te.		you.
		lui.		him.
		lei.		her/you.
		noi.		us.
		voi.		you.
		loro.		them.

9 *Da*

We have already met **da** meaning *from*:

Il treno parte **dal** binario numero due.   *The train leaves from Platform 2.*

When used with people, however, it means *at/to the house of, the shop of* or *the place of*:

Stasera vado **da** Rina.   *This evening I'm going to Rina's (house).*
Perchè non vieni **da** me?   *Why don't you come to my place?*
Domani vado **dal** dottore.   *I'm going to the doctor's tomorrow.*
Ti aspetto **da** mia madre.   *I'll be waiting for you at my mother's place.*

10 *Magari*

Magari suggests probability or desirability:

> **Magari** ti vedo un altro giorno. *Maybe I'll see you another day.*
> Vai in Italia quest'anno? *Are you going to Italy this year?*
> **Magari!** *I wish I were!*

11 *Che, il/la quale, i/le quali*

Che means *which* or *what* in questions and may be used with or without a noun:

> **Che** libro vuole? *What book do you want?*
> **Che** giornale devo leggere? *Which paper shall I* (lit: *must I*) *read?*
> **Che** fai? *What are you doing?*

It also means *that, who(m)* or *which* when joining two clauses, but whereas in English it may be left out, in Italian it must never be omitted:

> Questo è il libro **che** devo comprare. *This is the book (which) I have to buy.*
> So **che** non è vero. *I know (that) it isn't true.*
> La ragazza **che** vado a prendere alla stazione è mia sorella. *The girl (whom) I'm going to meet at the station is my sister.*

Il quale, la quale, i quali, le quali can replace **che** to avoid ambiguity. In the following example, **la quale** makes it quite clear that the person referred to as intelligent is the wife and not **Claudio**:

> La moglie di Claudio, la **quale** è molto intelligente, viene alla conferenza. *Claudio's wife, who is very intelligent, is coming to the lecture.*

12 Irregular verbs

potere	**dovere**	**dire**	**sapere**
to be able	*to have to*	*to say*	*to know*
posso	devo	dico	so
puoi	devi	dici	sai
può	deve	dice	sa
possiamo	dobbiamo	diciamo	sappiamo
potete	dovete	dite	sapete
possono	devono	dicono	sanno

Esercizi

ESERCIZIO 11.1 Here is a page from Mr Cioffi's desk diary (**agenda**) telling him what he has to do on Monday 14 March. Write four statements with **deve**, beginning each one by the time, to describe what he must do. Start: **Alle dieci deve . . .**

ESERCIZIO 11.2 It is now Mr Cioffi's turn to remind himself of what he must do. What would he say?

il, la cliente *client, customer*

AGENDA
LUNEDÌ 14 MARZO

10.00	*Vedere il sig. Rossi*
11.00	*mostrare la fabbrica C. a 2 clienti americani*
16.15	*accompagnare i miei all'aeroporto*
21.30	*andare a cena con il dott. Sgambati*

ESERCIZIO 11.3 This is a chart showing whether Luisa, Maria, Carlo and Paolo can (✓) or can't (×) go out on Saturday morning and afternoon. Make one sentence for Luisa, one for Maria, and one for Carlo and Paolo together. Luisa's is done for you.

SABATO

	MATTINA	POMERIGGIO
Luisa	✓	×
Maria	×	✓
Carlo	✓	×
Paolo	✓	×

Luisa può uscire la mattina, ma il pomeriggio no.

ESERCIZIO 11.4 Now imagine what each would say if asked whether they were free on Saturday, but again do Carlo and Paolo together.

Esempio: **Luisa**: Posso uscire, etc.

A me, A te, A lui,
a Noi, a Voi, a Loro
Maiuscole E Minuscole
Per Tutti I Giorni e Gli Anni

Portatili Olivetti

Oggi una portatile, cioè la portatile
Olivetti, serve al ragazzo che studia
come al padre che lavora, alla giovane
che viaggia come alla moderna donna
di casa. Regalarla significa dare uno
strumento che aiuta a capirsi, induce
all'ordine, promuove attività utili.
Tutti scrivono o scriveranno; e
l'alfabeto della portatile vi accompagnerà
da un Natale a un altro, da una lettera
all'altra. Le parole saranno più chiare,
e la mente più libera.

ESERCIZIO 11.5

1 Why are all the pronouns used at the head of the advertisement?

2 What sort of Olivetti typewriter is being advertised?

Prova di Comprensione

1 Conversazione

Enzo is supposed to be going with his wife to visit his friend and is apologising by 'phone for not being able to do so.
Look carefully at the present tense of **dovere** and **potere** before doing this comprehension.

1 What is the name of Enzo's friend?
2 Where does he live?
3 When is Enzo supposed to be making his visit?
4 Why does Enzo say he himself can't come?
5 Who is Giulia?
6 Who is supposed to wait?
7 What must Enzo's wife do by Friday morning?
8 What is his friend's reaction?

Antonio	Pronto!
Enzo	Pronto! Chi parla?
Antonio	Sono Antonio.
Enzo	Ah, Antonio di Roma? Ciao! Come va?
Antonio	Benissimo, grazie. Allora, venite venerdì?
Enzo	Mi dispiace, Antonio. Non possiamo.

Antonio	Come, non potete?
Enzo	Dobbiamo lavorare. Io devo vedere tre clienti americani e Giulia deve finire due articoli per il suo giornale.
Antonio	Ma i tuoi clienti possono aspettare!
Enzo	Eh, no! Devono ritornare in California, e poi, gli articoli devono esser pronti per venerdì mattina. Scusa, Antonio!
Antonio	Peccato!

2 Lettura

1   Where is the factory in which signorina Pellegrini works?
2   Why does she have to leave home very early every day?
3   How does she normally go to work?
4   What hasn't she the time to do?
5   Describe what she has to do in the afternoon.
6   Why does she want to go to the Milan Fair?

La signorina Pellegrini è la segretaria del direttore di una piccola fabbrica vicino a Roma. Ogni giorno deve uscire di casa molto presto perchè deve incominciare a lavorare alle otto. Di solito va in ufficio a piedi, ma quando ha fretta prende l'autobus o la metropolitana. Appena arriva al posto di lavoro deve sbrigare la corrispondenza, e consultare l'agenda degli appuntamenti. Non può mai andare a pranzo a mezzogiorno con le sue colleghe, perchè a quell'ora non ha mai tempo. Il pomeriggio deve vedere i clienti, rispondere al telefono, e quando il direttore non c'è, è lei che deve decidere se annullare o confermare un'ordinazione. Poichè parla bene l'inglese e il francese, quest'anno vuole andare alla Fiera di Milano e fare l'interprete per il suo direttore.

aver fretta *to be in a hurry*	**annullare** *to cancel*
la metropolitana *the underground*	**un'ordinazione** *an order*
	poichè *since*
sbrigare *to deal with*	

12 Vorrei un'informazione

In this unit you are going to learn how to enquire about and give precise information on finding your way; times of public transport and frequency; how to express the fact that you have made a mistake.

1 Dove deve andare?

Mr Pozzi is trying to find the Commercial Bank and asks a passer-by (**un passante**) how to get there.

Sig. Pozzi	Scusi, sa dov'è Via Garibaldi?
Passante	Certo, signore. Vada sempre diritto. In fondo a questa strada giri a destra. Che numero cerca?
Sig. Pozzi	Il 122.
Passante	Ah, no. Il numero 122 non esiste. Dove deve andare?
Sig. Pozzi	Alla Banca Commerciale.
Passante	Ma la Banca Commerciale è in Piazza Garibaldi. Forse le conviene prendere l'autobus fino a Via Roma e poi cambiare.
Sig. Pozzi	Grazie. Ogni quanto tempo passano gli autobus?
Passante	Per Via Roma ogni dieci minuti circa.
Sig. Pozzi	E che numero devo prendere?
Passante	Il 48. Vada fino all'incrocio. Prenda la seconda traversa a sinistra. Per attraversare la strada passi per il sottopassaggio. La fermata è dopo il ponte.
Sig. Pozzi	Ho capito. E dopo come si fa per andare a Piazza Garibaldi?
Passante	È semplice. A Via Roma prenda il 56 e scenda al capolinea.
Sig. Pozzi	E poi?
Passante	E poi . . . è facile. La banca è a pochi passi dall'ultima fermata.

Sa dov'è Via . . . ? *Do you know where . . . Road is?*
Vada sempre diritto *Go straight ahead*

in fondo a *at the end of*
girare *to turn*
esistere *to exist*
forse *perhaps*

Dove deve andare? *Where have you got to go?*	**le conviene** *you'd better*
	fino a *up to*
(Devo andare) alla banca . . . *I've got to go to the bank*	**cambiare** *to change*
	incrocio *crossroads*
	traversa *side-road, turning*
Ogni quanto tempo passano gli autobus? *How often do the buses run?*	**attraversare** *to cross*
	sottopassaggio *underpass, subway*
Ogni dieci minuti circa *About every ten minutes*	**fermata** *(bus)-stop*
	il ponte *bridge*
Che numero devo prendere? *What number have I got to take?*	**ho capito** *I understand* (lit: *I've understood*)
	semplice *simple*
Il quarantotto *The 48*	**a pochi passi** *a few steps away*
Come si fa per andare a . . . ? *How do you get to . . . ?*	**da** *from*
	ultimo/a *last*
Prenda . . . e scenda al capolinea *Take . . . and get off at the terminus*	

Vero o Falso?

1   Per Via Roma c'è un autobus ogni venti minuti.
2   La fermata del 48 è dopo la stazione.
3   La banca è vicino all'ultima fermata.

Domande

1   Il signor Pozzi parla con un amico?
2   Perchè non trova il numero 122?
3   La Banca Commerciale è in Via Garibaldi?
4   Come deve attraversare la strada il signor Pozzi?

2   Nell'autobus

Mr Pozzi is now going to the station but finds he is on the wrong bus.

Sig. Pozzi	Va alla stazione centrale quest'autobus, per favore?
Passeggero	No, signore. Deve prendere il 68.
Sig. Pozzi	E dov'è la fermata del 68, per cortesia?
Passeggero	Davanti all'università. Dopo il municipio.
Sig. Pozzi	Grazie. Può dirmi quando devo scendere?
Passeggero	Certamente. Però, ora che ci penso, il 68 fa il giro.

	Forse è meglio tornare indietro e prendere il 9 o il 14. Così fa più presto.
Sig. Pozzi	Ho capito. Grazie. Allora scendo alla prossima fermata e torno indietro.
Passeggero	Alla prossima fermata scendo anch'io.
Sig. Pozzi	Allora scendiamo insieme. Si scende da qui?
Passeggero	No. Si scende dall'altra parte. Da qui si sale solamente.

Dov'è la fermata del 68, per cortesia? *Where does the 68 stop, please?* (lit: *the stop of the 68*)

Dopo il municipio *After the town hall*

Può dirmi quando devo scendere? *Can you tell me where* (lit: *when*) *to get off?*

Certamente ... però ora che ci penso ... *Certainly ... but now I come to think of it ...*

Si scende da qui? *Do you get off here?* (i.e. 'this end')

No ... da qui si sale solamente *No ... you (can) only get on at this end*

passeggero *passenger*
fare il giro *to go a long way round*
tornare indietro *to go back*
così fa più presto *it's quicker like that* (lit: *you do quicker*)
dall'altra parte *on the other side, at the other end*
salire (irreg.) *to go up, get on*
solamente *only*

Vero o Falso?

4 Il signor Pozzi va alla stazione centrale in macchina.
5 Il 68 va alla stazione centrale.
6 La fermata del 68 è davanti alla banca.

Domande

5 Che numero deve prendere per andare alla stazione centrale?
6 Che cosa deve cercare davanti all'università?
7 Che autobus è meglio prendere per arrivare più presto?

3 Il treno è in partenza

A traveller (**un viaggiatore**) wants to go to Perugia and asks for the times of the trains (**l'orario dei treni**) at the enquiry desk (**l'ufficio informazioni**)

Viaggiatore	C'è un treno diretto per Perugia o devo cambiare?
Impiegato	Se vuole prendere l'espresso, deve aspettare tre ore: fino alle 18.45.

Viaggiatore	Non c'è un treno prima delle sette meno un quarto?
Impiegato	Può prendere il rapido. Ma deve cambiare a Bologna.
Viaggiatore	È in orario il rapido?
Impiegato	No. È in ritardo di due minuti.
Viaggiatore	Meno male! Da che binario parte?
Impiegato	È in partenza dal binario nove. Se ha già il biglietto può pagare il supplemento in treno.

Il treno è in partenza *The train is leaving*
È in orario il rapido? *Is the express (running) on time?*
No. È in ritardo di due minuti *No. It's (running) two minutes late*

meno male *thank goodness*
supplemento *supplement*

Vero o Falso?

7 Il viaggiatore vuole andare a Roma.
8 L'espresso parte fra tre ore.
9 Se il viaggiatore prende il rapido, non deve cambiare treno.
10 Il rapido è in orario e parte dal binario sette.

Domande

8 Il viaggiatore vuol prendere l'autobus?
9 Fra quanto tempo parte l'espresso?
10 Cosa deve fare il viaggiatore quando arriva a Bologna?

Grammatica

1 Imperative: second person singular *lei* form

Scusi, **vada**, **prenda** and **giri** are the imperative **lei** forms of **scusare**, **andare**, **prendere** and **girare**, and are used when telling someone to do something. **Scusi** is also used to attract attention.

To form the imperative:

Regular **–are** *verbs*
The first person singular present-tense ending **–o** changes to **–i**.

Verbs in **–ere** *and* **–ire**
The first person singular present-tense ending **–o** changes to **–a**.

Infinitive	*1st pers.* *sing. pres.*	*Imperative* (**lei**)	
aspettare	aspetto	aspetti!	*wait*
guardare	guardo	guardi!	*look*
cambiare	cambio	cambi!	*change*
prendere	prendo	prenda!	*take*
offrire	offro	offra!	*offer*
pulire	pulisco	pulisca!	*clean*
fare	faccio	faccia!	*do*

The above holds true for all irregular verbs except the five which are given separately in the table below. **Dare** (*to give*) is the only one you have not yet met:

Infinitive	*Imperative*
avere	**abbia!**
dare	**dia!**
essere	**sia!**
sapere	**sappia!**
stare	**stia!**

> Mi **dia** il suo indirizzo!   *Give me your address!*
> Che film **danno** al Rex?   *What film are they showing* (lit. *giving*) *at the Rex?*

Note that verbs ending in **–iare** do not double the final 'i':

> **Cambi! Incominci! Mangi!**

Object pronouns precede the verb in the imperative (**lei** form):

> La casa è bella: **la** compri!   *The house is nice: buy it!*
> Il vino è ottimo: **l'** assaggi!   *The wine is excellent: taste it!*

2 Reflexive verbs: Imperative 2nd person singular *lei* form

Reflexive verbs form their imperative in the same way but must be preceded by **si**:

> Va alla festa? **Si diverta!**   *Are you going to the party? Enjoy yourself!*

> Mi preparo in due minuti.   *It'll take me two minutes to get ready.*
> Non c'è fretta. **Si cambi** con calma.   *There's no hurry. Take your time to get changed.* (lit: *change with calm*)

In this last example **mi preparo** means literally *I prepare myself* and **si**

cambi *change yourself* (i.e. *get changed*). There are many other instances in Italian of verbs being used reflexively and non-reflexively with slightly different meanings. For instance, **mi chiamo** (*my name is*) literally means *I call myself*, and **chiamare** is therefore used non-reflexively meaning *to call*:

> **Chiamo** il dottore? *Shall I call the doctor?*
> Sì. **Lo chiami.** *Yes. Call him.*

3   *Le conviene*

Le conviene *you'd better* (lit: *it is suitable to you*) is used in a similar way to **le piace**:

			il treno.				a train.
		prendere	l'autobus.			take	a bus.
Mi				*I'd*	*better*		
	conviene	andare a piedi.		*You'd*		walk.	
Le		aspettare.				wait.	
		partire.				leave.	

4   *Verso, circa*

Verso literally means *towards* or *in the direction of*.
It can only mean *about* or *approximately* when talking about a specific time. Other approximations must be expressed by **circa** or **quasi**.

> Esce **verso** le quattro. *He's going out at about four.*
> Ci sono **circa** mille persone al concerto. *There are about a thousand people at the concert.*
> Il concerto incomincia fra cinque minuti **circa.** *The concert begins in about five minutes.*

5   *Ho capito*

Although **capisco** means *I understand*, when you are asked whether you understand something in Italian, you normally answer: **ho capito** (lit: *I have understood*).

> Ripeto? *Shall I repeat?*
> No, no. Va bene. **Ho capito**. *No, no. That's all right. I understand.*

6   *Davanti a*

Davanti a *in front of* is used like **vicino a** (Unit 6, note 3):

Non parcheggi **davanti al** museo! *Don't park in front of the museum.*

7 *Mi può dire*

Note the position of **mi, ti, si, ci, vi** before **volere**, **dovere** and **potere**:

> Domani mattina **mi devò** alzare presto. *Tomorrow morning I've got to get up early.*
> Non **mi posso** fermare qui: è pericoloso. *I can't stop here: it's dangerous.*

8 *Fra, in*

When talking about time, **fra** means *after* or *at the end of* a certain period, whereas **in** means *within*. **Fra** refers only to future time.

> Quando ripara la macchina? *When is he repairing the car?*
> **Fra** mezz'ora. *In half an hour's time.*

> Se scende giù per questa strada, arriva al Duomo **in** cinque minuti. *If you walk down this street, you get to the Cathedral in five minutes.*

9 *Più presto*

Più can also be used with adverbs:

> più { presto { *earlier, quicker*
>   { tardi { *later*

10 *Anch'io*

Notice how subject pronouns are used after **anche** for emphasis:

Viene **anche lei?**	*Are you coming too?*
Sì. Vengo **anch'io.**	*Yes, I'm coming too.*
Venite **anche voi?**	*Are you coming too?*
Sì. Veniamo **anche noi.**	*Yes, we're coming too.*

11 *In orario*

Notice these expressions with **in**:

	orario.	*on time.*
	ritardo.	*late.*
Il treno è **in**	anticipo.	*The train is* *early.*
	arrivo.	*arriving.*
	partenza.	*leaving.*

12 *A pochi passi da*

One way of expressing distance from a place is with the preposition **a**:

> La banca è **a** pochi passi dall'ultima fermata. *The bank is a few steps from the last stop.*

> La spiaggia è **a** cento metri dall'incrocio. *The beach is a hundred metres from the crossroads.*

13 Irregular verbs

dare	*to give*	**salire**	*to go up, to get on*
do	diamo	salgo	saliamo
dai	date	sali	salite
dà	danno	sale	salgono

Esercizi

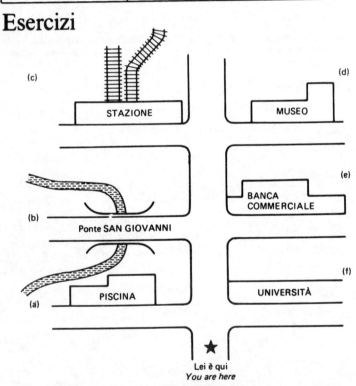

ESERCIZO 12.1 Form questions about how to get to the places in the plan above and answer them, using the example as a model.

Esempio:

(*a*) Come si fa per andare alla piscina?   Prenda la prima traversa a sinistra.

ESERCIZIO 12.2 What are the instructions on these road signs? Answer using the imperative. Take care with (d).

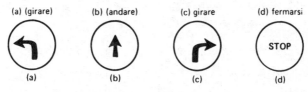

(a) (girare)   (b) (andare)   (c) girare   (d) fermarsi

(a)   (b)   (c)   (d)

ESERCIZIO 12.3 Read this text, then give the directions in the imperative. Start: Per andare al Duomo prenda . . .

Per andare al Duomo si deve prendere la prima strada a destra e andare sempre diritto fino a Via Firenze. In fondo a Via Firenze si deve girare a sinistra, scendere giù per Via Nazionale, e attraversare il ponte San Giovanni. Dopo il ponte si deve prendere la seconda traversa che è Via Veneto. In fondo a Via Veneto c'è una piazza: il Duomo è lì.

ESERCIZIO 12.4 Using the imperative tell someone to do what is being asked. (You are given the place.)

    Esempio: Dove devo parcheggiare?   (in piazza.)
               Parcheggi in piazza!

(*a*)   Dove devo aspettare?   (alla stazione)
(*b*)   Dove devo prenotare?   (all'agenzia)
(*c*)   Dove devo leggere?   (qui)
(*d*)   Dove devo pulire?   (dappertutto)
(*e*)   Dove devo venire?   (a casa)

ESERCIZIO 12.5 Someone is asking permission to do something. You urge them to do it, using object pronoun + imperative.

    Essempio: Posso mangiare questi spaghetti?
               Sì, sì. Li mangi!

(*a*)   Posso mangiare queste lasagne?
(*b*)   Posso bere questo vino?
(*c*)   Posso aprire la finestra?
(*d*)   Posso fare i biglietti?
(*e*)   Posso prendere la sua macchina?

ESERCIZIO 12.6   Reflexive verbs in the imperative

Someone asks you where to do certain things, and you answer, suggesting the alternative given.

> *Esempio*:   Mi fermo vicino al ponte?   (davanti al municipio)
>   No. Si fermi davanti al municipio!

(*a*)   Mi lavo qui?   (nel bagno)
(*b*)   Mi rado nel bagno?   (nella camera da letto)
(*c*)   Mi seggo lì?   (qui)
(*d*)   Mi cambio nella prima cabina?   (nella terza cabina)

> **radersi**   *to shave*   **cabina**   *cubicle, changing-room*

Prova di Comprensione

1   Conversazione

A tourist is asking a passer-by the way.

1   Where does the tourist want to go?
2   Why is there a slight difficulty in directing him?
3   What does he want to see?
4   Where is it on?
5   What square must he go to?
6   Which buses go there?
7   Where is the bus-stop?
8   How long does it take to get there?

Turista	Scusi, mi può dire dov'è il cinema, per favore?
Passante	Ce ne sono due di cinema. Quale le interessa?
Turista	Quello dove danno *Pane e Vino*.
Passante	Ah, sì. Al Rivoli danno *Pane e Vino*.
Turista	E dov'è il Rivoli?
Passante	È in Piazza Municipio.
Turista	E come si fa per arrivare in Piazza Municipio? È vicino?
Passante	No. È un po' lontano. Le conviene prendere l'autobus: il dieci o il dodici.
Turista	E il dieci e il dodici passano di qui?
Passante	Sì, sì! Si fermano proprio qui all'incrocio.
Turista	Meno male! Quanto tempo ci vuole per arrivare?
Passante	Da qui ci vogliono circa venti minuti.

2 Lettura

1 Are Italian motorways state or privately owned?
2 What will happen to the motorways after fifty years?
3 According to the text, what results from the fact that they are privately owned?
4 How is the car-toll determined?
5 What do the motorways facilitate?
6 Why is the **Autostrada del Sole** the most famous motorway?
7 What is the function of the **tangenziali**?
8 What is one drawback of the system?

Le autostrade italiane

L'Italia è particolarmente fiera delle sue modernissime autostrade, che offrono al traffico automobilistico un'alternativa alla rete stradale ordinaria. Oggi con l'autostrada si viaggia nel modo più veloce, più breve, più comodo e più sicuro. Quasi tutte le autostrade italiane sorgono per iniziativa di società private, ma lo Stato facilita la loro costruzione in vari modi (per esempio permette gli espropri del terreno), perchè dopo cinquant'anni esse diventano automaticamente di sua proprietà. Proprio perchè le autostrade appartengono inizialmente al capitale privato, bisogna pagare per transitarvi. Il pedaggio varia a seconda del tipo di autoveicolo e della distanza percorsa.

Ormai le autostrade raggiungono tutte le parti d'Italia e facilitano i rapporti economici e sociali tra le varie città e fra quelle regioni che un'orografia complicata mantiene isolate l'una dall'altra. La più famosa autostrada italiana è l'Austostrada del Sole che congiunge Milano a Reggio Calabria (1400 chilometri) e passa per Bologna, Firenze e Roma. Le strade che collegano le autostrade alle grandi città si chiamano 'tangenziali'. A Roma c'è il 'grande raccordo anulare' che smista il traffico della capitale.

Gli italiani si servono spesso dell'autostrada anche per percorsi molto brevi e anche se questo a volte significa fare lunghe file ai caselli autostradali per pagare il pedaggio.

autostrada *motorway*	**ormai** *by now*
è . . . fiera di *is . . . proud of*	**raggiungere** *to reach*
la rete stradale *road network*	**rapporto** *link*
modo *way*	**orografia** *mountain system*
breve *short*	**congiungere** *to connect*
sicuro/a *safe*	**raccordo anulare** *ring motor-*
sorgere *originate*	*way*
esproprio *compulsory purchase*	**smistare** *to filter off*
terreno *land*	**servirsi** (iiia) *to use*
diventare *to become*	**percorso** *distance, run*
appartenere *to belong*	**fila** *queue*
pedaggio *toll*	**casello** *toll-gate*
a seconda di *according to*	
distanza percorsa *distance covered*	

Informazioni

Strada, via, corso, superstrada

Although **strada** means *road* or *street* it is never used in naming any particular one. For this purpose **via** is used. **Via** may also mean *way* or *route*. **Corso** suggests something larger and more imposing, such as an avenue. The **superstrada**, a sort of 'mini-motorway' forms secondary links between towns. There are not many of them and they are free.

13 Cosa mandare in regalo?

In this unit you are going to learn how to give and receive instructions: buying stamps, etc.; sending off letters and parcels. You will also learn how to express the idea of giving or offering something to someone.

1 Alla posta

Signore	Tre francobolli, per favore.
Impiegata	Per l'estero?
Signore	Sì. Per l'Inghilterra. E un modulo per telegramma.
Impiegata	Per i telegrammi deve andare allo sportello N°3. Desidera altro?
Signore	Devo fare una raccomandata e un vaglia.
Impiegata	Sì. Scriva nome, cognome e indirizzo del mittente dietro la busta. Vuole la penna?
Signore	No, grazie. Ce l'ho. Ecco fatto! Va bene così?
Impiegata	Sì. Così va bene. Ecco il resto, signore . . . e questa è la ricevuta.
Signore	Grazie. E per il pacco?
Impiegata	Sportello N°9. Vuole spedirlo oggi? Deve far presto, perchè chiude alle 14.00.
Signore	Un ultimo favore, può dirmi dov'è la buca delle lettere?
Impiegata	Eccola! Là in fondo. È per le sue cartoline? Non è necessario imbucarle. Può lasciarle a me.
Signore	Grazie mille.
Impiegata	Prego.

Vuole spedirlo oggi? (*from* spedire IIIb) *Do you want to post it today?*
Deve far presto *You'll have to be quick*
Vuole la penna? *Would you like a pen?*
No, grazie. Ce l'ho *No thanks, I've got one* (lit: *I have it*)

un vaglia *postal order*
il nome *name, forename*
il cognome *surname*
il mittente *sender*
dietro *at the back of, behind*
busta *envelope*
penna *pen*
ecco fatto *that's it, there you are*

Può dirmi dov'è la buca delle lettere? Eccola! *Can you tell me where the letter-box is? There it is!*

estero *abroad*
Inghilterra *England*
modulo *form*
un telegramma *telegram*
sportello *counter*
raccomandata *registered letter*

resto *change*
ricevuta *receipt*
pacco *parcel*
un favore *favour*
là in fondo *down there, at the end*
necessario *necessary*
imbucare *to post*
lasciare *to leave*
grazie mille *thanks awfully, many thanks*

Domande

1 Dove deve andare il signore (*a*) per fare il telegramma? (*b*) per spedire il pacco?
2 Che cosa deve scrivere dietro la busta della raccomandata?
3 Perchè deve andare subito allo sportello dei pacchi?
4 Qual è l'ultima cosa che vuol sapere dall'impiegata?

2   Il compleanno di Renzo*

Beatrice Sabato è il compleanno di Renzo e non so ancora cosa regalargli.
Alfredo Perchè non gli compri un romanzo?
Beatrice I romanzi non gli piacciono.
Alfredo Puoi prendergli un profumo. Un bel profumo francese.
Beatrice Però il profumo non lo usa mai.
Alfredo Quanto vuoi spendere?
Beatrice Non troppo. E non posso neanche regalargli delle sigarette perchè non fuma.
Alfredo Gli piace la musica?
Beatrice Mi sembra di sì. So che ha un nuovo stereo.
Alfredo Allora il problema è risolto. Gli puoi portare una cassetta o un disco.
Beatrice Buona idea! Gli prendo un disco di musica classica.
Alfredo Io non gli regalo nulla. Gli mando solamente una cartolina di auguri. Però sabato mattina gli telefono.

*Renzo is a diminutive form of **Lorenzo** (Lawrence)

compleanno *birthday*	**non . . . ancora** *not yet*
Quanto vuoi spendere? *How much do you want to spend?*	**regalargli** *(*= **regalare** +**gli***)* *to give to him*
Non troppo. E non posso neanche regalargli delle sigarette *Not too much. And I can't even give him any cigarettes*	**romanzo** *novel*
	profumo *perfume*
	usare *to use*
	fumare *to smoke*
	stereo *stereo*
Gli piace la musica? *Does he like music?*	**risolto** *solved*
	cassetta *cassette*
Mi sembra di sì *I think so.* (lit: *It seems to me yes)*	**mandare** *to send*
	auguri *(best) wishes*
Gli prendo un disco di musica classica *I'll get him a classical (music) record*	**solamente** *only*
Io non gli regalo nulla *I'm not giving him anything*	

Domande

5 Perchè Beatrice vuol fare un regalo a Renzo?
6 A Renzo piacciono i romanzi?
7 Cosa vuol fare Alfredo sabato mattina?

fare un regalo *to give a present*

3 L'onomastico di Carla

Sandra Dio mio! È già mezzogiorno! Dobbiamo sbrigarci!

Livio A che ora dobbiamo andare a pranzo da Carla?

Sandra Siamo invitati per l'una.

Livio Cosa le portiamo? Dei fiori?

Sandra Possiamo prenderle dei cioccolatini dal pasticciere qui di fronte. So che i dolci le piacciono molto.

Livio Ottima idea! Le compriamo una scatola di 'Baci Perugina' ed un bel fascio di rose.

Sandra Il guaio è che non abbiamo molto tempo per andare in tutti e due i negozi.

Livio Allora facciamo così: io vado dal fioraio mentre tu vai dal pasticciere, e poi c'incontriamo sotto il palazzo di Carla.

l'onomastico *Saint's day*	**il fiore** *flower*
Dobbiamo sbrigarci! *We'll*	**il pasticciere** *patisserie* (lit:
have to hurry up!	*confectioner*)
Cosa le portiamo? *What shall*	**di fronte** *opposite*
we take her?	**i dolci** *sweet things*
Possiamo prenderle dei	**scatola** *box*
cioccolatini *We can take her*	**bacio** *kiss*
some chocolates	**perugino/a** *from Perugia*
Facciamo così *This is what*	**fascio** *bunch*
we'll do (lit: *let's do thus*)	**rosa** *rose*
	guaio *trouble*
Dio mio! *good gracious!*	**fioraio** *florist*
sbrigarsi *to hurry up*	**incontrarsi** *to meet each other*
siamo invitati *we're invited*	

Domande

8   Cosa devono fare Livio e Sandra all'una?
9   Che cosa vogliono portare a Carla?
10   Cosa fanno alla fine del dialogo?

la fine   *end*

Minidialogo

Quant'è il cambio della sterlina?

Signore	Vorrei cambiare cento sterline in lire.
Impiegato	Ha il passaporto, per favore?
Signore	Si. Ce l'ho. Eccolo!
Impiegato	Vuole tutti biglietti da diecimila?
Signore	Un biglietto da ventimila ed il resto in biglietti da diecimila e cinquemila. Grazie.
Impiegato	Prego.

Quant'è il cambio della	**Un biglietto da ventimila ed il**
sterlina? *What's the exchange*	**resto in biglietti da . . .**
rate for sterling?	**lire** *One twenty thousand lire*
Vuole tutti biglietti da	*note and the rest in . . . lire*
diecimila? *Do you want it all*	*notes.*
in 10,000 lire notes?	**sterlina** *pound (sterling)*

Grammatica

1 *Telegramma — telegrammi*

As we saw in Unit 1 there is a group of nouns ending in **–ma** which are masculine. Their plurals end in **–i**:

> Vuol fare due **telegrammi?** *Do you want to send* (lit: *make*) *two telegrams?*
>
> Ci sono **molti problemi sociali e politici.** *There are many social and political problems.*

Likewise: **il programma — i programmi.**
Il cinema, however, does not change: **il cinema — i cinema**.

2 *Ce l'ho*

When someone asks you whether you have something or not and you want to answer *I have/haven't got it*, you use **(Non) ce l'ho. Ce** has no meaning.

> Ha il francobollo per la lettera? *Have you got the stamp for the letter?*
> Sì. **Ce l'ho.** *Yes, I have (got it).*
>
> Paolo ha il dizionario? *Has Paul got the dictionary?*
> No. **Non ce l'ha.** *No. he hasn't (got it).*

3 *Vuole spedirlo*

In Unit 12, note 7, we saw that **mi, ti, si,** etc., precede **volere, potere** and **dovere. Lo, la, li, le** normally do likewise. However, they may also be attached to the infinitive, so that we may say:

> **si** vuole lavare   *or*   vuole lavar**si**.
> **lo** vuole comprare *or*   vuole comprar**lo**.

Sapere behaves in a similar way.
Note that whenever a pronoun is attached to an infinitive in this way, the final **–e** of the infinitive is dropped.

4 *Eccolo*

Ecco combines with unstressed pronouns to mean *here/ there . . . am/is/are*;

> Dov'è Maria? **Eccola!**   *Where's Mary? There she is!*
> Dove sono i libri? **Eccoli!** *Where are the books? Here they are!*
> Dove sei? **Eccomi!**   *Where are you? Here I am!*

5 *Regalargli*

Indirect Object Pronouns (unstressed)

Sing.		Plural	
mi	*(to/ for) me*	**ci**	*(to/ for) us*
ti	*(to/ for) you* (informal)	**vi**	*(to/ for) you*
gli	*(to/ for) him*	**gli**	*(to/ for) them* (masc./fem.)
le	*(to/ for) you* (formal) / *her*		

The pronouns in the box are indirect objects, i.e. where *to/for* are either expressed or understood in English ('he gives me the book' means 'he gives the book to me'). Like **lo/la/li/le** in Unit 10 they normally precede the verb, but both object and indirect object pronouns may come after an infinitive in which case they are attached to it (**regalargli**: regalare +gli).

Vorrei **telefonargli** domani. } *I would like to 'phone him tomorrow.*
Gli vorrei **telefonare** domani.}

Giorgio $\left\{ \begin{array}{l} \textbf{mi} \\ \textbf{ti} \\ \textbf{gli} \\ \textbf{le} \\ \textbf{ci} \\ \textbf{vi} \\ \textbf{gli} \end{array} \right\}$ dà il libro. *George is giving* $\left\{ \begin{array}{l} me \\ you \\ him \\ you/her \\ us \\ you \\ them \end{array} \right\}$ *the book.*

In the written language, *to them* is **loro** or **a loro**; it always comes after the verb and can never be attached to the infinitive.

Giorgio dà il libro **a loro.** }
Giorgio dà **loro** il libro. } *George is giving them the book.*

6 *Può lasciarle a me*

When the indirect object is emphasised then the stressed pronouns seen in Unit 11, Note 8 must be used with the prepositions **a** *to* or **per** *for*.

Può lasciarle **a me**. *You can leave them to me.*
Compro un libro **per lui** e un disco **per lei**. *I'm buying a book for him and a record for her.*

7 *Mi sembra*

Mi sembra *it seems to me* is another verb used impersonally in the same way as **mi conviene** (Unit 12) and **mi piace** (Unit 10). All three verbs require the indirect object pronoun (Note 5).

Non **mi sembra** il momento adatto. *It doesn't seem the right moment to me.*
Vi sembra giusto? *Do you think it's fair?*
Ci conviene partire. *We'd better leave.*

When used with **sì** and **no, sembra** like **pensare** must be followed by **di** and has the same meaning (*to think*).

Mi sembra { **di sì.** } *I think* { *so.*
Penso { **di no.** } { *not.*

8 *Da diecimila*

Da denotes value in this case. **Diecimila** is short for **diecimila lire**. **Lire** may be omitted when the context makes it clear that the subject-matter is money:

Un biglietto **da** $\begin{cases} \text{mille} \\ \text{cinquemila.} \\ \text{ventimila} \end{cases}$ *A* $\begin{cases} \text{thousand} \\ \text{five thousand} \\ \text{twenty thousand} \end{cases}$ *lire note.*

Cento may also be omitted for brevity. It is replaced by **e**:

650 seicentocinquanta lire becomes **sei e cinquanta**
3,500 tremilacinquecento lire becomes **tremila e cinque**

9 *Ottimo/a, meglio, migliore*

Ottimo/a, an adjective, is another way of saying **buonissimo/a** *very good, excellent*. There are two words for *better*: **migliore** (adjective) and **meglio** (adverb):

Fanno degli **ottimi** affari.	*They do excellent business.*
Lei mi dà **ottime** notizie.	*You're giving me very good news.*
Questo libro è **migliore** di quello.	*This book is better than that one.*
Lo so **meglio** di te!	*I know it better than you do!*

Il/la migliore means *the best*.

Secondo me **il** periodo **migliore** per visitare l'Italia è la primavera. *In my opinion the best time to visit Italy is Spring.*
Mario e Paolo sono **i miei migliori** amici. *Mario and Paolo are my best friends.*

Buono/a, migliore, il/la migliore therefore mean *good, better, best*.

Esercizi

ESERCIZIO 13.1 È il compleanno di Adriano (*It's Adrian's birthday*). Here is a list of his friends and what they do for the occasion. Write a sentence about each on the pattern of the first example.

Esempio: Anna gli dà una cravatta.

(a) Anna (*dare*) cravatta.
(b) Renzo (*dare*) libro.
(c) Beatrice (*portare*) disco.

(*d*) Livio (*mandare*) sigarette.
(*e*) Matteo (*regalare*) profumo.
(*f*) Maria (*telefonare*) per fargli gli auguri.

ESERCIZIO 13.2 Time is pressing for Rita who is being asked about when she is going to do everything she has to: you have to supply her answers using **gli** or **le**.

Esempio: Quando telefona a Beatrice? (domani).
Le telefono domani.

(*a*) Quando telefona a Giulia? (stasera).
(*b*) Quando telefona a Renzo? (più tardi).
(*c*) Quando telefona a Marco? (dopo cena).
(*d*) Quando scrive a Anna? (domani).
(*e*) Quando scrive a Gina? (oggi).
(*f*) Quando parla con Silvio e Eva? (la settimana prossima).

ESERCIZIO 13.3 Imagine you are Carolina. You are being asked to decide which presents should go to each of your friends. Form the question you are being asked and give your answer, attaching the object pronoun to the infinitive.

Esempio: A chi vuol dare il disco?
Voglio darlo a Carla.

(*a*) Carla: (*dare*) disco.
(*b*) Beatrice: (*mandare*) cartolina di auguri.
(*c*) Maria: (*regalare*) borsa di pelle.
(*d*) Marco: (*portare*) cioccolatini.
(*e*) Gino: (*dare*) profumo.

ESERCIZIO 13.4 In the following conversation, every time there are three alternatives choose the one which fits the context. Read the whole conversation through before attempting to make your choices.

Rosanna	Hai il nome/francobollo/biglietto per la lettera?
Eva	No. Non ce l'ho/ce l'ha/ce l'hanno.
Rosanna	Perchè non la/lo/le compri?
Eva	Perchè la posta è qui/chiusa/aperta.
Rosanna	Ma il tabaccaio è aperto/chiuso/nuovo.
Eva	Sì. Però qui vicino non c'è un pasticciere/fioraio/tabaccaio e vorrei spedire questa lettera stasera.
Rosanna	Perchè vuoi spedirlo/spedire/spedirla stasera?
Eva	Perchè domani è il compleanno di Filippo e devo

mandare/mandarli/mandargli gli auguri.

Rosanna   A chi devi mandarli?/mandargli?/mandarle? Non ho
capito.

Eva   A Filippo.

ESERCIZIO 13.5

Mod. **22-0** (ricalco) (1981) · C. 007503

AMMINISTRAZIONE P.T.

ATTI UFFICIO

Accettazione delle raccomandate

Da compilarsi a cura del mittente (Si prega di scrivere
a macchina o in stampatello)

Destinatario ...**LUCIO RUSSO**...................................

Via ..**DEI GERANI**...................................... n. **8**

Località...**AVEZZANO**.......**67051**.....(Prov.**L'AQUILA**.)
(C.A.P.)

Mittente ...**SIMONA   CAPPIELLO**............................

Via ..**BENEDETTO CROCE**............................. n. **16**

Località ...**AREZZO**.....................................

Servizi
accessori
richiesti   ☒ Espresso   ☐ Via aerea   ☐ A. R.

Contrassegnare con **X**   ☐ Assegno L. ....

N. Racc.   Tasse

Bollo
(per l'accett.
manuale)

Roma, 1981 · I.P.Z.S. · P. V.

*È vietato includere denaro e valori nelle raccomandate;
l'Amministrazione non ne risponde.*

(*a*) 1   What is the above form for?
   2   Who is it being sent to?
   3   Who is sending it?
(*b*) 1   Why was the telegram opposite sent?
   2   Where does the sender live?

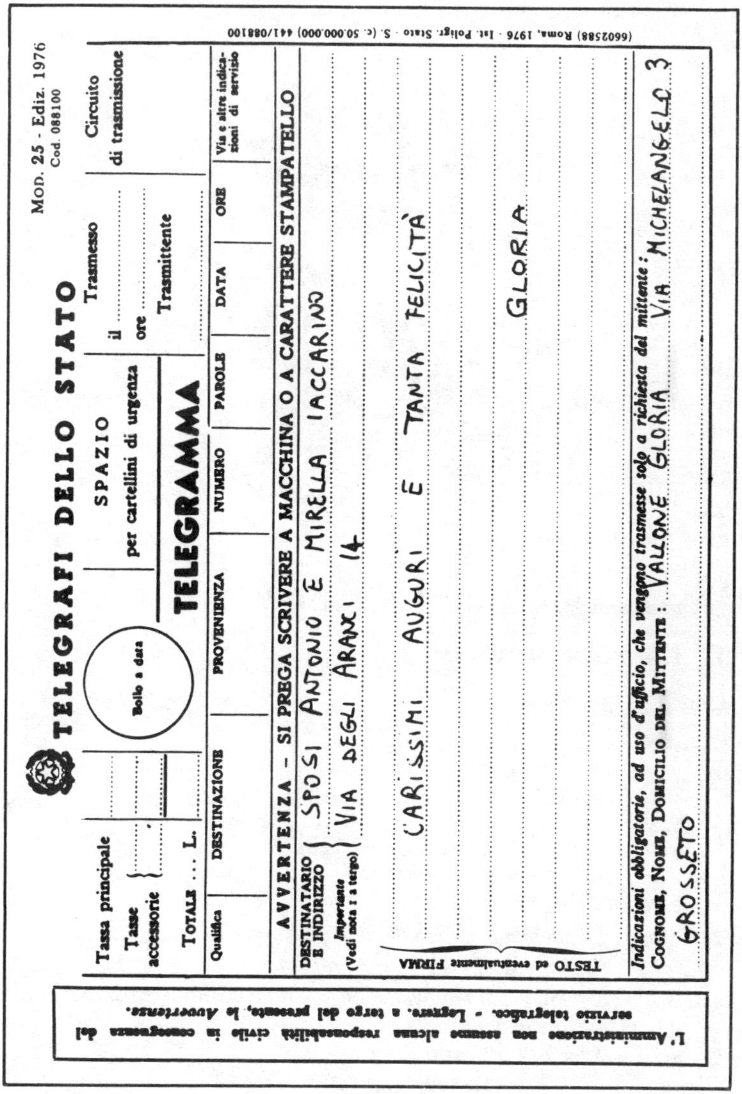
TELEGRAFI DELLO STATO
Mod. 25 - Ediz. 1976
Cod. 088100
Tassa principale
Tasse accessorie
Totale ... L.
Bollo a data
SPAZIO
per cartellini di urgenza
Trasmesso
il
ore
Trasmittente
Circuito di trasmissione
TELEGRAMMA
Qualifica
DESTINAZIONE
PROVENIENZA
NUMERO
PAROLE
DATA
ORE
Via e altre indicazioni di servizio
AVVERTENZA - SI PREGA SCRIVERE A MACCHINA O A CARATTERE STAMPATELLO
DESTINATARIO E INDIRIZZO
Importante (Vedi nota 1 a tergo)
SPOSI ANTONIO E MIRELLA IACCARINO
VIA DEGLI ARANCI 14
TESTO ed eventualmente FIRMA
CARISSIMI AUGURI E TANTA FELICITÀ
GLORIA
Indicazioni obbligatorie, ad uso d'ufficio, che vengono trasmesse solo a richiesta del mittente:
COGNOME, NOME, DOMICILIO DEL MITTENTE: VALLONE GLORIA VIA MICHELANGELO 3
GROSSETO
(6602588) Roma, 1976 - Ist. Polig. Stato - S. (c. 50.000.000) 441/088100
L'Amministrazione non assume alcuna responsabilità civile in conseguenza del servizio telegrafico. - Leggere, a tergo del presente, le Avvertenze.

ESERCIZIO 13.6

(*a*)   What would **Festa della Mamma** be?

(*b*)   Why do you think the **baci** are called **Perugina?**

Prova di Comprensione

1   Conversazione

Choosing a present.

1   Who is Giorgio talking to?
2   Where is she going first of all?
3   What is she going to do next?
4   Why?
5   What does she believe he does not like?
6   What does she say about what she wants to spend?
7   Why is driving mentioned?
8   What is it suggested she should buy?

Giorgio	Dove vai, Carla?
Carla	Prima vado alla posta, poi vado a comprare un regalo per Antonio.
Giorgio	Perchè? È il suo compleanno?
Carla	No. È il suo onomastico.
Giorgio	Cosa gli compri?
Carla	Non lo so ancora.

Giorgio	Gli piace leggere?
Carla	Mi sembra di no.
Giorgio	Quanto vuoi spendere?
Carla	Non troppo.
Giorgio	Sai se gli piace la musica?
Carla	So che gli piace ascoltare la musica quando guida.
Giorgio	Puoi comprargli una cassetta, allora.
Carla	Ottima idea!

2 Lettura

La Befana or **l'Epifania** is the traditional festival just after Christmas when Italian children receive most of their presents. **La Befana**, a legendary old sorceress, is supposed to distribute toys to the good children and coal to the naughty ones. This extract from *Il Corriere della Sera*, an Italian daily newspaper, appeared on the day of the festival.

1 What date is this calendar of events for?
2 Why are the times 8.03 and 16.55 mentioned?
3 How long does daylight last on this particular day?
4 At what time does the moon rise and set?
5 What qualities is someone born under Capricorn supposed to have?
6 If someone were called Virginia, what would be the date of her Saint's Day?
7 Would general foodstores be open today?
8 Would rotisseries be open?
9 For whom has the Epiphany party been organised?
10 What sort of gifts will be distributed?

Calendario 6 gennaio

IL SOLE sorge alle 8.03 e tramonta alle 16.55: la durata del giorno è di otto ore e cinquanta minuti.

LA LUNA (ultimo quarto) si leva alle 2.17 e cala alle 12.24.

SEGNO DELLO ZODIACO Capricorno (ambizione, grande idea di sè, meticolosità.)

ONOMASTICI DI OGGI Melanio, Guerino, Federico.

ONOMASTICI DI DOMANI Raimondo, Carlo, Virginia.

I negozi oggi

Per le festività dell'Epifania oggi tutti i negozi di generi alimentari e non alimentari rimangono chiusi. Soltanto le pasticcerie e le rosticcerie osservano l'apertura normale per l'intera giornata.

Befana dei giornalisti

Per i figli dei giornalisti l'Associazione lombarda dei giornalisti ha organizzato per stamattina alle 10 al Teatro di Via Manzoni la tradizionale Festa della Befana. Dopo lo spettacolo verranno distribuiti doni a sorpresa.

---

sè *oneself*	**stamattina** *this morning*
l'intera giornata *the whole day*	**spettacolo** *performance*
(*see* Unit 20, note 5)	
soltanto *only*	

Informazioni

1 *Un fascio di fiori*

If invited to a meal it is usual to take your hostess a bunch of flowers **un fascio di fiori**. Beware of chrysanthemùms however. They are used only at funerals.

2 *Baci Perugina/dolci*

Baci Perugina are a trade mark for chocolates known all over Italy. **Dolci** are literally '*sweet things*' and may therefore refer to sweets, cakes or biscuits. **Il dolce** is the dessert or sweet.

3 *Pasticceria*

In a **pasticceria** one may buy cakes, pastries and ice cream. Many of these are like cafés where one may sit and eat them.

14 Le piace viaggiare?

In this unit you are going to be introduced to expressing what has happened in the past, especially in relation to where you have been, where you have lived and where you were born.

1 Intervista con un immigrato italiano

Giornalista Quando è venuto in Inghilterra?
Immigrato Venti anni fa.
Giornalista È vissuto sempre a Londra?
Immigrato No. Quando sono arrivato, sono andato a lavorare a Bedford.
Giornalista Si trova bene in Inghilterra?
Immigrato Abbastanza bene. Ma ogni tanto sento la nostalgia dell'Italia.
Giornalista Quanto tempo è rimasto a Bedford?
Immigrato Tre anni. Dopo sono venuto ad abitare a Londra.
Giornalista È mai tornato nel suo paese natio?
Immigrato Sì. Ci sono tornato con mia moglie l'anno scorso.
Giornalista Sua moglie è italiana?
Immigrato È di origine italiana, ma è nata a Liverpool.
Giornalista Le è piaciuta l'Italia?
Immigrato Sì. Le è piaciuta molto. Infatti speriamo di ritornarci quest'anno.

Intervista con un immigrato italiano interview with an Italian immigrant
Quando è venuto in Inghilterra? When did you come to England?
Venti anni fa Twenty years ago
È vissuto sempre a Londra? Have you always lived in London?

No. Quando sono arrivato, sono andato a . . . No. When I arrived, I went to . . .

trovarsi bene to be happy
abbastanza bene fairly well, fairly happy
ogni tanto every now and then
sentire la nostalgia di to be (to feel) homesick for

Quanto tempo è rimasto a . . . ? *How long did you stay in . . . ?*	**Le è piaciuta l'Italia?** *Did she like Italy?*
È mai tornato nel suo paese natio? *Have you ever gone back to your native village?*	**Sì. Le è piaciuta molto** *Yes, she liked it a lot*
Sì. Ci sono tornato con mia moglie . . . *Yes, I've been back there with my wife . . .*	**Speriamo di ritornarci . . .** *We hope to go back there . . .*
	scorso/a *last*
	un'origine *origin*
	nato/a *born* (from **nascere** (irr.) to be born)

Domande

1   In che Paese vive ora l'immigrato?
2   Quando è arrivato in Inghilterra, è andato a lavorare a Londra?
3   Dov'è andato ad abitare dopo tre anni?
4   Dov'è tornato con sua moglie?

2   Intervista con una studentessa

Giornalista	Si laurea quest'anno, signorina?
Studentessa	No. Mi sono già laureata.
Giornalista	E perchè frequenta l'università?
Studentessa	Perchè mi sono iscritta al corso di laurea in lingue. Studio l'inglese e il russo.
Giornalista	È mai stata in Russia?
Studentessa	No. Non ci sono mai stata. Ma sono andata diverse volte in Inghilterra. C'è tanto da vedere!
Giornalista	Conosce bene Londra?
Studentessa	Abbastanza bene, almeno credo. Ci sono ritornata anche quest'anno.
Giornalista	C'è andata da sola?
Studentessa	No. Con mio padre e mia madre.
Giornalista	Ah, un viaggio organizzato?
Studentessa	No, no. Noi preferiamo viaggiare per conto nostro, in macchina.
Giornalista	Siete stati a Canterbury?
Studentessa	Sì. Ma solo di passaggio quando siamo ritornati da Edimburgo.
Giornalista	Vi siete fermati parecchio tempo in Scozia?

Studentessa	Una settimana solamente. Dopo i miei genitori sono andati a Londra ed io sono partita per l'Irlanda per quattro giorni.
Giornalista	E poi . . . ?
Studentessa	E poi ci siamo incontrati a Canterbury per fare insieme il viaggio di ritorno. Ci siamo divertiti moltissimo.

Mi sono già laureata *I've already got my degree.*
Perchè frequenta l'università? *Why are you attending university?*
Perchè mi sono iscritta a . . . *Because I have enrolled for . . .*
È mai stata in Russia? *Have you ever been to Russia?*
No. Non ci sono mai stata *No I've never been there*
Vi siete fermati parecchio tempo in Scozia? *Did you stay in Scotland for a long time?*

iscriversi *to enrol, register*
corso *course*
lingua *language*
russo *Russian*

diverso/a *several*
tanto da vedere *so much to see*
conoscere *to know*
almeno *at least*
credere *to believe, think*
da solo/a *alone*
viaggio organizzato *package tour*
per conto nostro/vostro/mio, ecc. *on our/your/my own, etc.*
di passaggio *passing through*
sono partita (partire) *I left*
Irlanda *Ireland*
ci siamo incontrati (incontrarsi) *We met each other*
viaggio di ritorno *return journey*

Domande

5 Quando si laurea la signorina?
6 Si è iscritta ad un corso di economia?
7 Per quanto tempo è andata in Irlanda?
8 Dove si sono incontrati la signorina ed i suoi genitori?

3 Incontro in Sicilia

Sandro	Chi si vede! Che sorpresa!
Marcello	Ciao, Sandro! Da quanto tempo sei qui?
Sandro	Da una settimana. E tu?
Marcello	Sono appena arrivato. Sono partito stamattina col treno delle 10.40 (dieci e quaranta) e sono arrivato un'ora fa.

Sandro	È la prima volta che vieni in Sicilia?
Marcello	No. Ci sono venuto nel '79.
Sandro	Ti piace di più Agrigento o Siracusa?
Marcello	Non sono mai stato nè ad Agrigento, nè a Siracusa.
Sandro	Posso offrirti un caffè?
Marcello	No, grazie. Devo scappare.
Sandro	Così presto?
Marcello	Purtroppo sì. Mi dispiace.
Sandro	Allora ti accompagno.

incontro *meeting*	**Non sono mai stato nè ad**
Chi si vede! Che	**Agrigento, nè a Siracusa** *I've*
sorpresa! *Look who's here!*	*never been either to Agrigento*
What a surprise!	*or Syracuse*
Da quanto tempo sei qui? *How*	
long have you been here?	**un'ora fa** *an hour ago*
(Sono qui) da una	**scappare** *to dash off*
settimana *(I've been here)*	**così presto** *so soon*
for a week	**purtroppo** *unfortunately*
Sono appena arrivato *I've just*	
arrived	
Ti piace di più Agrigento o	
Siracusa? *Do you prefer*	
Agrigento or Syracuse?	

Domande

9   Da quanto tempo Marcello è in Sicilia?
10   Perchè non prende il caffè?

Grammatica

1   Perfect tense

In Italian the perfect tense is used to express something that happened or has happened, and is formed by using the present tense of **essere** or **avere** + past participle. In this unit we shall deal with those verbs which form their perfect with **essere**. The past participle in this case is an adjective and agrees with the subject.

Formation of past participle

–are verbs	drop **–are** and add **–ato**:	andare	andato
–ire verbs	drop **–ire** and add **–ito**:	partire	partito

Most −**ere** verbs do not conform to a single pattern and will be dealt with as they appear.

Perfect tense with essere

The most common verbs which form their perfect tense with **essere** are used in our unit and are listed below.

Regular Past Participles

andare	**sono andato/a**	*I went, I have been*
arrivare	**sono arrivato/a**	*I arrived, I have arrived*
partire	**sono partito/a**	*I left, I have left*
tornare	**sono tornato/a**	*I returned, I have returned*

Irregular Past Participles

essere	**sono stato/a**	*I was, I have been*
nascere	**sono nato/a**	*I was born, I have been born*
rimanere	**sono rimasto/a**	*I remained, I have remained*
venire	**sono venuto/a**	*I came, I have come*
vivere*	**sono vissuto/a**	*I lived, I have lived*

* **Vivere** also forms the perfect tense with **avere: ho vissuto**.

In future units other verbs forming the perfect with **essere** will be listed as follows:

> **uscire** (essere)   *to go out*
> **entrare** (essere)   *to enter*
> **salire** (essere)   *to go up, to get on (a bus)*

In addition, all reflexive verbs and most impersonal verbs (or those used impersonally) form their perfect tense with **essere**.

Si è divertito alla festa di Renzo?	*Did you enjoy yourself at Lawrence's party?*
Sì. **Mi sono divertito** molto.	*Yes, I enjoyed myself a lot.*
Le è piaciuta la mostra?	*Did you like the exhibition?*
Gli sono piaciuti i quadri?	*Did he like the pictures? (i.e. paintings)*
No. **Non gli sono piaciuti.**	*No, he didn't like them.*

essere *to be*	**fermarsi** *to stop, stay*
(io) **sono stato (stata)**	(io) **mi sono fermato (fermata)**
(tu) **sei stato (stata)**	(tu) **ti sei fermato (fermata)**
(lei) **è stato (stata)**	(lei) **si è fermato (fermata)**
(lui) **è stato**	(lui) **si è fermato**
(lei) **è stata**	(lei) **si è fermata**
(noi) **siamo stati (state)**	(noi) **ci siamo fermati (fermate)**
(voi) **siete stati (state)**	(voi) **vi siete fermati (fermate)**
(loro) **sono stati (state)**	(loro) **si sono fermati (fermate)**

In the sentences below, note the way the past participle agrees with the subject, and that when you have a masculine and a feminine noun (Ugo e Maria) the past participle must be masculine plural.

Sei uscito oggi, Ugo? No, non sono uscito.   *Did you* } *Hugh? No, I didn't*
Sei uscita oggi, Ida? *No non sono uscita.*   *go out* } *Ida?   (go out).*
                                                                  today? }

Ugo non è } andato } in { Francia.   *Hugh* } *didn't go to* { *France.*
Ida non è } andata }   { Italia.   *Ida* } *hasn't been to* { *Italy.*
                                            { Germania.   { *Germany.*

(Ragazzi)   perchè non siete venuti } a scuola?   *(Boys)* } *Why didn't you*
(Ragazze)   perchè non siete venute }   *(Girls)* } *come to school?*

Perchè ci siamo   alzati } tardi.   *Because we got up late.*
Perche ci siamo   alzate }

Ugo e Pietro sono andati }   *Hugh and Peter* }
Ugo e Maria sono andati } al   *Hugh and Mary* } *have been /went*
Ida e Maria sono andate } cinema.   *Ida and Mary* } *to the cinema.*

2   *Venti anni fa*

Fa (lit: *it makes*) expresses the idea of *ago* in English.

> Il treno è partito cinque minuti **fa**.   *The train left five minutes ago.*
> Siamo arrivati un'ora **fa**.   *We arrived an hour ago.*

3   *Ci sono tornato*

Ci and **vi** can both mean *there*. The context will make it clear whether they mean *there, us* or *you*. They behave like unstressed pronouns: they come before the verb or are attached to an infinitive **Ci** +è is normally contracted to **c'è**. **Ci** is more used than **vi**.

È mai stato a Firenze? *Have you ever been to Florence?*
Sì. Ci sono stato diverse volte. *Yes, I've been there several times.*
C'è stato il mese scorso. *He was there last month.*
Spero di andarvi l'anno prossimo. *I hope to go there next year.*

4 *In, a*

Notice how **in** is used for countries, **a** for towns.

Va **in** Italia?   *Are you going to Italy?*
Sì. Vado **a** Roma.   *Yes. I'm going to Rome.*

Sono nato **in** Italia, **a** Firenze.   *I was born in Italy, in Florence.*

Large islands count as countries

Sono stato **in** Sicilia, ma non sono mai stato **a** Capri.   *I've been to Sicily, but I've never been to Capri.*

5 *C'è tanto da vedere*

Note the use of **da** +infinitive after **niente, molto, tanto**, etc.

Ho troppo **da fare**.   *I have got a lot to do.*
C'è molto **da vedere**.   *There's a lot to see.*
Non ho niente **da dire**.   *I've nothing to say.*
Ho tante cose **da raccontarti**. *I've so many things to tell you.*

6 *Conoscere, sapere, potere*

Sapere, not **conoscere**, must always be used:

(*a*)   whenever a dependent clause follows:

So che Paolo vive a Roma.   *I know that Paul lives in Rome.*
Sai dov'è andata Ida?   *Do you know where Ida has gone?*
Sai se le piacciono i cioccolatini?   *Do you know whether she likes chocolates?*

(*b*)   whenever an infinitive follows, in which case it means *to know how to* (i.e. *to be able*):

Sa guidare?   *Do you know how to drive?*
Sa suonare* il pianoforte?   *Can you play the piano?*

* Use **suonare**   *to play an instrument,* **giocare a**   *to play a game*

Potere when contrasted with **sapere** suggests physical capability:

Senza occhiali **non posso** leggere.   *I can't read without glasses.*

Conoscere is mainly used for knowing people, places or languages:

> **Conosci** Carlo? **Si. Lo conosco.**   *Do you know Charles? Yes, I do.*
> **Conosce** Parigi? **Si. La conosco.**   *Do you know Paris? Yes, I do.*
> (N.B. all towns are feminine.)
> **Conosce** bene lo spagnolo.   *He knows Spanish well.*

Conoscere also means *to meet someone for the first time* (see example below).

7   *Incontrarsi*

Apparently reflexive, this verb is being used reciprocally to express the idea of *each other*. We have met **ci vediamo**, meaning *we'll see each other*, used in this way. Here are some other examples:

> **Si sono conosciuti** in Italia.   *They met (each other) in Italy.*
> Paolo e Marisa **non si parlano.**   *Paul and Marisa don't speak to each other.*
> **Ci siamo salutati** ieri sera.   *We said goodbye (to each other) last night.*

Be careful with the perfect of **conoscersi**: **ci siamo conosciuti** means *we met* referring to the first time, whereas **ci siamo incontrati** means *we met*.

8   *È la prima volta che, da quanto tempo*

Notice the use of the present tense in Italian after these two expressions:

È la $\begin{cases} \textbf{prima} \\ \textbf{seconda} \\ \textbf{terza} \end{cases}$ volta che $\begin{cases} \text{ci vado.} \\ \text{li vedo.} \\ \text{lo faccio.} \\ \text{lo mangio.} \end{cases}$ It's the $\begin{cases} first \\ second \\ third \end{cases}$ time I've $\begin{cases} been\ there. \\ seen\ them. \\ done\ it. \\ eaten\ it. \end{cases}$

Note also that Italian continues to use the present, when English uses the future tense:

> È l'ultima volta che gli **telefono.**   *It's the last time I'll 'phone him.*

Da quanto tempo requires the present tense when the activity continues into the present.

> **Da quanto tempo** conosci Marco?   *How long have you known Mark?*
> Lo **conosco da** un anno.   *I've known him for a year.*

> **Da quanto tempo** studia l'italiano?   *How long have you been studying Italian?*
> **Studio** l'italiano **da** tre mesi.   *I've been studying Italian for three months.*

9 *Nel '79*

In + definite article is used because **anno** *year* is understood. *The '19'* is often omitted in speech:

Nel cinquanta   *In 1950*   **Nell'ottantuno**   *In 1981*

10 *Nè . . . nè*

Note that this expression like the ones in Unit 9 (note 7) requires the double negative, unless **nè** comes at the beginning of the sentence:

> Non vado **nè** a Firenze **nè** a Roma.   *I'm not going to either Florence or Rome.*
> Non conosco **nè** lui **nè** lei.   *I know neither him nor her.*
> **Nè** Carlo **nè** Pietro vanno all 'università.   *Neither Charles nor Peter goes to university.*

In the last example notice that Italian requires a plural verb.

Esercizi

ESERCIZIO 14.1   Write about the people in Columns (*b*), (*c*), (*d*) and (*e*) using Pietro Rossi in Column (*a*) as your model.

(*a*)	(*b*)	(*c*)	(*d*)	(*e*)
Pietro	Paolo	Mirella	I signori	Anna e
Rossi	Nuzzo	Perrone	Caraffi	Silvia
è nato nel '50.	'59	'47	'48	'61
È stato in America	Austria	Francia	Spagna	Grecia
per dieci anni.	2	1	12	6
È andato a Boston.	Vienna	Parigi	Barcellona	Atene
Poi è tornato in Italia.	Italia	Sicilia	Sardegna	Roma

Sardegna   *Sardinia*

ESERCIZIO 14.2   Read this passage carefully and answer the questions on it as though you were Anna, using **ci** in every one.
Esempio: (*a*)   Sì. Ci sono stata molte volte.

> Anna è stata all'estero molte volte. In aprile è andata in Italia con Marcello. È ritornata a Pisa nel mese di agosto; poi è andata a Firenze in macchina con la sua amica Francesca.

(*a*)   È mai stata all'estero?

(*b*)   Quando è andata in Italia con Marcello?
(*c*)   Quando è ritornata a Pisa?
(*d*)   Com'è andata a Firenze?
(*e*)   C'è andata con sua sorella?

ESERCIZIO 14.3   Giorgio, Anna, Marco, Carlo and Filippo all enrolled at various universities, and each one graduated in the subject stated, in the number of years in brackets. Write a statement for each, modelling it on the one for Giorgio.

Esempio: Giorgio si è iscritto all'università di Milano. Si è laureato in ingegneria in cinque anni.

Giorgio	Milano: ingegneria (5)
Marco	Roma: medicina (6)
Anna	Bologna: matematica e fisica (7)
Carlo e Filippo	Napoli: legge (4)

l'ingegneria   *engineering*
la legge   *law*

ESERCIZIO 14.4   Answer the following questions using the appropriate pronouns and the period of time in brackets, as in the example.

Esempio: Da quanto tempo Lucia aspetta l'autobus?   (5 minuti)
    L'aspetta da cinque minuti.

(*a*)   Da quanto tempo Sandro non vede sua sorella?   (2 anni)
(*b*)   Da quanto tempo Marcello non telefona a Maria?   (1 settimana)
(*c*)   Da quanto tempo Nino non scrive a Paolo?   (1 mese)
(*d*)   Da quanto tempo Marcello conosce Sandro?   (molti anni)
(*e*)   Da quanto tempo suona il pianoforte Francesca?   (9 anni)
(*f*)   Da quanto tempo Anna e Roberto aspettano il treno?   (poco tempo)
    poco tempo   *a short time*

ESERCIZIO 14.5   From the two sentences given make a statement using **fa** as in the example.

Esempio: Sono le nove. Adriano è andato a scuola alle nove meno un quarto. Adriano è andato a scuola un quarto d'ora fa.

(*a*) Sono le dieci. Pina è andata in banca alle nove.
(*b*) È mezzogiorno. Giorgio è andato a pranzo alle dodici meno un quarto.
(*c*) Sono le sei e mezza. Enrico è tornato a casa alle sei.
(*d*) Sono le undici. Carlo è andato a letto alle undici meno cinque.
(*e*) Sono le sette e mezza. Filippo si è alzato alle sette e venti.

ESERCIZIO 14.6 Giorgio and Pina know each other, see each other, etc. Make out one statement for each pair as in the example. (There is no need to repeat Giorgio and Pina every time)

Esempio: Giorgio conosce Pina. Pina conosce Giorgio.
Giorgio e Pina si conoscono.

(*a*) Giorgio incontra Pina. Pina incontra Giorgio.
(*b*) Giorgio vede Pina. Pina vede Giorgio.
(*c*) Giorgio parla con Pina. Pina parla con Giorgio.
(*d*) Giorgio saluta Pina. Pina saluta Giorgio.

ESERCIZIO 14.7 Now imagine that you and George met each other yesterday:

Io e Giorgio ci siamo incontrati ieri.

Continue (*b*), (*c*) and (*d*) but don't repeat **ieri**. Ci. . .

Prova di Comprensione

1 Conversazione

An interview with an ex-student.

1 When does he go to Italy?
2 When did he visit Venice and Verona?
3 How long did he stay in Verona?
4 Why did he stay there?
5 Who did he go with?
6 What compliment is paid him?
7 What reason does he give for his competence?
8 Where was this competence gained?
9 How long ago?
10 What is the most likely nationality of the ex-student?

Giornalista Va mai in Italia?
Studente Sì. Ci vado quasi ogni anno.

Giornalista Dov'è stato l'anno scorso?
Studente Sono andato a Venezia e a Verona.
Giornalista Si è fermato molto tempo a Verona?
Studente Due sere. Per l'opera.
Giornalista È andato con amici?
Studente No. Preferisco viaggiare da solo.
Giornalista Ma parla benissimo l'italiano! Sono italiani i suoi genitori?
Studente No. Sono laureato in italiano.
Giornalista Dove si è laureato? In Italia?
Studente No. All'Università di Londra.
Giornalista Quanto tempo fa?
Studente Due anni fa.

2 Lettura

1 What do Italians hope to find when they emigrate?
2 Why is Bedford mentioned?
3 What is their dream?
4 What are their objections to England?
5 Initially, from what part of Italy did most Italians emigrate?
6 Where has the problem of employment spread to?
7 What is common to graduates and unskilled workers alike?
8 Why is emigration not necessarily a sacrifice for young people?

Emigrati italiani

Molti italiani sono costretti a lasciare il proprio paese alla ricerca di un lavoro e di una vita migliore. Una volta all'estero, tendono a costituire vasti nuclei e a ricreare l'atmosfera del loro paese d'origine. Per le vie di Bedford si può facilmente sentire gente per strada parlare in italiano o persino in dialetto.

Il sogno degli emigrati italiani è quello di trascorrere la propria vecchiaia nel paese natio. Di solito si trovano bene in Inghilterra, ma difficilmente si sentono a proprio agio in un Paese dal clima così instabile e dove il sole si fa tanto desiderare. Non dobbiamo dimenticare, infatti, che inizialmente, il fenomeno dell'emigrazione colpiva l'Italia meridionale e le isole, più che il Nord industriale. Oggi però, il problema del lavoro non è sentito solo nel Sud: riguarda tutta l'Italia così come molti Paesi europei. Non trovano lavoro nè i laureati nè gli operai specializzati. Molti giovani di vari Paesi europei devono cercare un'occupazione all'estero, ma per loro a volte, non è un sacrificio: ai ragazzi di oggi piace viaggiare.

costretto/a a *obliged to*	**dimenticare** *to forget*
alla ricerca di *in search of*	**colpiva** (colpire) *struck*
sentire *to hear*	**riguardare** *to concern*
la gente *people*	**così come** *as well as*
persino *even*	**operaio** *worker*
trascorrere *to spend*	**specializzato/a** *skilled*
vecchiaia *old age*	**il/la giovane** *young person*
a proprio agio *at their ease*	**a volte** *sometimes*
farsi desiderare *to appear all too*	
seldom (lit: *to make itself desired*)	

Informazioni

1 La laurea

La laurea is a university degree. **Laurearsi** is therefore '*to get one's degree*' (see also Unit 11) and **un laureato/una laureata** are respectively '*a male graduate*' and '*a female graduate*'.

2 *L'università*

Italian universities are open to all who have passed their final secondary school exams. After registering, each student receives **un libretto**, a document which combines a student identity card with a record of all exams taken. It entitles the student to use the university library (**biblioteca**) and refectory (**mensa**).

15 Cos'hai fatto oggi?

In this unit you are going to continue with the past tense, finding out from someone what has happened and relating it to another person.

1 I signori Pizzetti

Moglie	Come mai così tardi? Cos'è successo?
Marito	Non è successo niente. Scusa, cara. Ho perso l'autobus. Ho dovuto aspettare venti minuti alla fermata. Tu, piuttosto, come ti senti?
Moglie	Adesso sto meglio, grazie.
Marito	Cos'hai fatto oggi?
Moglie	Ho dormito tutto il giorno.
Marito	Hai visto il medico?
Moglie	Sì. L'ho chiamato stamattina.
Marito	E che cosa ti ha detto?
Moglie	Ha detto che ho bisogno di un po' di riposo. Nulla di grave.
Marito	Meno male! Ti ha dato delle medicine?
Moglie	No. Non mi ha dato niente.
Marito	Anche Clara è stata ammalata. Ha avuto l'influenza.
Moglie	Davvero? Come lo sai?
Marito	Mi ha telefonato in ufficio.
Moglie	Ha parlato con te?
Marito	Sì. Mi ha detto che suo fratello è dovuto partire all'improvviso e mi ha chiesto quando partiamo per la Sardegna.
Moglie	E tu, cos'hai risposto?
Marito	Le ho detto che abbiamo deciso di non partire più.

Cos'è successo? *What's happened?*
Ho perso l'autobus *I missed the bus*
Cos'hai fatto oggi? *What have you been doing today?*

succedere (essere) *to happen*
scusa, cara *sorry dear, darling*
ho dovuto (dovere) *I had to*
tu piuttosto *but what about you*
aver bisogno di riposo *to need some rest*

Ho dormito tutto il giorno *I've been sleeping all day*	**Cos'hai risposto?** *What did you answer?*
Hai visto il medico? *Did you see the doctor?*	**Le ho detto che abbiamo deciso di non . . .** *I told her that we have decided not to . . .*
Sì. L'ho chiamato stamattina *Yes. I sent for him (lit: called) this morning*	**nulla di grave** *nothing serious*
E che cosa ti ha detto? *And what did he say to you?*	**ammalato/a** *ill*
Ha detto che . . . *He said that . . .*	**davvero** *really*
	all'improvviso *suddenly, unexpectedly*
	chiesto (chiedere) *asked*

Domande

1 Ha preso il treno il signor Pizzetti?
2 Come sta sua moglie oggi?
3 Il medico ha visitato il signor Pizzetti?
4 Che cos'ha detto il dottore alla signora?
5 I signori Pizzetti hanno deciso di partire per la Sardegna?

2 Tante cose da fare!

Franco	Avete comprato le cartoline?
Sonia	Sì. Le abbiamo pure scritte.
Franco	Quante ne avete comprate?
Daniele	Dodici. Ne abbiamo mandata una anche alla vicina di casa.
Franco	Il regalo per Sandro, l'avete preso?
Sonia	Sì. Gli abbiamo comprato una cravatta di seta pura. Eccola qua! Ti piace?
Franco	È veramente elegante! Quanto l'avete pagata?
Daniele	Parecchio.
Franco	I posti per il concerto di domani sera, li avete prenotati?
Sonia	No. Non li abbiamo ancora prenotati. Non abbiamo avuto tempo.

Tante cose da fare! *So many things to do!*	**Sì. Le abbiamo pure scritte** *Yes. We've written them as well*
Avete comprato le cartoline? *Have you bought the postcards?*	**pure** *also, as well*

Il regalo . . . l'avete preso?
Have you bought the present?
Sì. Gli abbiamo comprato . . .
Yes, we've bought him . . .
I posti . . . li avete prenotati?
Have you booked the seats?

No. Non li abbiamo ancora prenotati *No, we haven't booked them yet*

vicina di casa *next-door neighbour*
qua *here*
veramente *really*
parecchio *quite a lot*

Domande

6 Sonia e Franco devono ancora comprare le cartoline?
7 Ne hanno comprate dieci?
8 Cos'hanno preso per Sandro?

3 Hai fatto la spesa?

La mamma	Quando vai a fare la spesa, Marisa?
Marisa	L'ho già fatta, mamma! Sono andata al supermercato con Valeria.
La mamma	Hai preso tutto?
Marisa	Sì. Pane, burro, latte, uova, biscotti . . .
La mamma	Ma, hai comprato il pesce per stasera?
Marisa	Sì. L'ho comprato. Ne ho preso mezzo chilo.
La mamma	E dove l'hai messo? Non lo vedo.
Marisa	L'ho messo in frigorifero con l'altra roba.
La mamma	Ah brava, Marisa! Grazie.

Quando vai a fare la spesa?
When are you going to do the shopping?
L'ho già fatta *I've already done it*
mamma *mother, mummy*
supermercato *supermarket*

il latte *milk*
biscotto *biscuit*
il pesce *fish*
messo (mettere) *put*
roba *stuff, things*
bravo/a *well done, good boy/girl*

Domande

9 Marisa è andata da sola a fare la spesa?
10 Ha comprato solo il pesce?

Minidialoghi

La partita di calcio

Antonio	Scusi, ha visto la partita Inter-Juventus?
Passante	Sì. L'ho vista in televisione.
Antonio	Chi ha vinto?
Passante	La Juventus.
Antonio	Per quanto?
Passante	Due a zero.
Antonio	Per quale squadra fa il tifo, lei?
Passante	Sono tifoso dell'Inter. Che peccato che ha perso!

---

partita di calcio *football match*
**Per quale squadra fa il tifo,
  lei?** *What team do you
  support?*
Sono tifoso dell'Inter. *I am an
  Inter fan*

Che peccato che ha perso! *What
  a pity they lost*

vinto (vincere) *won*
per quanto? *by how much?*

Cos'avete fatto di bello?

Isa	Avete dormito fino a tardi oggi?
Aldo	Eh, sì, perchè stanotte abbiamo dormito male.
Isa	Oh, mi dispiace!
Aldo	Ma voi, cos'avete fatto di bello?
Isa	Nel pomeriggio abbiamo fatto una bella passeggiata e stasera abbiamo mangiato in una rosticceria.
Aldo	Avete mangiato bene?
Isa	Benissimo! Ed abbiamo bevuto due bottiglie di Valpolicella.

Cos'avete fatto di bello? *Have
  you done anything interesting?*
stanotte *last night* (or *tonight*
  depending on context)
male *badly*

fare una passeggiata *to go for
  a walk*
rosticceria *rotisserie (mostly
  take away)*
Valpolicella *an Italian red wine*

Hai rotto la televisione?

Adriano	Ma che hai fatto, hai rotto la televisione?
Cesare	No. L'ho spenta. Ho tolto la spina perchè devo usare l'aspirapolvere.

rotto (rompere) *broken*	**spina** *plug*
spento (spegnere) *turned off*	**usare** *to use*
tolto (togliere) *taken out*	**un aspirapolvere** *vacuum cleaner*

Grammatica

1 Perfect tense (continued)

In this unit we shall deal with those verbs that form their perfect tense with **avere**: these constitute the majority of verbs in Italian (**ho perso, ha dato, abbiamo deciso**). Note in the table below that the last vowel of the past participle does not change.

Ho parlato $\begin{cases} I \ spoke \\ I \ have \ spoken \end{cases}$ **Ho dormito** $\begin{cases} I \ slept \\ I \ have \ slept \end{cases}$

	parlare *to speak*			**dormire** *to sleep*	
(io)	**ho**	**parlato**	(io)	**ho**	**dormito**
(tu)	**hai**	**parlato**	(tu)	**hai**	**dormito**
(lei)	**ha**	**parlato**	(lei)	**ha**	**dormito**
(lui)	**ha**	**parlato**	(lui)	**ha**	**dormito**
(lei)	**ha**	**parlato**	(lei)	**ha**	**dormito**
(noi)	**abbiamo**	**parlato**	(noi)	**abbiamo**	**dormito**
(voi)	**avete**	**parlato**	(voi)	**avete**	**dormito**
(loro)	**hanno**	**parlato**	(loro)	**hanno**	**dormito**

At the end of these notes you will find a list of irregular past participles of verbs you have already met in the present tense.

2 Agreement of past participle

When the perfect tense is formed with **avere**, there is one occasion when the past participle must change its final vowel: when it is preceded by **lo, la, li, le, l'**, (object pronouns) or **ne** it must agree with them.

> Avete comprato le cartoline? *Have you bought the postcards?*
> Sì. Le abbiamo pure scritte. *Yes, we've written them as well.*
> . . . e **ne** abbiamo mandata una a . . . . . . *and we've sent one to . . .*

As we have seen, **lo** and **la** (i.e. singular only) normally become **l'** before a vowel or '**h**'. It is most important to ascertain whether **l'** stands for masculine **lo** or feminine **la** since the past participle will end in **–o** or **–a** accordingly.

Lo + ho letto therefore becomes **L'ho letto.**
La + ho letta therefore becomes **L'ho letta.**

The sentences below will make these agreements clear.

People

Hai visto	⎧ Pietro? ⎨ Maria? ⎩ Ugo e Ida? Ida e Eva?	Sì	⎧ L'ho visto. ⎨ L'ho vista. ⎩ Li ho visti. Le ho viste.	*Have you seen*	⎧ Peter? ⎨ Mary? ⎩ Hugh and Ida? Ida and Eve?	Yes, I've seen	⎧ *him.* ⎨ *her.* ⎩ *them.* *them.*

Things

Hai letto	⎧ il libro? ⎨ la rivista? ⎩ i libri? le riviste?	Sì	⎧ L'ho letto. ⎨ L'ho letta. ⎩ Li ho letti. Le ho lette.	*Have you read*	⎧ the book? ⎨ the magazine? ⎩ the books? the magazines?	Yes, I've read	⎧ *it.* ⎨ *it.* ⎩ *them.* *them.*

The past participle *can* agree if the object precedes the verb:

La rivista che ho ⎰ comprato. *The magazine that I've bought.*
⎱ comprata.

3 *Il regalo . . . l'avete preso?*

Often, especially in spoken Italian, for the sake of emphasis, both the noun and the pronoun are used, as in the example above. Other examples:

I posti . . . li avete prenotati? *Have you booked the seats?*
L'hai letto **il giornale** di oggi? *Have you read today's paper?*

4 Perfect of *dovere, potere, sapere, volere*

The perfect of the above verbs may always be formed with **avere**:

ho dovuto, avete voluto, hanno potuto, abbiamo saputo

However, when an infinitive follows whose perfect is formed with **essere (andare, entrare, arrivare,** etc.) there is a choice:

Non ⎰ **ho** ⎱ potuto venire.   *I couldn't come.*
⎱ **sono**

Abbiamo dovuto ⎰ partire.   *We had to leave.*
Siamo dovuti ⎱

As with the present tense (Unit 13, note 3) there is also a choice of position for unstressed pronouns:

Non ho potuto far**lo.**
Non **l'**ho potuto fare. *I couldn't do it.*

Ho dovuto alzar**mi** presto.
Mi sono dovuto alzare presto. *I had to get up early.*

5 *Già, non . . . ancora, non . . . affatto, non . . . mica*

The opposite of **già** *already* is **non . . . ancora** *not yet*.
Non . . . affatto means *not . . . at all*.
Non . . . mica means *not . . . at all* or simply just *not*, i.e. it emphasises **non**.

Quando fai la spesa? *When are you doing the shopping?*
 L'ho **già** fatta. *I've already done it.*
Hai fatto la spesa? *Have you done the shopping?*
 Non l'ho **ancora** fatta. *I haven't done it yet.*
Non ho capito **affatto.**
Non ho capito **mica.** *I didn't understand at all.*
Mica ho capito!
Non è **mica** vero. *It just isn't true.*

6 *Eccola qua/qui*

Eccola means *here it is*. **Qua/qui** *here* or **là/lì** *there* may be added to give more precision.

7 *Dire, chiedere a qualcuno di + infinitive*

The following examples show how to express the idea of *telling/asking someone to do something*. In Italian you ask/tell something *to* someone and the indirect object pronoun must be used:

Gli ho detto di non venire. *I told him not to come.*
Le ho chiesto di chiamarmi domani. *I asked her to call me tomorrow.*

8 *Aver bisogno di*

Need or necessity is expressed by **aver bisogno di** (lit: *to have need of*).

Ho bisogno soltanto **di** un po' di riposo. Ne sono certo. *I only need a bit of rest. I'm sure of it.*
  of rest. I'm sure of it.
Non abbiamo bisogno **di** niente. *We don't need anything.*

Notice that **bisogno** is invariable in this expression.

9 *Un po' di, poco,–a, pochi,–e*

Un po' di is normally used with uncountable nouns to mean *some, a little* whereas **qualche** (Unit 7, note 6) can be used only with countable nouns:

> **Un po' di** vino e **un po' di** pane. *Some wine and some bread.*
> Faccio **un po' di** tutto. *I do a little bit of everything.*

As an adjective it means *few* and has a negative implication:

> Ha **pochi** amici e **pochi** soldi. *He has few friends and little money.* (i.e. *not many . . . not much. . .*)
> Stasera c'è **poca** gente. *There are few people this evening.*

10 *Come lo sai?*

Even when there is no definite object expressed, **lo** is used with **sapere**:

> Marco è a Milano. *Mark is in Milan.*
> Sì. **Lo so**. *Yes, I know.*
> Come **lo sai**? *How do you know?*

11 Formation of adverbs

Adding **–mente** to the end of an adjective turns it into an adverb:

| evidente | **evidentemente** | *evidently* |
| frequente | **frequentemente** | *frequently* |

Adjectives ending in **–o** add **–mente** to the feminine form:

vero: vera	**veramente**	*really, truly*
chiaro: chiara	**chiaramente**	*clearly*
lento: lenta	**lentamente**	*slowly*

Adjectives ending in **–le** or **–re** drop their final **–e**:

generale	**generalmente**	*generally*
regolare	**regolarmente**	*regularly*
facile	**facilmente**	*easily*
difficile	**difficilmente**	*with difficulty*

12 *Chi*

Chi is only used to refer to people. It is either used in a direct or indirect question.

> **Chi** è? *Who is it?*
> Non so **chi** è. *I don't know who it is.*

It may also be preceded by a preposition:

Di chi è questo libro?	*Whose book is this?*
Per chi è questo regalo?	*Who (for whom) is this present for?*
Di chi parla?	*Who (of whom) are you talking about?*
Da chi l'hai sentito?	*Who (from whom) did you hear it from?*

13 Irregular verbs

togliere	*to take off/out*	**spegnere**	*to turn off/out, extinguish*
tolgo	togliamo	spengo	spegniamo
togli	togliete	spegni	spegnete
toglie	tolgono	spegne	spengono

14 Irregular past participles

accendere	*to light*	**acceso**	offrire	*to offer*	**offerto**
aprire	*to open*	**aperto**	perdere	*to lose*	**perso**
bere	*to drink*	**bevuto**	prendere	*to take*	**preso**
chiudere	*to shut*	**chiuso**	rimanere*	*to stay*	**rimasto**
correre	*to run*	**corso**	rispondere	*to reply*	**risposto**
conoscere	*to know*	**conosciuto**	rompere	*to break*	**rotto**
dipendere	*to depend*	**dipeso**	scendere*	*to go down*	**sceso**
dire	*to say, tell*	**detto**	spegnere	*to turn off*	**spento**
esistere*	*to exist*	**esistito**	spendere	*to spend*	**speso**
fare	*to do, make*	**fatto**	scrivere	*to write*	**scritto**
iscriver(si*)	*to enrol*	**iscritto(si)**	togliere	*to take*	**tolto**
leggere	*to read*	**letto**	vedere	*to see*	**visto**
mettere	*to put*	**messo**	vivere*	*to live*	**vissuto**

The past participle of **avere** is **avuto**

> **Ho avuto** *I had, I have had*

Other past participles ending in **–uto**:

credere	*to believe*	**creduto**	seder(si*)	*so sit*	**seduto(si)**
dovere	*to have to*	**dovuto**	vendere	*to sell*	**venduto**
potere	*to be able*	**potuto**	venire*	*to come*	**venuto**
piovere†	*to rain*	**piovuto**	volere	*to want*	**voluto**
sapere	*to know*	**saputo**			

    * conjugated with **essere**
    † **piovere** may be conjugated with **avere** or **essere**.

Esercizi

ESERCIZIO 15.1 In the left-hand column you see what Umberto generally does every day of the week. You have to say what he did on that particular day last week, using the words in the right-hand column.

Esempio: Generalmente il lunedì va al cinema.
(Ma) lunedì scorso è andato a teatro.

Generalmente	La settimana scorsa
(a) Il lunedì va al cinema.	a teatro
(b) Il martedì cena presto.	tardi
(c) Il mercoledì studia molto.	affatto
(d) Il giovedì lavora fino alle sei.	dieci
(e) Il venerdì mangia a casa.	fuori
(f) Il sabato gioca a carte.	scacchi
(g) La domenica dorme fino alle dieci.	mezzogiorno

scacchi *chess*

ESERCIZIO 15.2 Now imagine that you are Umberto and say what you did every day last week:

Lunedì sono . . .

ESERCIZIO 15.3 Mirella is supposed to be getting a present and a greetings card ready to send to her friend Rita for her birthday, but when asked about this by her mother it appears that she has not yet done anything. Give Mirella's answers following the pattern in the example. Make sure the past participle agrees with the direct object pronoun.

Esempio: Hai fatto il pacco?
No. Non l'ho ancora fatto.

(a) Hai fatto il pacco?
(b) Hai comprato lo spago?
(c) Hai preso la carta d'imballaggio?
(d) Hai trovato il nuovo indirizzo di Rita?
(e) Hai scritto la cartolina di auguri?
(f) Hai messo il francobollo sulla cartolina?

lo spago *string*
carta d'imballaggio *wrapping-paper*

ESERCIZIO 15.4 Marco is being told what he has to do tomorrow. Read through the instructions he is given and then imagine how, on the following day, he would relate what he has done, as in the example.

Esempio: Ieri mi sono alzato presto . . .

> Domani devi alzarti presto. Devi vestirti subito e fare colazione. Devi comprare le sigarette dal tabaccaio all'angolo e poi telefonare a Giulio e chiedergli il nuovo indirizzo. Dopo devi andare all'ufficio e dire a Marco di non venire sabato. Al ritorno devi prendere i soldi in banca e fare la spesa.

ESERCIZIO 15.5 Imagine the questions below are addressed to you and answer using **ne** and making the past participle agree.

Esempio: Quante birre ha preso? (due)
Ne ho prese due.

(*a*) Quanti pacchi ha mandato? (uno)
(*b*) Quanti film ha visto? (due)
(*c*) Quante lettere ha spedito? (sei)
(*d*) Quante cartoline ha scritto? (quattro)
(*e*) Quante gallerie ha visitato? (una)
(*f*) Quanti soldi ha speso? (molti)
(*g*) Quante sterline ha cambiato? (poche)
(*h*) Quanti caffè ha bevuto oggi? (tre)

Prova di Comprensione

1 Conversazione

1 What are husband and wife about to do?
2 What is the husband looking for?
3 Why might he have left it at the bank?
4 How is his wife certain that it is not in the bedroom?
5 Where does her husband think his wife may have put it?
6 What are the only things his wife says she has? Where are they?
7 Where is the last place that it is suggested he should look?
8 Why is his wife so anxious?

Moglie Allora, caro, partiamo?
Marito Non sono ancora pronto.
Moglie Che cosa cerchi?
Marito Il passaporto. Ma dove l'ho messo? L'hai preso tu?

Moglie	No. Hai guardato in macchina?
Marito	Sì. Ho guardato. Non c'è.
Moglie	Non l'hai lasciato per caso in banca stamattina quando sei andato a cambiare i soldi?
Marito	No. No, ne sono certo. Ah ... Un momento ... Forse l'ho messo in camera da letto.
Moglie	No. Di là non c'è. Ho pulito in tutte le camere e non ho visto niente.
Marito	Non l'hai mica messo con gli altri documenti?
Moglie	No, no. In borsa ho soltanto i biglietti del treno.
Marito	Che guaio! Come facciamo ora, senza passaporto?
Moglie	Hai guardato nello studio?
Marito	Sì. Ho guardato dappertutto.
Moglie	Oddio! Ed il treno parte fra mezz'ora!

2 Lettura

RAI is an abbreviation for **Radiotelevisione Italiana.**

1 What, according to the passage, leads to greater impartiality?
2 How many national channels has **RAI** got?
3 How many times a day is the main television news transmitted?
4 Give two examples of the types of programme mentioned apart from the news.
5 What is said about the teaching of foreign languages?
6 What services are at present being encouraged?
7 What is particular about the news they offer?

La RAI

La RAI, Radiotelevisione Italiana, dispone di diverse reti e canali i cui programmi sono l'espressione di differenti opinioni politiche. Questo consente una maggiore imparzialità e una più completa informazione.

La televisione ha tre canali nazionali che si alternano nella distribuzione di programmi di carattere sportivo, culturale, e di varietà. Le notizie principali del telegiornale sono trasmesse tre volte al giorno. Dibattiti, cicli informativi su problemi mondiali attuali, opere teatrali, programmi musicali, film e quiz, si alternano durante la settimana. Un particolare rilievo hanno, nell'ambito di tali trasmissioni, i programmi educativi: ottimi, ad esempio, sono quelli per l'insegnamento delle lingue straniere.

Oggi, sono particolarmente potenziate le reti e i canali delle radio e TV private, i cui servizi effettuano una importante concorrenza nei

confronti della RAI. I loro notiziari, comunque, sono di carattere
regionale o locale.

disporre *to provide, have*	**rilievo** *importance*
la rete *network*	**ambito** *sphere*
i cui *whose*	**tale** *such*
notizia *news*	**vengono potenziate** *are being*
il telegiornale *TV news*	*encouraged*
trasmesso/a *transmitted*	**effettuare** *produce*
dibattito *debate*	**concorrenza** *competition*
ciclo *series*	**nei confronti di** *as opposed to, with*
mondiale *world*	**notiziario** *news*
attuale *current*	**comunque** *however*
opera *work*	**il carattere** *character*

Informazioni

La rosticceria e la pizzeria

La rosticceria is a take-away which often has limited seating space
for customers: prices are modest and a **pizza** may either be bought
here or in a **pizzeria**, which is much more like a restaurant but
cheaper. All sorts of **pizza** may be bought in a variety of sizes. You
may also have them cut from a large slab in which case they are called
pizza al metro or **al taglio.** You may ask for your **taglio** (*cut*) by
weight, size or value. The **pizza** is a speciality of Naples and the
Campania region. In places or districts where there are not many
tourists **la trattoria** is a type of restaurant which is simple, and serves
home-made food at modest prices. But in tourist resorts the **trattoria**
may have a sort of snob value and be quite expensive. i.e. **Trattoria
del Vecchio Pozzo** (Restaurant of the Old Well) would be fully
decorated to give an 'Olde Worlde' atmosphere.

16 Tutto a posto?

In this unit you are going to learn how to ask and answer whether or where something hurts and how long it has been hurting; also how to ask someone to do something or tell them not to do it. You will learn too how to express the idea of belonging.

1 Dal medico

Signora Dottore, mi sento male. Mi fa male qui e qui.

Medico Da quanto tempo ha questi dolori?

Signora È da lunedì scorso che sto poco bene.

Medico Apra la bocca! Mi faccia vedere la lingua! Dica Ah-h-h!

Signora Ah-h-h-h! A volte mi gira la testa, dottore.

Medico Tossisca!

Signora Ho anche dei disturbi allo stomaco e mi fanno male le gambe.

Medico Si sdrai qui sopra! No, non così . . . si giri sul fianco destro . . . Adesso si giri dall'altro lato.

Signora Mi sento tanto debole!

Medico Respiri profondamente! Ancora . . . Trattenga il respiro . . . Va bene. Si rivesta!

Signora È grave, dottore? Devo andare in ospedale?

Medico No, no. Stia tranquilla! Non è nulla di grave. Ha preso un po' d'insolazione. Tenga! Vada in farmacia con questa ricetta. Resti a letto per un paio di giorni e prenda queste medicine.

Signora Quante volte al giorno devo prenderle?

Medico Tre volte al giorno. Le capsule prima dei pasti e le pillole dopo i pasti.

Signora Grazie, dottore. Quanto le devo per la visita?

Medico Si rivolga alla mia segretaria.

Mi fa male qui . . . *It hurts (me) here*

Da quanto tempo ha questi dolori? *How long have you had these pains?*

È da lunedì scorso che sto poco bene *I haven't been very well since last Monday*

(Cosa le fa male?) *(What's hurting you?)*

Mi fanno male le gambe *My legs are hurting me*

Devo andare in ospedale? *Do I have to go to hospital?*

No, no. Stia tranquilla *No, no. Take it easy, don't worry*

Quante volte al giorno devo prenderle? *How many times a day must I take them?*

Tre volte al giorno *Three times a day*

Quanto le devo? *How much do I owe you?*

Si rivolga alla mia segretaria *Ask my secretary.*

apra la bocca *open your mouth*
dica (dire) *say*
mi faccia vedere la lingua *show me your tongue*

a volte *sometimes*
mi gira la testa *I feel dizzy*
tossisca (tossire IIIb) *cough*
disturbi allo stomaco *stomach upset*
gamba *leg*
si sdrai qui sopra (sdraiarsi) *lie down up here*
fianco destro *right side*
dall'altro lato *on the other side*
tanto debole *so weak*
respirare *to breathe*
profondamente *deeply*
ancora *once more*
trattenere *to hold*
respiro *breath*
rivestirsi *to get dressed (again)*
grave *serious*
prendere l'insolazione *to get sunstroke*
tenga (tenere) *here you are*
ricetta *prescription*
restare *to stay*
capsula *capsule*
a letto *in bed*
pillola *pill*
visita *(medical) examination*

Domande

1 Da chi è andata la signora, e perchè?
2 Cosa deve fare per far vedere la lingua?
3 Che cosa le fa male?
4 Perchè sta poco bene?
5 Dove deve andare con la ricetta?

2   Dal dentista

Signorina   Buongiorno, dottore.
Dentista   Buongiorno, signorina. Mi dica!
Signorina   Ho mal di denti.

Dentista	Si accomodi! Prego. Si segga qui!
Signorina	Grazie. Guardi dottore che io non sopporto la siringa . . . . Già mi tremano le mani.
Dentista	Non abbia paura! Mi faccia vedere! Quale dente le fa male?
Signorina	Questo qui in alto. Ma che guaio! Proprio ora che ho gli esami!
Dentista	Questo davanti? Ah, sì. Lo vedo. È cariato. Non si preoccupi!
Signorina	Deve toglierlo?
Dentista	No, no, signorina. Stia tranquilla! Possiamo curarlo. Le faccio una medicazione prima di piombarlo e poi le do uno spazzolino e un dentifricio speciali.

Mi tremano le mani *My hands are trembling.*

Non abbia paura! Mi faccia vedere! *Don't be afraid. Let me see.*

Quale dente le fa male? *Which tooth hurts you?*

Questo qui in alto *This one up here.*

Non si preoccupi! *Don't worry!*

Si segga qui! *Sit down here!*

sopportare *to bear, stand*

siringa *syringe, injection*

che guaio *what a nuisance*

davanti *in front*

cariato/a *decayed*

togliere (irr.) *to pull out*

curare *to treat, put right*

una medicazione *treatment, dressing*

prima di *before*

piombare *to fill*

dentifricio *toothpaste*

spazzolino *toothbrush*

speciale *special*

Domande

6 Perchè la signorina è andata dal dentista?
7 Cosa le chiede di fare il dentista appena arriva?
8 Perchè dice: 'Che guaio'?
9 Perchè il dentista le deve piombare il dente?
10 Che cosa le dà per pulirsi i denti?

3 Alla stazione di servizio

Benzinaio	Di chi è questa macchina? È sua, signora?
Signora	Sì. È mia.
Benzinaio	Quanti litri, signora?
Signora	Mi faccia il pieno.
Benzinaio	Normale o super?

Signora   Super. E controlli l'olio e l'acqua, per piacere.
Benzinaio   Va bene, signora. Ecco fatto! Ho controllato anche le
                gomme. Tutto a posto.
Signora   Grazie. Quanto le devo? Ho solo questo biglietto da
                cinquanta mila. Mi dispiace.
Benzinaio   Non fa niente. Oggi ho molti spiccioli. Ecco il resto.
Signora   Questo è per lei.
Benzinaio   Oh, grazie, signora. Molto gentile. Arrivederci e buon
                viaggio!

stazione di servizio *petrol station*	**gomma** *tyre*
litro *litre*	**a posto** *in order, all right*
fare il pieno *to fill up*	**non fa niente** *it doesn't matter, never mind*
(benzina) normale *2 star (petrol)*	**spiccioli** *small change*
(benzina) super *4 star (petrol)*	**resto** *change*
controllare *to check*	**molto gentile** *very kind of you*

Domande

11 È del benzinaio la macchina?
12 Che cosa controlla il benzinaio?

Minidialogo *Dall'ottico*

Avvocato   Si sono rotti gli occhiali. Può ripararli?
Ottico   Vediamo . . . Sì, sì. È cosa da niente, avvocato. Li lasci
                qui. Le occorrono subito?
Avvocato   Mi servono per domenica.
Ottico   Ah, fra quattro giorni. Va bene. Saranno pronti
                senz'altro per domenica.
Avvocato   Devo telefonare prima di venire a prenderli?
Ottico   No, no. Non è necessario.
Avvocato   Grazie mille.
Ottico   Prego. Arrivederla!

dall'ottico *at the optician's*	**cosa da niente** *nothing*
Le occorrono subito? *Do you require them immediately?*	**saranno** *they will be*
	pronto/a *ready*
Mi servono per domenica *I need them for Sunday*	**senz'altro** *definitely*
	necessario/a *necessary*
rompersi *to break*	**arrivederla** *good-bye*
riparare *to repair*	

Grammatica

1 *Mi fa male . . .*

To say something hurts in Italian, apart from the set expressions with
aver mal di in Unit 10, you may also use **far male**, which is much
more general and can refer to all parts of the body. The indirect object
pronoun (**mi**, **gli**, **le**, etc.) is used. Therefore:
My feet hurt becomes transformed in Italian to:

> **Mi fanno male** i piedi.   Lit: *The feet hurt to me.*

Note that, unless there is ambiguity, Italian does not use the
possessive adjective (*my*, *your*, etc.) with parts of the body or with
things that are worn:

> Mi fa male **la** testa.   *My head hurts, I have a headache.*
> Dove ho messo **il** biglietto? L'ho messo in tasca?   *Where did I put my
> ticket? Did I put it in my pocket?*
> Un momento. Prendo **il** cappotto e vengo.   *One moment. I'll get my
> coat and come.*

Mi **Ti** **Le** **Gli**	**fa male**	la bocca. il braccio. il dito. il ginocchio. la guancia. la mano. il naso. l'occhio destro. l'orecchio. la schiena. lo stomaco.	*My* *Your* *Her/Your* *His*	mouth arm finger knee cheek hand nose right eye ear back stomach	*hurts.*

Note the feminine that ends in **–o**: **la mano** plural: **le mani**. In the table
below note the irregularities in the plural formation of the following
parts of the body:

singular:		*plural:*	
	il braccio		le braccia
	il dito		le dita
	il ginocchio		le ginocchia

Mi **Ti** **Le** **Gli** **Ci** **Vi** **Gli**	**fanno male**	le braccia. i denti. le ginocchia. le mani. gli occhi. gli orecchi. i piedi.	*My* *Your* *Her/Your* *His* *Our* *Your* *Their*	arms teeth knees hands eyes ears feet	*hurt.*

The use of reflexive verbs is another way of avoiding possessives:

> **Si è asciugate*** le mani.   *He dried his hands.*
> Carlo deve **asciugarsi** le mani.   *Charles has to dry his hands.*

Mettere and **togliere** can become **mettersi** and **togliersi** when referring to things that are worn:

> **Si metta** il vestito blu!   *Put your blue suit on.*
> **Si tolga** la giacca!   *Take your jacket off.*
> Perchè non **ti metti** gli occhiali?   *Why don't you put your glasses on?*

* Although with reflexive verbs the past participle agrees with the subject, when there is a direct object (in this case **le mani**), the past participle will normally agree with it.

2 Imperative (continued)

Once you know the imperative **lei** form of a verb, by changing its final vowel to −**o** you obtain the first person singular of the present tense. (The five verbs where this does not apply are listed in Unit 12, note 1.)

scelga!	scelgo	*I choose*
tenga!	tengo	*I hold, keep*
vada!	vado	*I go*
si segga!	mi seggo	*I sit down*
dica!	dico	*I say*

Notice however that with verbs in −**iare** you simply add a final −**o**:

si sdrai!	mi sdraio	*I lie down*

The first person plural of the imperative (*let us . . .*) is the same as the first person plural of the present tense:

> **Usciamo** stasera?   *Are we going out tonight?*
> Sì. **Usciamo!**   *Yes, let's go out.*
> **Vediamo** un po'!   *Let's have a look.*

To form the negative imperative put **non** before the verb:

> **Non** abbia paura!   *Don't be afraid.*
> **Non** si preoccupi!   *Don't worry!*

3 *Prendere un po' d'insolazione*

As we saw in Unit 10, **avere il raffreddore**   *to have a cold*   requires the definite article **il/la/l'**. Similarly, *to catch a cold*:

> Marisa ha preso **il** raffreddore.   *Marisa has caught a cold.*

However when **un po' di** is used, the definite article is omitted:

> Carlo ha preso **un po' di tosse**. *Charles has caught a bit of a cough.*

4 *Quanto le devo?*

Another common meaning of **dovere** is *to owe*.
In Italian you owe something *to* someone and an indirect object is therefore required.

> Quanto **le devo?** *How much do I owe (to) you?*

5 *Guardi che . . .*

Guardi che . . . introduces a piece of information someone doesn't know about with the idea of attracting attention or warning them. Sometimes it is best left untranslated:

> **Guardi che** io non sopporto la siringa. *I can't bear injections.*
> Viene domani? **Guardi che** c'è lo sciopero. *Are you coming tomorrow? There's a strike on, you know.*
> **Guardi che** le è caduto il fazzoletto! *Look! You've dropped your handkerchief.* (lit: *it has fallen to you the handkerchief*)
> **Cadere** (essere) *to fall.*

6 *Non sopporto . . .*

Very often Italian may use a simple present tense where English would add *I can / can't*:

> Non sopporto il caldo.   *I can't stand hot weather.*
> Non ti sento.   *I can't hear you.*
> Non parlo russo.   *I can't speak Russian.*

7 *Medico*

Certain words ending in −**co** have their plural in −**ci**: i.e. the hard 'c' becomes a soft 'c' sound in the plural. Here are the commonest:

medico	*doctor*	**medici**
simpatico	*nice*	**simpatici**
amico	*friend*	**amici**
greco	*Greek*	**greci**
nemico	*enemy*	**nemici**

8   *Mi faccia vedere*

Fare + infinitive has a variety of meanings, the commonest of which is to *let*:

> **Mi faccia** vedere!   *Let me see.*
> **Mi ha fatto** sapere che Maria è arrivata.   *He has let me know that Mary has arrived.*

9   *Proprio*

Note how this word is introduced into a sentence to give emphasis:

> **Proprio** ora che ho gli esami.   *Just now that I've got my exams.*
> È **proprio** per questo che ci vado.   *It's precisely for this reason that I'm going there.*
> Non mi piace **proprio**.   *I don't like it at all.*
> Ha detto **proprio** così.   *That's just what he said.*

10   *Prima di* + *infinitive*

Prima di + infinitive expresses the English *before doing* . . . .

> Devo telefonare **prima di** venire?   *Should I 'phone before coming?*
> Mi lasci l'indirizzo **prima di** partire.   *Let me have your address before leaving.*

11   *Si sono rotti*

In Unit 8 (note 8) we saw that **si** can have an impersonal meaning and be translated by *one* or *you*. It may also be rendered by a passive form in English:

> Qui **si parla** italiano.   { *One speaks Italian here.*
> { *Italian is spoken here.*

Notice, however, that when there is a noun in the plural, the verb will also be in the plural.

> Le notizie **si trasmettono** ogni giorno.   *The news is broadcast every day.*

The perfect tense is formed with **essere**: notice the past participle agreement:

> **Si sono rotti** gli occhiali.   *The glasses have been/got broken.*
> **Si è rotta** la sedia.   *The chair has been/got broken.*

12 *Occorrono, mi servono*

Occorrere and **servire** both express the idea of necessity or need: the verb agrees with the thing needed and the person becomes an indirect object:

Quando le $\left\{ \begin{matrix} \text{occor} \textbf{rono} \\ \text{ser} \textbf{vono} \end{matrix} \right\}$ **gli occhiali?** *When do you need the glasses? (lit: When are the glasses necessary to you?)*

Mi $\left\{ \begin{matrix} \text{ser} \textbf{vono} \\ \text{occor} \textbf{rono} \end{matrix} \right\}$ per domenica. *I need them for Sunday.*

13 *Arrivederla*

Arrivederla is a rather more formal way of taking one's leave than **arrivederci**, and is used when you would like to be particularly polite. **Arrivederla** can only be used when addressing one person.

14 *È mia*

In answer to the question **Di chi è/Di chi sono?** do not use the definite article with the possessive.

Di chi è $\left\{ \begin{matrix} \text{quel cane?} \\ \text{quella giacca?} \end{matrix} \right.$ $\begin{matrix} \text{È } \textbf{mio.} \\ \text{È } \textbf{mia.} \end{matrix}$ *Whose is* $\left\{ \begin{matrix} \textit{that dog?} \\ \textit{that jacket?} \end{matrix} \right\}$ *It's mine.*

Di chi sono $\left\{ \begin{matrix} \text{questi guanti?} \\ \text{queste scarpe?} \end{matrix} \right.$ $\begin{matrix} \text{Sono } \textbf{suoi.} \\ \text{Sono } \textbf{sue.} \end{matrix}$ *Whose are* $\left\{ \begin{matrix} \textit{these gloves?} \\ \textit{these shoes?} \end{matrix} \right\}$ *They're* $\left\{ \begin{matrix} \textit{his/} \\ \textit{hers/} \\ \textit{yours.} \end{matrix} \right.$

15 Irregular verbs

tenere $\left\{ \begin{matrix} \textit{to keep} \\ \textit{to hold} \end{matrix} \right.$		**scegliere** *to choose*	
tengo	teniamo	scelgo	scegliamo
tieni	tenete	scegli	scegliete
tiene	tengono	sceglie	scelgono
Past participle: **tenuto**		Past participle: **scelto**	

like **tenere**: **trattenere** (*to hold back*)

Esercizi

ESERCIZIO 16.1 Describe these pictures using **Mi fa/fanno male** . . . (i.e. imagine you are Anna, Giorgio, etc. and say what hurts)

ANNA   GIORGIO   ALESSANDRO   LIVIO   ORAZIO   GINA

ESERCIZIO 16.2 Fit the expressions from above into the right sentences below but this time using **le/gli** instead of **mi**:

(*a*) Anna non può giocare a tennis perchè . . .
(*b*) Giorgio non può respirare perchè . . .
(*c*) Livio non può leggere il giornale perchè . . .
(*d*) Orazio non può camminare perchè . . .
(*e*) Gina non può stare in piedi perchè . . .
(*f*) Alessandro non può giocare a pallone perchè . . .

ESERCIZIO 16.3 Complete the following sentences with a suitable verb in the perfect tense (see page 166, note 14):

(*a*) Ho preso la penna e —— una lettera a Marco.
(*b*) Ho comprato il giornale e l' ——.
(*c*) Ho acceso il sigaro e l' ——.
(*d*) Giorgio ha comprato la birra e l' ——.
(*e*) Anna ha preso il vestito dall'armadio e l' ——.
(*f*) Giorgio ed Anna si sono fermati alla stazione di servizio e —— il pieno.
(*g*) Sono andati alla stazione e —— il treno.
(*h*) Il dentista —— il dente perchè non ha potuto piombarlo.

ESERCIZIO 16.4 Rewrite (*a*), (*b*), (*c*), and (*e*) in Ex. 16.3 as orders:

Esempio: Prenda la penna e . . . etc.

ESERCIZIO 16.5   Respond by a negative command:

Esempio: Devo accendere la luce?
            No. Non l'accenda.

(a)   Devo prendere le pillole?
(b)   Devo comprare i biglietti?
(c)   Devo telefonare a Livio?
(d)   Devo scrivere a Ida?
(e)   Devo chiudere gli occhi?
(f)   Devo aprire la porta?

ESERCIZIO 16.6   **Mio/a, suo/a**, etc.

Il signor Marchi, your boss, is having a big office clean-up. He therefore asks to whom various articles belong. Assume they belong to you unless you see (*R*) by the question, in which case they belong to your senior colleague **la signora Renata**.

Esempi: Di chi è questa penna?
            È mia.
            Di chi è questo libro?   (*R*)
            È suo.

(a)   Di chi è questa fotografia?   (*R*)
(b)   Di chi è questo ombrello?   (*R*)
(c)   Di chi è questo cappello?
(d)   Di chi sono questi occhiali?   (*R*)
(e)   Di chi sono quei documenti?
(f)   Di chi sono quelle chiavi?   (*R*)
(g)   Di chi sono questi biglietti?
(h)   Di chi sono quei giornali?   (*R*)
(i)   Di chi sono queste riviste?

ESERCIZIO 16.7   Now make sure that (a), (b), (d), (f) and (h) do belong to **la signora Renata**, by asking her.

Esempio: (a)   È sua questa fotografia?

Prova di Comprensione

1 Conversazione

1 Where does this scene take place?
2 What is the weather like?
3 Has the man got a headache?
4 What suggestion is made to him?
5 Why can't he comply?
6 Where is it suggested they stop and have a coffee?
7 What needs to be done at the service station apart from 'phoning?
8 Why does Elvira need to be 'phoned?

Alfonso	Che sole! È impossibile guidare con questo caldo.
Mara	Che hai? Ti fa male la testa?
Alfonso	No. Mi fanno male gli occhi, non ci vedo più!
Mara	Perchè non ti metti gli occhiali?
Alfonso	Non li ho. Sono dall'ottico perchè si sono rotti stamattina.
Mara	Ma posso guidare io se vuoi.
Alfonso	Va bene. Così mi riposo un po'.
Mara	Che ne dici di fermarci a prendere un caffè?
Alfonso	Buona idea! Ne abbiamo proprio bisogno.
Mara	Allora ci fermiamo alla stazione di servizio?
Alfonso	Sì. Così possiamo anche fare il pieno.
Mara	Ed io posso fare una telefonata.
Alfonso	A chi?
Mara	A Elvira.
Alfonso	Perchè vuoi telefonarle?
Mara	Devo dirle di non aspettarci stasera: forse torniamo tardi.

2 Lettura

1 What is Italy rich in?
2 Who in particular is celebrated in every village?
3 How long do the celebrations usually last?
4 Who and what would you expect to see in the procession?
5 What happens in the square in the evening?
6 Why are grapes and tomatoes mentioned?
7 Where would you expect to find shops open on 15 August?
8 Why is the **Ferragosto** of such importance to Italians?

Feste in Italia

L'Italia è un Paese ricco di tradizioni, e particolarmente celebrate sono le feste religiose. Anche il più piccolo paesino festeggia il proprio santo patrono, e in molte cittadine ogni singolo rione ha la propria festa. Le strade si riempiono di luci e di bancarelle che vendono giocattoli, dolci e specialità tipicamente locali. Di solito i festeggiamenti durano alcuni giorni, e includono processioni, manifestazioni sportive, musica e fuochi artificiali. Durante la giornata, il santo è portato in processione per il paese, accompagnato dalla banda musicale e seguito da preti, bambini, fedeli, tutti con un cero in mano. Di sera si esce per le strade, si rende omaggio al santo in chiesa, e ci si diverte al luna park o ci si ferma in piazza ad ascoltare la musica. In Italia si contano anche numerose festi civili, come il Palio di Siena, e le sagre paesane che celebrano il lavoro dei campi e i prodotti della terra, come la sagra dell'uva o del pomodoro.

Il quindici agosto è una importantissima festa nazionale: il cosiddetto Ferragosto. È una giornata speciale in Italia, per cui si interrompono tutte le attività e nessuno lavora. Tutto è chiuso tranne che nelle località turistiche dove i negozi rimangono aperti per coloro che sono in villeggiatura. In quasi tutti i paesi, specialmente nel Sud, nello stesso giorno si celebra una festa religiosa. Molti italiani prendono le ferie in agosto e, per loro, il Ferragosto rappresenta il culmine dell'estate e delle vacanze.

paesino *small village*	*** ci si diverte** *one amuses, enjoys oneself*
festeggiare *to celebrate*	
proprio/a *own*	**luna park** *amusement park, fun-fair*
cittadina *small town*	
il rione *district*	**sagra** *festival*
riempirsi *to get filled*	**paesano/a** *rural*
bancarella *stall*	**campo** *field*
giocattolo *toy*	**prodotto** *produce*
la manifestazione *display, show*	**terra** *land, earth*
fuochi artificiali *fireworks*	**cosiddetto** *so-called*
seguito da *followed by*	**tranne che** *except*
il prete *priest*	**coloro che** *those who*
i fedeli *the faithful*	**villeggiatura** *holiday*
cero *large candle*	**le ferie** *holidays (from work)*
rendere omaggio *to pay homage to*	**il culmine** *climax, high spot*

* With reflexive verbs **ci si** is used for the impersonal form. (See Unit 19, note 6c.)

17   Ha bisogno di aiuto?

In this unit you are going to learn how to seek and accept help after
losing something or after an accident; also the language used in giving
help and asking assistance of friends.

1   Al commissariato

Poliziotto Che cosa posso fare per lei, signora?
Signora Mi aiuti, per favore! Ho perso il passaporto.
Poliziotto Non si agiti! Mi dica dove l'ha smarrito.
Signora Questa mattina sono andata a visitare il Duomo e
all'uscita mi sono accorta di non averlo più.
Poliziotto Ne è sicura? Ha controllato bene?
Signora Sì L'ho cercato dappertutto. Che cosa mi consiglia di
fare?
Poliziotto Deve fare la denuncia.
Signora Oddio! E come si fa?
Poliziotto Si calmi! Gliela scriviamo noi. Lei intanto si segga. Di
che nazionalità è?
Signora Sono svizzera.
Poliziotto Ecco la carta bollata . . . Mi dia le sue generalità! . . .
Signora Franca Pesce, nata a Lugano il venti luglio 1960,
residente a Losanna, Via San Lorenzo numero 14 . . .
Poliziotto . . . e attualmente dimorante . . .
Signora . . . presso mio padre, residente a Roma in Via Giuseppe
Verdi, numero 6.
Poliziotto Ecco. Ho finito. Firmi qui sotto e metta la data.
Signora Vi mettete voi in contatto con me se lo trovate?
Poliziotto Sì, sì. Aspetti una nostra comunicazione!

---

commissariato *police station*	**agitarsi** *to get upset*
Che cosa posso fare per lei? *What can I do for you?*	**smarrire** (IIIb) *to mislay, lose*
Mi aiuti, per favore! *Help me, please!*	**sicuro/a** *sure*
	accorgersi *to notice*
	calmarsi *to calm down*

Che cosa mi consiglia di fare? *What do you advise me to do?*	**Sì . . . aspetti una nostra comunicazione** *Yes . . . we'll inform you.* (lit: *wait for a communication of ours*)
Deve fare la denuncia *You will have to make a statement*	
Come si fa? *How does one do that?*	**intanto** *meanwhile*
Gliela scriviamo noi *We'll write it for you*	**carta bollata** *official (stamped) paper*
Di che nazionalità è? *What nationality are you?*	**generalità** *particulars*
	attualmente *at present*
Vi mettete voi in contatto con me? *Will you be getting in touch with me?*	**dimorante** *staying at*
	presso *at*
	firmare *to sign*

Domande

1 Perchè la signora è andata al commissariato?
2 Quando si è accorta di non avere più il passaporto?
3 Dov'è nata? In che anno è nata?
4 Di che nazionalità è?

2 Un incidente

Signora A.	Posso usare il suo telefono, per cortesia?
Signora B.	Venga, faccia pure! Che cos'è successo?
Signora A.	Mio marito si è sentito male per strada.
Signora B.	Mi dispiace. Conosce il numero del suo medico?
Signora A.	No. Mi aiuti a cercarlo, per favore.
Signora B.	Si calmi, signora! Eccolo! Questo è il numero di casa e questo quello dello studio. Ma perchè non telefona all'ospedale? Chiami il pronto soccorso!
Signora A.	Sì. Forse è meglio. Pronto! . . . È l'ospedale? . . . Come? . . . Cosa? . . . Non ho capito! Non sento niente . . . Alzi la voce! Ah . . . Ho sbagliato numero? Mi scusi!
Signora B.	Dia a me, signora! Faccio io! Pronto? Mi passi il pronto soccorso!
Centralinista	Un attimo. Attenda in linea! . . . Parli pure!
Signora B.	Un signore sta male. Mandi subito un'autoambulanza in Via dei Pini.

Centralinista	Va bene, ma ripeta l'indirizzo e parli più lenta-mente, signora.
Signora B.	Via dei Pini, 11. Accanto alla pasticceria "La Perla".

Posso usare il suo telefono, per cortesia? *May I use your 'phone, please?*

Venga, faccia pure! *Come in! Do, by all means!*

Mi passi il pronto soccorso! *Give me the casualty department.*

Un attimo. Attenda in linea! *. . . One moment. Hold the line . . .*

Ho sbagliato numero? Mi scusi! *Have I got the wrong number? I'm sorry* (sbagliare *to make a mistake*)

un incidente *an accident*
per strada *in the street*
studio *surgery*
Come? *What? Pardon?*
alzare la voce *to speak louder*
centralinista *operator*
autoambulanza *ambulance*
accanto a *by*
perla *pearl*

Domande

5 Che favore la signora A. ha chiesto alla signora B?
6 Perchè la signora A. è andata a telefonare?
7 Che cosa ha fatto la signora B. per chiamare l'autoambulanza?

3 Che cosa facciamo da mangiare?

Romano	Senti, Silvio, facciamo la pastasciutta?
Silvio	D'accordo. Fammi un favore, prendimi una scatola di pomodori!
Romano	Quale? Quella grande?
Silvio	No. Quella che hai in mano. Dammi anche l'apriscatole!
Romano	Dov'è? Lì dentro?
Silvio	Sì. Nel secondo cassetto.
Romano	Non metterci l'aglio nella salsa, però, perchè non mi piace. Falla solo con la cipolla. È cotta la pasta?
Silvio	Penso di sì. Assaggiala! Dimmi se c'è abbastanza sale! . . . Attento! Non scottarti!
Romano	Per me va bene. Se la vuoi al dente, è pronta.

Che cosa facciamo da mangiare? *What shall we cook?*	**sentire** *to hear, listen*
	pastasciutta *pasta served with a sauce*
Fammi un favore: prendimi una scatola di pomodori! *Could you do me a favour: get me a tin of tomatoes*	**D'accordo** *All right, agreed*
	un apriscatole *tin-opener*
	lì dentro *in(side) there*
Quale? Quella grande? *Which one? The big one?*	**cassetto** *drawer*
	aglio *garlic*
No. Quella che hai in mano *No, the one you've got in your hand*	**salsa** *sauce*
	Dimmi *Tell me*
	abbastanza *enough*
Falla solo con la cipolla! *Make it with onions only*	**Attento!** *Be careful!*
	scottarsi *to get burnt*
È cotta . .? Assaggiala! *Is it cooked? Try it!*	**al dente** *slightly underdone*

Domande

8 Cos'hanno fatto da mangiare Romano e Silvio?
9 Romano cos'ha dovuto dare a Silvio per aprire la scatola?
10 A Romano piace molto l'aglio?

Grammatica

1 Imperative (conclusion)

So far we have covered the **lei** and **noi** forms of the imperative (Units 12 and 16).

The **voi** form (like the **noi** form) is the same as the present tense.

Aspettate alla fermata del pullman!	*Wait at the coach stop.*
Prendete un gelato!	*Have an ice-cream.*
Venite con me!	*Come with me.*

To obtain the **tu** (familiar) form of the imperative of regular −**are** verbs, take the final −**re** off the end of the infinitive.

Ordina il secondo (piatto)!	*Order the second course.*
Paga il conto!	*Pay the bill.*

For most other verbs the **tu** form of the imperative is the same as the **tu** form of the present tense.

Prendi il cappello e l'ombrello!	*Take your hat and umbrella.*
Chiudi (la porta) a chiave!	*Lock the door.*
Apri la finestra!	*Open the window.*

Negative commands (*prohibitions*)

The negative imperative is formed by putting **non** before the verb.

Non parlate tutti insieme!   *Don't all speak at once.*

For the negative of the **tu** form use **non** + infinitive.

Alberto, **non toccare** il quadro!   *Albert! Don't touch the picture!*
Maria, **non parlare** con la bocca piena! Quell'uomo ti guarda.   *Mary! Don't speak with your mouth full. That man's looking at you.*

2   Imperative with unstressed and reflexive pronouns

With the **lei** forms, unstressed and reflexive pronouns precede the imperative.

Mi porti una forchetta e un coltello!	*Bring me a fork and a knife.*
Si segga qui!	*Sit down (here).*
Non si preoccupi!	*Don't worry.*

With all other forms of the imperative the unstressed and reflexive pronouns follow the verb and are joined to it.

Scusami del ritardo!	*Sorry I'm late.* (lit: *Excuse me for the lateness*)
Non dargli la mancia!	*Don't give him a tip.*
Non andarci!	*Don't go there.*
Accompagniamola a casa!	*Let's take her home.*
Sediamoci a tavola!	*Let's sit down to dinner.* (*at table*)
Sedetevi qui!	*Sit down here!*

3   Imperative (*tu*) of one syllable

(*a*) The verbs **fare, dire, stare, dare** and **andare** have **tu** form imperatives of one syllable:

fa' *do*;   **di'** *say*;   **sta'** *stay*;   **da'** *give*;   **va'** *go.*

Da' un'occhiata al libro!   *Have a look at the book.*
Sta' attento! **Sta'** zitto!   *Be careful. Be quiet.*

(b) All the unstressed pronouns (including **ci**, **vi**, and **ne**) except **gli** double their initial consonant when combined with these **tu** forms.

Fallo subito!	*Do it immediately.*
Dimmi la verità!	*Tell me the truth.*
Stammi a sentire!	*Listen to me.*
Dalle il cucchiaio!	*Give her the spoon.*
Vacci tu!	*You go there.*
Digli di venire a pranzo!	*Tell him to come to lunch.*

4 Imperative of *essere* and *avere*

essere	avere
sii (tu)!	abbi (tu)!
sia (lei)!	abbia (lei)!
siamo!	abbiamo!
siate!	abbiate!

Sia puntuale!	*Be punctual.*
Non abbia paura!	*Don't be afraid.*
Abbiate pazienza!	*Be patient.*
Siate un po' più generosi!	*Be a bit more generous.*

5 *Pure*

Pure may be used in the following ways:

(a) To grant permission with more conviction:

Posso entrare?	*May I come in?*
Entri **pure**!	*Please do.*
Posso fare una telefonata?	*May I make a 'phone call?*
Sì, prego. Faccia **pure**!	*Certainly, go ahead!*

(b) Like **anche** to mean *also*:

Vieni **pure** tu!	*You come too!*

6 *Quello, quella, quelli, quelle*

The above, apart from being adjectives, may also be used as pronouns meaning *the one(s)*, *that (one)*, *those*. They must agree with the noun they refer to:

Questo rasoio non funziona: prendi **quello** del mio ragazzo.   *This razor doesn't work: take my boyfriend's one.*

Chi è **quella** (donna)?   *Who's that woman?*
Quale? **Quella** con gli occhi celesti?   *Which one? The one with the blue eyes?*
Preferisco i quadri moderni a **quelli** antichi.   *I prefer modern paintings to old ones.*

7   *Quello che, ciò che, quel che*

In sentences such as the following **quello che** means *what*:

Non sa **quello che** vuole.   *He doesn't know what he wants.*

One could equally say:

Non sa **ciò che** vuole, *or* Non sa **quel che** vuole.

8   *Conoscere*

Notice the hard 'c' sound in the verb when the 'c' precedes 'o', 'a' or 'u': **Conosco, conoscono.** The past participle, however, retains the soft 'c' sound and an 'i' is added for this purpose: **conosciuto.**

9   *In mano*

Here are a few more expressions with **in** where Italian uses neither the definite article nor the possessive.

Cos'hai **in** ⎧ testa? ⎫   *What have you got* ⎧ *on your head?* ⎫
⎨ tasca? ⎬   ⎨ *in your pocket?* ⎬
⎨ mano? ⎬   ⎨ *in your hand?* ⎬
⎩ bocca? ⎭   ⎩ *in your mouth?* ⎭

10   *Come!*

When used alone **come** means *What!*

Come! È vuota questa cassaforte?   *What! Is this safe empty?*

11   *Una nostra comunicazione*

To say *of ours, of yours, of mine*, etc., Italian does not translate *of*:

Aspetto **un mio** amico.   *I'm waiting for a friend of mine.*
Due suoi fratelli lavorano in Germania.   *Two of his brothers are working in Germany.*

Esercizi

ESERCIZIO 17.1   Imperatives with **lei** forms

You are **la signora Alvaro**'s boss. One day, at work, she does not feel very well. Tell her to do the following, using the **lei** form of the imperative as in the example.

Esempio: (*a*)   Lasciare tutto.
                     Lasci tutto!

(*a*)   Lasciare tutto.
(*b*)   Tornare a casa.
(*c*)   Andare a letto.
(*d*)   Coprirsi bene.
(*e*)   Prendere un paio di aspirine.
(*f*)   Chiamare il medico.
(*g*)   Rimanere a casa per una settimana.
(*h*)   Non preoccuparsi di niente.

      coprirsi (IIIa)   *to cover oneself*

ESERCIZIO 17.2   Prohibitions with **lei** forms

You are going to tell someone not to do something. Respond to the following statements by using **non** + direct object pronoun + imperative, choosing your verbs from the list below and using each once only.

      perdere   usare   prendere   attraversare
      pagare   firmare   comprare   bere

Esempio: (*a*)   Il contratto non mi piace.
                     Non lo firmi!

(*a*)   Il contratto non mi piace.
(*b*)   La macchina è guasta.
(*c*)   Il prosciutto è troppo caro.
(*d*)   Il conto è sbagliato.
(*e*)   L'acqua non è potabile.
(*f*)   Questo treno è troppo lento.
(*g*)   Questa strada è pericolosa.
(*h*)   Questi documenti sono molto importanti.

contratto *contract*	**prosciutto** *ham*	**pericoloso** *dangerous*
guasto *out of order*		**potabile** *drinkable*

ESERCIZIO 17.3 Commands and prohibitions with **lei** forms

Turn the following statements into commands or prohibitions according to the sense.

Esempi: È vietato entrare. Non entri!
           È meglio telefonare. Telefoni!

(*a*) È vietato fumare.
(*b*) È meglio prendere l'aereo.
(*c*) È inutile insistere.
(*d*) È vietato parcheggiare li.
(*e*) È più conveniente andare in macchina.
(*f*) È meglio portare l'ombrello.
(*g*) È importante mettere la data su questo modulo.

    vietato *forbidden*

ESERCIZIO 17.4 Commands/prohibitions with **tu** and **voi** forms

You are supervising a group of children in a restaurant telling them what they must and must not do. In (*a*) to (*d*) you are speaking to individuals, in the rest you are speaking to the group.

Esempio: Dica a Vittorio di aspettare un attimo.
            Vittorio, aspetta un attimo!
            Dica (a) loro di aspettare un attimo.
            Aspettate un attimo!

(*a*) Dica a Vittorio di aspettare un attimo.
(*b*) Dica ad Alfredo di non gridare.
(*c*) Dica ad Elena di non toccare i fiori sulla tavola.
(*d*) Dica a Filippo di lavarsi le mani.

    gridare *to shout*

Dica loro di:
(*e*) sedersi a tavola.
(*f*) scegliere quello che vogliono.
(*g*) bere piano piano.
(*h*) non parlare con la bocca piena.
(*i*) non fare troppo rumore.

    piano piano *slowly*   **il rumore** *noise*

ESERCIZIO 17.5 Commands and prohibitions: **sta', va', di', da', fa'**

You are still in the same restaurant with the same group. In some of the following sentences you will have to join a pronoun to the imperative.

Esempio: Dica ad Alfredo di farle vedere cos'ha in mano.
Alfredo, fammi vedere cos'hai in mano!

(*a*)   Dica a Luigi di stare zitto.
(*b*)   Dica ad Alfredo di farle assaggiare il gelato.
(*c*)   Dica ad Elena di andare all'altra tavola.
(*d*)   Dica a Vittorio di darle il bicchiere.
(*e*)   Dica a Maria di stare zitta.
(*f*)   Dica a Nina di dirle cosa vuole per secondo piatto.

ESERCIZIO 17.6   Perfect tense

Here is an account of how Olga spends a typical Friday. Imagine it refers to last Friday by putting the passage in the perfect tense.
Start: Venerdì scorso Olga si è svegliata . . .

Il venerdì Olga si sveglia alle sei. Appena si alza accende la radio, si veste e fa colazione. Prima di uscire lava i piatti, fa il letto, mette in ordine la casa e dà da mangiare al gatto. Poi chiude la porta a chiave e scende giù con l'ascensore. Prende l'autobus all'angolo di Via Roma e scende alla quarta fermata. Il resto della strada lo fa a piedi. Per andare da Piazza Farnese al suo ufficio, ci mette soltanto cinque minuti. Quando arriva sbriga la corrispondenza, risponde al telefono e scrive a macchina le lettere che il direttore le detta. All'una vede il suo ragazzo e vanno insieme a mangiare in una piccola trattoria napoletana. Per primo piatto ordinano lasagne al forno, e per secondo mangiano cotolette alla milanese con contorno di patatine fritte. Bevono mezzo litro di vino bianco e mezza bottiglia di acqua minerale. Dopo la frutta prendono il caffè. Pagano il conto e lasciano la mancia per il cameriere. Dopo pranzo il ragazzo l'accompagna in ufficio. Quando Olga ritorna a casa, fa la doccia, cena, dà un'occhiata al giornale e poi va in piazza con i suoi amici.

piatto *plate, course*	**cotolette alla milanese** *veal*
gatto *cat*	*cutlets*
scendere giù *to go downstairs*	**lasagne al forno** *baked lasagne*
metterci *to take*	**contorno** *vegetable*
scrivere a macchina *to type*	**patatine fritte** *chips*
dettare *to dictate*	

Prova di Comprensione

1 Conversazione

Robert, being an American-born Italian, has to ask for advice.

1 What has Robert lost?
2 How?
3 How is the word *Questura* explained?
4 Where is the *Questura?*
5 Where must he go before going to the *Questura?*
6 Why?
7 Why is he still worried?
8 How is his problem solved?

Roberto	Ho perso la patente e non so che cosa fare.
Signorina	Sa dove l'ha smarrita?
Roberto	Non ne sono certo. Forse l'ho lasciata in macchina. Durante la notte qualcuno è entrato nella mia auto e ha preso tutto.
Signorina	Non si preoccupi! Ci sono buone possibilità di ritrovarla, perchè di solito la spediscono in Questura.
Roberto	Che cos'è la Questura?
Signorina	È l'ufficio centrale di polizia. Vada lì a denunciare lo smarrimento.
Roberto	E sa dov'è, per cortesia?
Signorina	Certo. È in Via Mazzini.
Roberto	Grazie.
Signorina	Prego. Prima di andarci però, compri dal tabaccaio un foglio di carta bollata per la denuncia.
Roberto	E poi?
Signorina	E poi aspetti una comunicazione dalla polizia.
Roberto	E intanto, come faccio senza patente?
Signorina	Per il momento può usare una copia della denuncia come documento.

2 Lettura

This account is from *La Stampa*, an Italian daily newspaper. **Rapina** is *robbery* so that **Rapina Postale** means: *Post-office hold-up.* The post-office itself is referred to as **l'ufficio postale**. **Rapinatori** are *robbers* and **rapinare** means *to rob.* You will be able to understand the story with the help of the questions and the vocabulary.

1 What is the name of the post-mistress?
2 How did she feel when she opened the door?
3 What was special about the door?
4 What did the customer say he wanted?
5 What happened while she was serving him?
6 Why didn't she open the door immediately?
7 Why did the smile disappear from her lips?
8 How much did the robbers take away with them?

Front: rapina postale ma non ci sono soldi

Con uno stratagemma i banditi sono entrati nell'ufficio "a porte bloccate": la cassa era vuota

Due rapinatori armati di pistola hanno rapinato ieri mattina l'ufficio postale di Front Canavese. «*Alle 11.30* — racconta Antonietta Motto, 45 anni gerente dell'ufficio — *un elegante signore ha suonato il campanello. Non ho avuto nessun timore ed ho aperto la porta*» L'ufficio, dopo le rapine degli ultimi tempi, è dotato di vetri antiproiettile e la porta può essere aperta solo dall'interno. «*Mi ha chiesto di fare una raccomandata con ricevuta di ritorno* — spiega la Motto — *e intanto un uomo con il volto coperto da un passamontagna ha suonato alla porta*». La donna si sentiva sicura, si è rivolta al cliente elegante con un sorriso: «*Vede, quello vuol fare una rapina ma io non gli apro*». L'uomo senza scomporsi ha tirato fuori dalla tasca la pistola. «*Apri* — ha detto alla donna — *è un amico mio*». Il sorriso è scomparso dalle labbra dell'impiegata che ha dovuto obbedire. L'uomo mascherato sotto la minaccia delle armi l'ha costretta ad aprire la cassaforte. Ma i banditi si sono trovati di fronte ad una delusione: in cassa c'erano soltanto 4 mila lire di cui tremila in miniassegni «*Sono tutti i soldi che hai?* — hanno chiesto i banditi — *apri i cassetti*». La Motto ha ubbidito, i malviventi hanno frugato dovunque senza trovare altro denaro. Allora sono fuggiti lasciando anche le quattromila lire.

era *was*	**tirar fuori** *to take out*
raccontare *to relate*	**scomporsi** *to lose one's*
suonare il campanello *to ring the*	*composure*
bell	**sotto la minaccia** *under the*
il timore *fear*	*threat*
vetro *pane of glass*	**costretto** *compelled (from*
dotato/a di *fitted with*	*costringere)*
ricevuta *receipt*	**una delusione** *disappointment*
volto coperto di *face covered*	**mini-assegno** *money token**
with	**un malvivente** *criminal*
il passamontagna *balaclava*	**frugare** *to search*
helmet	**dovunque** *everywhere*
si sentiva sicura *she felt sure of*	**denaro** *money*
herself	**fuggire (IIIa)** *flee*
sorriso *smile*	**lasciando** *leaving*

* When there was a shortage of coinage for small change, the Italian government issued temporary paper money tokens as a substitute.

Informazioni

Carta bollata

The authorities in Italy require frequent use of **carta bollata** or **carta da bollo**. This government-stamped paper which can be bought at any tobacconist's must be used for a variety of official reasons such as drawing up contracts, making statements to the police and registering at a university. In fact there are few transactions in public life where **carta bollata** is not required.

18 Progetti: vacanze, musica, arte

In this unit you are going to learn how to ask about and make statements about the future and how to clarify your intentions.

1 Progetti per le vacanze

Massimo will shortly be going on holiday with his brother and is being interviewed about his plans.

Giornalista	Ha già avuto le ferie?
Massimo	No. Le avrò alla fine di luglio.
Giornalista	Dove andrà a passarle? In Calabria?
Massimo	Naturalmente. Andremo dai nostri parenti.
Giornalista	Li andrà a trovare certamente tutti!
Massimo	Eh, no. Sarà impossibile vederli tutti. Ne abbiamo tanti!
Giornalista	E quando partirà?
Massimo	Fra una settimana, ai primi di agosto.
Giornalista	Nel mese di agosto fa un caldo da morire. Non le dà fastidio tanto sole?
Massimo	Macchè! E poi ci siamo abituati.
Giornalista	Rimarrà per il ferragosto, immagino.
Massimo	Ah, sì. Resteremo a Catanzaro per le feste e poi andremo un po' in giro prima di ritornare a Milano.
Giornalista	Quando ricomincerà a lavorare?
Massimo	Dovrò essere sul posto di lavoro il venti agosto.

---

progetti per le vacanze *holiday plans*
Le avrò alla fine di luglio *I'll have them at the end of July*
Dove andrà? *Where will you go?*
Andremo . . . *We'll go . . .*

le ferie *holidays*
un parente *relative*
tanto/a, tanti/e *so much, so many*
ai primi di *at the beginning of*
un caldo da morire *boiling hot*

Li andrà a trovare . . . tutti! *You'll go and see them all*	**dare fastidio** *to bother, annoy*
Eh, no. Sarà impossibile *Well, no. It will be impossible*	**macchè** *not at all*
Rimarrà per il ferragosto *You'll stay (for) August bank holiday*	**essere abituato a** *to be used to*
	le feste *(public) holidays*
	andare in giro *to go round*
	sul posto di lavoro *at work* (lit: *at the place of work*)

Domande

1   Dove andrà Massimo ai primi di agosto?
2   In quale città trascorrerà le feste?
3   Cosa farà il giorno venti?

trascorrere   *to spend (time)*

2   Un operaio di fabbrica

Giornalista	Da che parte dell'Italia viene?
Marcello	Da Messina. Sono siciliano.
Giornalista	Quanti anni sono che lavora a Milano?
Marcello	Saranno una quindicina di anni.
Giornalista	Sua sorella mi ha detto che vi trovate bene qui nel Nord.
Marcello	È vero. Si guadagna molto. E nella fabbrica in cui lavoriamo noi, gli operai sono trattati veramente bene. Fra poco avremo anche l'aumento.
Giornalista	Come mai vi siete trasferiti qui?
Marcello	Nel Sud, purtroppo, non c'è abbastanza lavoro per tutti.

operaio di fabbrica *factory worker*	**siciliano** *Sicilian*
Da che parte dell'Italia viene? *What part of Italy do you come from?*	**il Nord** *North*
	guadagnare *to earn*
	in cui *in which*
Da Messina *From Messina.*	**trattare** *to treat*
Quanti anni sono che lavora a Milano? *How many years have you been working in Milan?*	**fra poco** *shortly*
	aumento *rise*
	trasferirsi [III b] *to move*
Saranno una quindicina di anni *It must be about fifteen years.* (lit: they will be)	**il sud** *South*

Domande

4 Come si trova Marcello a Milano?
5 Perchè si è trasferito lì?

3 Una mostra d'arte

Lucia	Senti, Claudio, fra tre settimane ci sarà una mostra di arte moderna.
Claudio	Ci saranno molti quadri?
Lucia	Moltissimi, perchè è un'esposizione importante.
Claudio	Ho sentito dire che vari oggetti verranno dal Museo di Arte Moderna di New York, è vero?
Lucia	Sì, è vero. Verrai anche tu, spero!
Claudio	Si dovrà fare la fila per entrare?
Lucia	Boh . . . Ma penso di sì.
Claudio	Per quanto tempo ci sarà la mostra?
Lucia	Resterà aperta due o tre mesi, credo, ma non ne sono certa. Te lo farò sapere.
Claudio	E tu lavorerai lì durante tutto il periodo dell'esposizione?
Lucia	Eh, sì. Per forza. Ed ora, scusami Claudio, ma devo andare.
Claudio	Quando ti rivedrò un'altra volta?
Lucia	Dunque . . . Fammi pensare . . . Sì, domenica, cioè no, meglio sabato. No, no, facciamo così . . . Ti chiamerò io fra qualche giorno.

Mostra d'arte *art exhibition*	**un'esposizione** *exhibition*
Verrai anche tu, spero! *You'll come too, I hope*	**sentir dire** *to hear*
	oggetto *object, thing*
Te lo farò sapere *I'll let you know*	**fare la fila** *to queue up*
	boh . . . *I don't know* (see p. 206 note 11)
Quando ti rivedrò un'altra volta? *When shall I be seeing you again?*	**periodo** *period*
	per forza *I must*
Ti chiamerò io fra qualche giorno *I'll give you a ring in a few days*	**un'altra volta** *again, at another time*
	dunque *let's see*
	cioè *that is to say*
senti *listen*	**fammi pensare** *let me think*

Domande

6 Da dove verranno molti oggetti per la mostra?
7 Lucia che cosa farà sapere a Claudio?
8 Cosa farà prima di rivederlo?

4 In un negozio di dischi

Signorina	Scusi, ha il catalogo dei nuovi dischi?
Commesso	Sì. Lo vuole consultare? Quando avrà finito, me lo riporti qui per favore. Tenga!
Signorina	Grazie. Quando uscirà la raccolta delle ultime canzoni del Festival di Sanremo?
Commesso	Il nuovo disco sarà in vendita dal primo aprile. Glielo metto da parte?
Signorina	Sì, perchè domani parto per le vacanze e non so se sarò di ritorno in tempo per comprarlo. Immagino che andrà a ruba.
Commesso	Gliene potremo conservare uno, ma deve lasciare un deposito.
Signorina	Un deposito? Quanto?
Commesso	Il trenta per cento del prezzo. Pagherà il resto quando verrà a ritirarlo.
Signorina	Va bene, grazie. Prendo anche queste due musicassette. Quanto fa?
Commesso	Le faccio il conto . . . Un attimo, signorina, aspetti che le do la ricevuta per quando ritirerà il disco.
Signorina	Sì, grazie. Un'ultima cosa. Sa se col disco ci saranno i testi delle canzoni? Mi interessano anche le parole.
Commesso	Mi spiace, non saprei. Se non ci saranno, dovrà richiederle direttamente alla casa discografica. Gliele spediranno a casa.

In un negozio di dischi *In a record shop*
Quando avrà finito, me lo riporti qui *When you've finished bring it back to me here*
Glielo metto da parte? *Shall I put it aside for you?*
Gliene potremo conservare uno *We can keep you one*

il catalogo *catalogue*
consultare *to consult*
uscire *to come out*
raccolta *collection*
una canzone *song*
in vendita *on sale*
essere di ritorno *to be back*
andare a ruba *to sell like hot cakes*
deposito *deposit*

Sa se . . . ci saranno i testi . . . ? *Do you know if there will be the words . . . ?*	**prezzo** *price*
	in anticipo *in advance*
	resto *balance*
	ritirare *to collect*
Mi interessano anche le parole *I'm also interested in the words*	**musicassetta** *music cassette*
	Quanto fa? *How much does it come to?*
Mi spiace, non saprei *I'm sorry I wouldn't know*	**fare il conto** *to make out the bill*
	aspetti che le do *wait for me to give you*
Gliele spediranno a casa *They'll send them to your house.*	**richiedere** *to ask for, request*
	direttamente *directly*
	casa discografica *record company*
per cento *per cent*	

Domande

9 Che succederà il primo aprile?
10 Perchè il commesso le mette da parte il disco?
11 Cosa dovrà mostrare al commesso quando andrà a ritirarlo?
12 A chi dovrà scrivere se non ci saranno i testi?

Grammatica

1 Future tense: formation

Add the future tense endings to the infinitive minus its final **–e**. *BUT* infinitives in **–are** change the **a** to **e**:

parlare *to speak*   **parlerò** *I shall/will speak*

Note particularly the final accent on the **io** and **lei** forms as this is where the stress falls.

parlare *to speak*	**prendere** *to take*	**coprire** *to cover*
parlerò	prenderò	coprirò
parlerai	prenderai	coprirai
parlerà	prenderà	coprirà
parleremo	prenderemo	copriremo
parlerete	prenderete	coprirete
parleranno	prenderanno	copriranno

In **pagare** and other verbs ending in **–care** and **–gare** an 'h' is added throughout the future tense to preserve the hard sound of the infinitive:

pagare	pagherò, pagherai, etc.
cercare	cercherò, cercherai, etc.

Verbs ending in **–giare** and **–ciare** omit 'i' in the future tense:

mangiare	mangerò, mangerai, etc.
lasciare	lascerò, lascerai, etc.
cominciare	comincerò, comincerai, etc.

2 Future tense: irregular formation

Although the future endings are always the same, the stems of some verbs appear in contracted form. Here is a list of some of the commoner ones. Most appear in this Unit.

andare	*to go*	andrò	rimanere	*to remain*	rimarrò
bere	*to drink*	berrò	sapere	*to know*	saprò
			sedersi	*to sit down*	mi siederò
cadere	*to fall*	cadrò	stare	*to stay*	starò
dare	*to give*	darò	tenere	*to hold, keep*	terrò
dovere	*to have to*	dovrò	vedere	*to see*	vedrò
fare	*to do, make*	farò	venire	*to come*	verrò
			vivere	*to live*	vivrò
potere	*to be able*	potrò	volere	*to want*	vorrò

Finally, here is the future of **essere** and **avere**:

sarò *I'll be*, etc.	avrò *I'll have*, etc.
sarai	avrai
sarà	avrà
saremo	avremo
sarete	avrete
saranno	avranno

3 Future tense: use

The future tense in Italian is used to express future time:

Verremo a prenderti alla stazione. *We'll come and collect you at the station.*

Sometimes, as we have seen, the present tense in Italian conveys the idea of something imminent, but in all these cases the future may equally be used:

Lo **faccio** più tardi ⎱
Lo **farò** più tardi. ⎰ *I'll do it later.*

Italian also uses the future tense in subordinate clauses introduced by conjunctions of time (*when . . . as soon as . . .* , etc.) where the future is implied.

Cosa farai quando **sarai** grande? *What will you do when you're grown up?*
Appena **arriverò** sistemerò tutto. *As soon as I arrive I'll fix everything.*

Fra meaning *in* and **per** meaning *by* always refer to something about to happen. They are often used, therefore, with the future tense:

Lo vedrò **fra** una settimana. *I'll see him in a week's time.*
Lo finirò **per** venerdì. *I'll finish it by Friday.*

The future is also used to suggest probability or possibility:

Chi **sarà** a quest' ora? *Who could it be at this time?*
Sarà Mirella. *It's probably Mirella.*

Chi è quel ragazzo? *Who's that boy?*
Sarà il suo fidanzato. *It's probably* ⎱ *her fiancé.*
Maybe it's ⎰

Che ore sono? *What time is it?*
Saranno le nove. *It will be about nine.*

4 Future perfect

In Dialogue 4 **Quando avrà finito** is translated as *When you have finished*. Notice that in time clauses of this type English uses a past tense even though referring to the future, whereas Italian must use a future tense, in this case the future perfect (i.e. *When you will have finished*). The tense is formed by using the future of **avere/essere** with the past participle.

Appena **avrete studiato** questo autore, lo discuteremo. *As soon as you have studied this author, we'll discuss him.*

The future perfect may also give the idea of *must have* or *might*:

Perchè Maria non risponde al telefono? **Sarà uscita.** *Why doesn't Mary answer the 'phone? She must have gone out.*

5 *Una quindicina*

To express approximate quantities take off the final vowel of the number and add **–ina** preceded by **una**. (Use for 10, 15, 20 and in tens up to 90.)

Ha **una ventina** d'anni.   *He's about twenty.*
Ci saranno **una quarantina** di persone.   *There'll probably be about forty people.*

6   *Quanti anni sono che lavora . . .?*

This is another way of expressing: **Da quanti anni lavora . . .?**
Just as with **da**, Italian uses the present tense with this construction since the activity continues on into the present.

Sono dieci minuti che **aspetto**.   *I've been waiting for ten minutes.*

If the activity has ceased then **per** is used with the past:

Ho lavorato a Roma **per** più di dieci anni.   *I worked in Rome for more than ten years.*

7   *In cui*

The only time **che** may be preceded by a preposition is in a question (direct or indirect):

A che ora incominci a lavorare la mattina?   *At what time do you start work in the morning?*
Non so **a che ora** viene.   *I don't know at what time he's coming.*

Otherwise, after prepositions, **cui** must be used:

La casa **in cui** abita è molto bella.   *The house in which he lives is very beautiful.*
Non capisco la ragione **per cui** non vuoi andarci.   *I don't understand the reason why* (lit: *for which*) *you don't want to go there*
Questo è l'ingegnere **di cui** ti ho parlato.   *This is the engineer I spoke to you about.* (lit: *of whom I spoke . . .*)

Il/la/i/le cui means *whose*. The definite article agrees with the noun that follows.

Perchè non mi presenti* quella signora **il cui** marito lavora al Ministero?   *Why don't you introduce me to the lady whose husband works at the Ministry?*
Roma, **le cui** strade sono sempre affollate, è la capitale d'Italia.   *Rome, whose streets are always crowded, is the capital of Italy.*

* Note the construction **presentare una persona a un'altra** (*to introduce one person to another*).

8   Double pronouns

We have already seen how **ci + ne** become **ce ne** in the expression **ce ne sono**. Other combinations of unstressed pronouns may also be found. Here are the principles along which they combine.

(*a*)   Indirect object pronouns **mi** (*to/for me*), **ti** (*to/for you*), **ci** (*to/for us*), etc., precede direct object ones **lo, la, li, le**, and also **ne**.

(*b*)   The final **−i** in **mi, ti, si, ci, vi, si**, becomes **−e** giving **me, te, se, ce, ve, se**.

   Me lo dà.   *He gives it to me.*

(*c*)   **Le** (*to/for you, her*) and **gli** (*to/for him, them*) both become **glie**, combining with the following pronoun, **lo/la/li/le/ne**:

   glielo, glieli, gliene, etc.

(*d*)   The pronouns may either precede **potere/dovere/volere** or be joined to the infinitive which follows them:

Glielo devo dire.	*I must tell it to you/him/her/them.*
Devo dir**glielo**.	
Non **te li** posso dare.	*I can't give them to you.*
Non posso dar**teli**.	
Me lo vuoi vendere?	*Will you sell it to me?*
Vuoi vender**melo**?	

The tables below illustrate how the double pronouns are used:

Hai dato { l'indirizzo / la chiave / i soldi / le fotografie } a { Carlo? / Maria? / Anna e Paolo? } No. { **Glielo** / **Gliela** / **Glieli** / **Gliele** } darò domani.

Did you give the { address / key / money / photos } to { Charles? / Mary? / Ann and Paul? } No, I'll give it/them { to him / to her / to them } tomorrow

Il caffè { signore? / signora? / signori? / signorine? } **Glielo** / **Ve lo** } porto subito.   *The coffee . . . ? I'll bring it to you immediately.*

Che { bell'anello! / bella penna! / bei dischi! / belle rose! } Chi te/ Chi ve { l'ha regalato? / l'ha regalata? / li ha regalati? / le ha regalate? } Me/ Ce { l'ha regalato / l'ha regalata / li ha regalati / le ha regalate } Marco.

What { a lovely ring! / a lovely pen! / lovely records! / lovely roses! } Who gave { it / it / them / them } to you? Mark gave { it / it / them / them } to me/us.

Finally, here is an example with **ne**:

> Ti ha parlato dei suoi. progetti?   *Has he talked to you about his plans?*
> Sì. Me **ne ha** parlato ieri.   *Yes, he talked to me about them yesterday.*

9   *Macchè*

Macchè is used to contradict or deny what has been said previously:

> Funziona bene quest'ascensore?   *Does this lift work properly?*
> **Macchè!** È sempre guasto.   *Of course not! It's always out of order.*
>
> Guadagni molto?   *Do you earn a lot?*
> **Macchè!** Lo stipendio che prendo non mi basta neanche per vivere!   *Certainly not! The salary I get isn't even enough for me to live on!*
>
> Gliel'hanno regalato?   *Did they give it to you?*
> **Macchè** regalato! L'ho comprato.   *Give it to me? You're joking! I bought it.*

10   *Sentire*

Sentire means both *to hear* and *to feel*. **Sentir dire** means *to hear that . . .* and **sentir parlare** *to hear of . . . .*

> **Ho sentito dire** che questo film è buono.   *I hear* (lit: *heard*) *that this film is good.*
> **Non ne ho mai sentito parlare.**   *I 've never heard of it.*

Senti! (tu) and **senta! (lei)** are used to attract attention and correspond to the English *Listen!* or *Excuse me!*:

> **Senti!** Perchè non usciamo?   *Listen! Why don't we go out?*
> **Senta**, per favore! Quando parte il prossimo treno per Verona?   *Excuse me, when does the next train leave for Verona?*

11   *Boh . . .*

An exclamation used when the speaker does not know or is not sure of something:

> Chi è quel signore? **Boh!** . . .   *Who is that man? I don't know, goodness knows!*

12 *Per forza*

(lit: *by force*) renders the idea that something is being done of necessity, whether you like it or not:

Devi lavorare domani? *Do you have to work tomorrow?*
Sì, **per forza**, altrimenti mi licenziano. *Yes, I really must, otherwise I'll get the sack.* (lit: *they'll dismiss me*)

Devi già andare? *Have you got to go already?*
Per forza, altrimenti perderò il treno. *Yes, I've got to, otherwise I'll miss the train.*

Devo farlo **per forza**. *I absolutely have to do it.*

Esercizi

ESERCIZIO 18.1 Future: first person

Below is a list of things Antonella has to do every Saturday. Imagine that you are Antonella and answer as in the example, saying what you will do next Saturday.

Antonella, cosa farai sabato prossimo?
Esempio: (*a*) Mi alzerò presto, etc.

Ogni sabato Antonella deve:

(*a*) alzarsi presto.
(*b*) bere un bicchiere di latte.
(*c*) andare al mercato a fare la spesa.
(*d*) fare i letti.
(*e*) pulire le camere.
(*f*) preparare da mangiare.
(*g*) sparecchiare la tavola.
(*h*) lavare i piatti.
(*i*) riposarsi un po'.
(*j*) prendere un po' di sole in terrazza.
(*k*) andare ad aiutare sua zia nel negozio di elettrodomestici.
(*l*) finire di lavorare verso le otto.
(*m*) uscire con delle simpaticissime amiche.

elettrodomestici *household appliances*
sparecchiare *to clear*

ESERCIZIO 18.2   Future: third person plural

Esempio: Finiscono oggi?   . . . fra un paio di settimane.
No. Finiranno fra un paio di settimane.

(*a*)   Escono subito?   . . . più tardi.
(*b*)   Restano a pranzo?   . . . a cena.
(*c*)   Vengono sabato?   . . . domenica
(*d*)   Possono farlo adesso?   . . . domani pomeriggio.
(*e*)   Sono qui alle cinque?   . . . per le otto.
(*f*)   Lo fanno stamattina?   . . . dopo pranzo.
(*g*)   Arrivano questa settimana?   . . . la settimana prossima.
(*h*)   La costruiscono quest'anno?   . . . fra tre anni.

ESERCIZIO 18.3   Future: first person plural

Replace the infinitives by the first person plural of the future.

Start: Fra due settimane andremo . . .

Fra due settimane (*andare*) con i nostri amici in villeggiatura. (*Stare*) al mare per una diecina di giorni e poi (*trascorrere*) una settimana in montagna dove abbiamo una piccola villetta. (*Tornare*) il quattordici agosto per passare le feste a casa. Il quindici (*dare*) un grande pranzo all'aperto: (*invitare*) tutti i nostri parenti. Nel pomeriggio (*guardare*) la processione dal balcone e poi (*andare*) un po' in giro per il paese. La sera (*sedersi*) alla pasticceria 'Roma' dove (*prendere*) il gelato e (*ascoltare*) la musica fino a mezzanotte.

andare in villeggiatura   *to go on holiday*   **villetta**   *small villa, cottage*

ESERCIZIO 18.4   Future with double pronouns

Ho dimenticato di   '*I've forgotten to*': here is a list of things you have forgotten to do and which your friend obligingly offers to do for you. In the answers use double pronouns and the future as in the example.

Esempio: Ho dimenticato di fare la spesa.
Non si preoccupi! Gliela farò io.

(*a*)   Ho dimenticato di fare i biglietti.
(*b*)   Ho dimenticato di comprare il pane.
(*c*)   Ho dimenticato di cambiare i soldi.
(*d*)   Ho dimenticato di riportare i libri in biblioteca.
(*e*)   Ho dimenticato di imbucare la lettera.
(*f*)   Ho dimenticato di prendere il giornale.
(*g*)   Ho dimenticato di chiudere le valigie.

biblioteca   *library*   **valigia**   *case*

ESERCIZIO 18.5 Mario has met his ideal companion as you will see from what he says about her below. Complete his statements using the prepositions that are given, once only + **cui**.

a/con/da/di/per

Questa è la ragazza:

(a) _ _ ti ho parlato.
(b) _ _ esco.
(c) _ _ ricevo tante telefonate.
(d) _ _ non dormo la notte.
(e) _ _ scrivo sempre.

ricevere *to receive*

Prova di Comprensione

1 Conversazione

The scene takes place in a bookshop

1 Does the customer want a map of Italy?
2 What does he want to make a tour of?
3 What does the bookseller suggest?
4 Why can't the bookseller see what he wants immediately?
5 What happened to the last copy?
6 When will some more be coming in?
7 What does the customer want to do?
8 What are the two things he is required to do by the bookseller?

Signore	Vorrei un libro sull'Italia.
Libraio	Che tipo di libro? Desidera qualcosa sulla politica o sull'economia?
Signore	No. Cerco piuttosto un libro per turisti.
Libraio	Dunque, è una guida che desidera?
Signore	Sì. Vorrei fare il giro dei laghi.
Libraio	Ah! Allora le serve un libro sull'Italia settentrionale!
Signore	Esattamente! Posso vedere ciò che ha?
Libraio	Mi dispiace, ma al momento non abbiamo niente.
Signore	Come mai?
Libraio	Purtroppo ho venduto l'ultimo un'ora fa.
Signore	Non ne aspetta altri?
Libraio	Naturalmente! Ma lei quando parte?
Signore	Partirò ai primi di giugno.

Libraio   Bene, se viene qui alla fine di maggio avrò proprio ciò che desidera.

Signore   Posso prenotarne una copia adesso?

Libraio   Senz'altro. Mi lasci il dieci per cento di anticipo e il suo indirizzo. Quando il libro arriverà, glielo farò sapere.

2   Lettura

La Stampa 3/9/81

1   What aspects of music is the Fair devoted to?
2   How many previous ones have there been?
3   What sort of spectacle will inaugurate the Fair?
4   What part of Italy will the musicians be coming from?
5   The presence of what four countries is deemed to be of particular importance?
6   According to the text, is the Italian hi-fi market ahead of or behind the USA and Japan?
7   By how much is Italian spending on equipment supposed to have increased over the previous year?
8   To what extent is the increase in spending supposed to be dependent on devaluation?

---

ditta *firm*
il salone *exhibition*
alta fedeltà *high fidelity*
dare il via *to open the proceedings* (lit: *to give the starting signal*)
sfilare *to parade*
inno *see below**
diverso/a *different*
quanto di meglio *all the best that*
campo *field*
tirare abbastanza *to do fairly well*

lontani for use of plural after **si** see Unit 19, note 6b
oltre *besides*
livello *level*
un indice *index, level*
comunque *however*
miliardo *1,000 million*
impianto *equipment*
gli addetti a *those working in*
la svalutazione *devaluation*
seguire *to follow*
ritmo *rhythm*
aggiungere *to add*

---

* **inno** is used in both its meanings of 'National Anthem' (*Mameli*) and 'hymn' (Beethoven's *Hymn of Joy*).

Si apre oggi a Milano il salone della musica e dell'alta fedeltà

MILANO—Da oggi buona parte della Fiera è dedicata alla musica, a tutto ciò che serve per suonarla, riprodurla, ascoltarla. Si apre infatti questa mattina il quindicesimo Salone internazionale della musica e hi-fi. Il via sarà dato da uno spettacolo più folcloristico che tecnico: 85 giovani musicanti (dai 12 ai 20 anni) di bande dei paesi lombardi preceduti da 25 majorettes, sfileranno nelle vie della zona e entreranno in Fiera al suono dell'inno di Mameli e dell'inno alla gioia di Beethoven. Ma poi l'atmosfera sarà tutta diversa: folclore e improvvisazione lasceranno il posto a quanto di meglio la produzione mondiale offre in campo musicale. 675 le ditte rappresentate per un totale di 23 mila prodotti; oltre all'Italia parteciperanno 31 Paesi, di particolare rilievo la presenza di Stati Uniti, Giappone, Germania federale e Francia.

Quello dell'alta fedeltà è un settore che in Italia "tira" abbastanza, anche se si è ancora lontani dai livelli europei e soprattutto di Stati Uniti e Giappone: qui infatti l'indice di penetrazione nel mercato è del 65 per cento, in Italia è del 16–18 per cento. C'è stato comunque un progresso: nel 1980 gli italiani hanno speso 360 miliardi per impianti e accessori di alta fedeltà con un aumento di circa il 25 per cento rispetto all'anno precedente. Gli addetti al settore spiegano che questo aumento non è connesso con la svalutazione della lira perché i prezzi non seguono il ritmo dell'inflazione. Soprattutto—aggiungono—ad un aumento dei costi corrisponde un aumento molto maggiore del valore tecnologico dei prodotti.

19 Cambiare lavoro

In this unit you are going to learn how to compare what is happening now with what used to happen; also how to express the ideas of forgetting and remembering.

1 Dove lavoravi?

Filippo Dove lavoravi prima di trasferirti a Roma?
Michele Ero a Torino. Lavoravo alla Fiat.
Filippo E non ti piaceva stare li?
Michele No. La vita di fabbrica non mi andava proprio.
Filippo Abitavate in centro?
Michele No. Avevamo un appartamento in periferia; mia moglie trovava la vita molto monotona. Non veniva mai a trovarci nessuno. E tu, cosa fai a Roma?
Filippo Adesso sono impiegato in un'agenzia di viaggi. Prima lavoravo anch'io in fabbrica.
Michele Una volta riuscivo a sopportare quel lavoro, adesso non più.

Dove lavoravi? *Where did you use to work?*

Ero a Torino. Lavoravo alla Fiat *I was in Turin. I used to work for Fiat*

E non ti piaceva? *And didn't you like it?*

No. La vita di fabbrica non mi andava proprio *No. Factory life just didn't suit me*

Abitavate in centro? *Did you live in the centre?*

No. Avevamo un appartamento *No. We used to have a flat*

vita *life*
monotono/a *monotonous*
riuscire *to manage, succeed*

Domande

1 In che città lavorava Michele prima di trasferirsi a Roma?
2 Perchè non è rimasto dov'era?
3 Sua moglie, quando abitavano a Torino, trovava la vita molto interessante?

2 Dieci anni dopo

Dario Lo sapevi che abbiamo avuto un altro bambino?

Nino No. Non lo sapevo. Rallegramenti! Ti ricordi di quando eravamo scapoli? Dicevamo sempre che non volevamo sposarci.

Dario Eh, come no! Me lo ricordo bene! Si dice sempre così finchè non si incontra la donna ideale.

Nino Che bei tempi, i tempi del liceo! Uscivamo ogni sera e facevamo sempre tardi. Ti ricordi quella notte in cui ci siamo ubriacati e abbiamo fatto il bagno nel fiume?

Dario Altrochè! Una volta si poteva passare anche tutta la notte fuori; allora non ci si preoccupava di niente. Si era giovani e spensierati, ma adesso con i bambini . . .

Nino Hai ragione. E poi c'è l'età. Un tempo bevevo e mangiavo senza problemi. Ora il medico mi ha proibito di bere.

Dario Purtroppo il tempo passa per tutti, e anche la salute se ne va.

Dieci anno dopo *ten years later*
Lo sapevi che . . . ? *Did you know that . . . ?*
No. Non lo sapevo.
  Rallegramenti! *No. I didn't (know it). Congratulations!*
Ti ricordi di quando eravamo . . . ? *Do you remember when we were . . . ?*
Me lo ricordo bene! *I remember it well.*

scapolo *bachelor*
sposarsi *to get married*
come no! *of course*
ricordarsi *to remember*

finchè non *until*
ideale *ideal*
liceo *secondary school*
far tardi *to be/stay up late*
ubriacarsi *to get drunk*
il fiume *river*
altrochè *you bet I do! certainly*
giovane *young*
spensierato/a *carefree*
aver ragione *to be right*
età *age*
un tempo *formerly, in the past*
proibire *(IIIb)* *to forbid*
la salute *health*
andarsene *to go (away), leave*

Domande

4 Nino sapeva che il suo amico Dario aveva un altro bambino?
5 Che cosa dicevano sempre quando erano scapoli?
6 Cos'è successo la notte in cui si sono ubriacati?
7 Il medico, che cos'ha proibito a Nino?

3 A colloquio per un nuovo posto di lavoro

Signora Esposito	Come ha saputo di questo impiego?
Eugenio Parisi	Ho visto l'inserzione sul giornale.
Signora E.	Che titolo di studio ha?
Eugenio	La maturità classica.
Signora E.	Non ha fatto gli studi universitari?
Eugenio	Non ho potuto. Mio padre era gravemente ammalato e non poteva più mantenerci. Così mi sono impiegato in un'azienda agricola.
Signora E.	Che cosa faceva lì?
Eugenio	Mi occupavo della produzione.
Signora E.	È stato licenziato?
Eugenio	No. Il padrone ha venduto tutto.
Signora E.	Vedrà che adesso con la nostra ditta si troverà bene.

---

colloquio per un nuovo posto di lavoro   *interview for a new job*
Che cosa faceva lì?   *What did you do there?*
Mi occupavo della produzione   *I dealt with production*

impiego   *job, situation*
un'inserzione   *advertisement*
titolo di studio   *educational qualifications*

maturità classica   *high school leaving certificate*
ammalato/a   *ill*
mantenere   *maintain, support*
impiegarsi   *to get a job, to be employed*
azienda agricola   *large (usually highly mechanized) farm, agricultural co-operative*
la produzione   *production*
essere licenziato   *to be dismissed*
il padrone   *owner*
ditta   *firm*

Domande

8 Perchè Eugenio Parisi non ha fatto gli studi universitari?
9 Dov'e andato a lavorare?
10 Perchè ha lasciato l'azienda in cui lavorava?

Minidialoghi

Sa suonare? (*Can you play an instrument?*)
A   Da quanto tempo suona il pianoforte?
B   Da quando ero piccolo. E lei, sa suonare?
A   Una volta suonavo la chitarra. Adesso non suono più.
B   Che tipo di musica suonava?
A   Soprattutto musica rock.
B   Era professionista?
A   No. Ero dilettante.

chitarra *guitar*		**il/la professionista** *professional*	
tipo *type, sort*		**il/la dilettante** *amateur*	
soprattutto *above all, mostly*			

Tutti se ne vanno (*Everybody's leaving*)
A   Ma come! Già te ne vai?
B   Eh, si. Me ne devo andare.
A   E Bruna? Se ne va anche lei?
B   No. Bruna non se ne va ancora. Però Anna e Roberto se ne vanno. E voi, quando ve ne andate?
A   Noi ce ne andiamo più tardi.

A   A che ora te ne sei andato ieri sera?
B   Me ne sono andato a mezzanotte.
A   Io e Luisa invece, ce ne siamo andati alle dieci.
B   Perchè ve ne siete andati cosi presto?
A   Perchè eravamo stanchi. Anche Ida e Gino se ne sono andati cosi tardi?
B   No. Loro se ne sono andati subito dopo che ve ne siete andati voi, perchè stamattina dovevano alzarsi presto.

Grammatica

1 Imperfect tense: formation

Take the −re from the infinitive and add the endings as in the table.

andare	*to go*	anda	**-vo**
parlare	*to speak*	parla	**-vi**
volere	*to want, wish*	vole	**-va**
vedere	*to see*	vede	**-vamo**
sentire	*to hear, feel*	senti	**-vate**
finire	*to finish*	fini	**-vano**

In this tense the stress always falls on the last syllable but one, except in the third person plural where it shifts back to the last syllable but two:

andavo, andavi, andava, andavamo, andavate, andavano

Only **essere** does not conform to this pattern of endings.

essere	to be	
ero	I was, used	eravamo
eri	to be, etc.	eravate
era		erano

There are a few other verbs where, although the endings conform to the above pattern, the stem changes. They are given below together with verbs having infinitives in **-urre** and **-orre**, several of which you have already met in the Reading Comprehensions, and which are dealt with in more detail at the end of these notes.

bere	to drink	**bevevo, bevevi, beveva**, etc.
dire	to say	**dicevo, dicevi, diceva**, etc.
fare	to do, make	**facevo, facevi, faceva**, etc.
indurre	to induce	**inducevo, inducevi, induceva**, etc.
produrre	to produce	**producevo, producevi, produceva**, etc.
disporre	to set out, have	**disponevo, disponevi, disponeva**, etc.

2 Imperfect tense: use

There is no exactly corresponding tense in English. **Parlavo** could mean, according to the context, *I spoke*, *I used to speak*, *I was speaking*, or *I would speak*. The imperfect expresses continuity or habitual action in the past, whereas the perfect tense emphasises that the action is completed.

> Mentre **aspettavo** l'autobus, è arrivato un tassi.   *While I was waiting for the bus, a taxi arrived.*

In the above example the imperfect **aspettavo** describes what was already happening and could have continued to do so when the taxi arrived.

> Mentre **guidavo**, mi sono accorto che non **avevo** più benzina.   *While I was driving I realised I'd run out* (lit: *had no more*) *of petrol.*

Habitual action is often expressed by *used to* or *would*:

Uscivamo ogni sera.   *We used to go out every night.*
Facevamo sempre tardi.   *We would always stay up late.*

Finally it expresses a state of things in the past:

Ha detto che **abitava** a Venezia.   *He said he lived in Venice.*
In Inghilterra non **conosceva** nessuno.   *He knew nobody in England.*
In quanti **eravate**?   *How many were there of you?*
Eravamo in venti, ma ora siamo in dieci.   *There were twenty of us, but now there are ten.*

It is because such verbs as **essere** and **avere** are associated with states rather than actions, that they are seen more frequently in the imperfect than in the perfect. Other such verbs are **volevo** (*I wanted*), **pensavo** (*I thought*), **credevo** (*I believed*) and **immaginavo** (*I imagined*).

Giorgio **voleva** sapere dove **andavi**.   *George wanted to know where you were going.*
Pensavano solo a divertirsi.   *They thought only of having a good time.*

Sometimes the tense alters the meaning of English. Compare the use of **sapere** in the second and third dialogues:

Lo **sapevi** che . . . ?   *Did you know that . . . ?*
Come **ha saputo** di questo posto?   *How did you hear about this job?*

3 *Ricordare, ricordarsi (di), dimenticare, dimenticarsi (di)*

Ricordare and **ricordarsi** (**di**) may often be used interchangeably when they mean *to remember*. Similarly **dimenticare** and **dimenticarsi** (**di**) *to forget*.

Non **ricordo** Non **mi ricordo** }	più come si chiama.	*I can't remember his name any more.*
Mi **ricorda**, Si **ricorda** di me, }	signora?	*Do you remember me, (madam)?*
Ho **dimenticato** Mi sono **dimenticato** }	di fare la spesa.	*I forgot to do the shopping.*
Ho **dimenticato** Mi sono **dimenticato** }	di imbucare le lettere.	*I forgot to post the letters.*

The non-reflexive form **ricordare** may also mean *to remind*:

Ricordami di telefonare a Carlo.   *Remind me to 'phone Charles.*

4 Double pronouns used with reflexive verbs

I'm taking my coat off, etc.   *I'm taking it off*, etc.

Mi tolgo	il cappotto.	Me	lo	tolgo.
Ti togli	la camicia.	Te		togli.
Si toglie		Se	la	toglie.
Ci togliamo	i calzini.	Ce	li	togliamo.
Vi togliete		Ve		togliete.
Si tolgono	le scarpe.	Se	le	tolgono.

5 *Finchè (non)*

Finchè *until* is frequently followed by **non** even when the sense is not negative:

> Non uscirai **finchè non** te lo dico io.   *You won't go out until I tell you.*
> Lo aspetterò **finchè (non)** verrà.   *I'll wait (for him) till he comes.*

6 *Non ci si preoccupava, si era*

Here is a summary of points to note when **si** is used impersonally:
(*a*)   The verb used with impersonal **si** will be plural if the noun following is plural:

> In questo istituto **si insegna** l'italiano.   *Italian is taught in this institute.*
> In questo istituto **si insegnano** le lingue straniere.   *Foreign languages are taught in this institute.*

(*b*)   When impersonal **si** is followed by a part of the verb **essere** and an adjective, the verb is always in the singular and the adjective in the plural:

> Quando **si è giovani**, si impara presto.   *When one is young, one learns fast.*

(*c*)   For the purpose of euphony, when reflexive verbs are used in the impersonal form, the impersonal **si** becomes **ci**, since there is already the reflexive pronoun **si** attached to the infinitive:

(preoccuparsi, divertirsi, sedersi, etc.)

si diverte	*you/he/she enjoy(s) yourself/himself/herself*	ci si diverte	*one enjoys oneself*
si lava	*you/he/she wash(es) yourself/himself/herself*	ci si lava	*one washes oneself*

Quando si è stanchi, **ci si addormenta** presto. *When you're tired you fall asleep quickly.*

Note that in a negative phrase **non** precedes **si** and **ci si**.

(*d*) Even verbs conjugated with **avere** in compound tenses must take **essere** as the auxiliary with impersonal **si**. However, note that if the verb normally takes **essere** the participle will be in the masculine plural:

	si è studi**ato**	*one studied*
but	si è and**ati**	*one went*

7 *Aver ragione*

The opposite of **aver ragione** (*to be right*) is **aver torto** (*to be wrong*).

No! Lui **non ha torto. Ha ragione**. *No. He's not wrong. He's right.*

8 *È stato licenziato*

Licenziare means *to dismiss* and **essere licenziato**, the passive form of the verb, *to be dismissed*. You have met many examples of the passive form, especially in the Reading Comprehensions. Since it is formed exactly as in English, it should give little difficulty:

Passive form	*Active form*
Il santo è **portato** in processione. (Lettura 16)	**Si porta** il santo in processione.
Le notizie **sono trasmesse** tre volte al giorno. (Lettura 15)	Le notizie **si trasmettono** tre volte al giorno.

9 *Professionista*

Nouns or adjectives ending in −**ista** may be masculine or feminine. The plural forms end in −**i** when masculine, and −**e** when feminine.

il giornalista (*male journalist*)	**i giornalisti**
la giornalista (*female journalist*)	**le giornaliste**

Similarly:

il/la pianista, chitarrista, violinista, farmacista, etc.
l'artista, etc.

10 *Andarsene*

Andarsene is formed from the verb **andare** and the reflexive pronoun **si**, which followed by **ne** becomes **se**. So, the first person singular of the present is: **Me ne vado** and **ti, ci, vi,** will similarly become **te, ce, ve** before **ne.** The use of the reflexive pronoun here is intensive and **ne** gives the idea of going away from a place. It is often heard in conversation and one way of rendering it in English would be: *I'm off.*

Me ne devo andare or **devo andarmene.**   *I must be off.*

Remember that the perfect tense must be formed with **essere:**

Poichè mi annoiavo, **me ne sono andato.**   *As I was bored, I left.*
Se ne sono andati, senza neanche salutarci.   *They went away without even saying goodbye.*

11   Irregular verbs

Verbs in **−urre** and **−orre** are contracted from the older forms −ucere and −onere. We have already seen how the imperfect is formed. Other forms are given here.

produrre *to produce*		**porre** *to put*	
(*from* producere)		(*from* ponere)	
produco	produciamo	pongo	poniamo
produci	producete	poni	ponete
produce	producono	pone	pongono
past part.	− prodotto	*past part.*	− posto
future	− produrrò	*future*	− porrò

Like **produrre:**

addurre   *to convey*
condurre   *to lead, conduct*
dedurre   *to deduce*
indurre   *to induce*
introdurre   *to introduce*
tradurre   *to translate*

Like **porre:**

disporre   *to dispose*
esporre   *to expose*
imporre   *to impose*
opporre   *to oppose*
posporre   *to postpone*
proporre   *to propose*
supporre   *to suppose*

Esercizi

ESERCIZIO 19.1   Imperfect: first and third person singular (contrasted with present).

Luciano, in nostalgic mood, notes the differences between life as he saw it in Salerno and as he sees it in London.

Esempio:

A Salerno:	A Londra:
(*a*) (*abitare*) in un bell'appartamento. Abitavo in un bell'appartamento.	in una vecchia casa. Abito in una vecchia casa.

A Salerno:	A Londra:
(*a*) (*abitare*) in un bell'appartamento	in una vecchia casa.
(*b*) (*fare*) così caldo	così freddo.
(*c*) (*esserci*) tanto sole	tanta pioggia.
(*d*) (*uscire*) ogni sera	non . . . mai.
(*e*) (*venire a trovarmi*) tante persone	non . . . nessuno.
(*f*) (*andare*) ogni domenica alla spiaggia	qualche volta in piscina.
(*g*) (*mangiare*) pastasciutta	patate fritte.
(*h*) (*parlare*) con tanta gente	non . . . con nessuno.
(*i*) (*bere*) caffè e vino	tè e birra.
(*j*) (*finire di lavorare*) all'una	alle cinque e mezza.

spiaggia *beach*

ESERCIZIO 19.2 Imperfect: all persons

Answer these questions making sure to use the appropriate person of the verb as in the examples.

Esempi:

Perchè Franca non è uscita ieri? . . . (*piovere*)
Perchè pioveva.

Perchè non mi avete scritto? . . , non (*avere*) il tuo indirizzo.
Perchè non avevamo il tuo indirizzo.

(*a*) Perchè Franco non l'ha bevuto il caffè? . . . (*essere*) troppo forte.
(*b*) Perchè sei andato dal dentista? . . . mi (*far male*) un dente.
(*c*) Perchè avete comprato due biciclette? . . . (*costare*) poco.
(*d*) Perchè hai cambiato lavoro? . . . dove (*essere*) prima (*dovere*) lavorare troppo.
(*e*) Perchè non ha comprato la casa in Via Roma? . . . (*essere*) troppo cara.
(*f*) Perchè non avete mangiato nulla? . . . non (*avere*) appetito.
(*g*) Perchè hanno bevuto tutta quell'acqua? . . . (*avere*) sete.

(*h*) Perchè siete andati a letto così presto? . . . (*essere*) stanchi morti.

(*i*) Perchè sei andato dal medico? . . . non (*sentirsi*) bene.

(*j*) Perchè Ida è andata in banca? . . . (*aver bisogno di*) soldi.

ESERCIZIO 19.3 Imperfect and perfect

Gianfranco could get no peace: every time he engaged in a task (imperfect), something happened (perfect)

Esempio: Mentre Gianfranco (*mangiare*), (*rompersi*) il dente.
    Mentre Gianfranco mangiava, si è rotto il dente.

(*a*) Mentre Gianfranco (*radersi*), (*telefonare*) Marco.

(*b*) Mentre (*scrivere*), (*rompersi*) la penna.

(*c*) Mentre (*riparare*) la macchina, (*arrivare*) Francesca.

(*d*) Mentre (*cucinare*), (*scottarsi*) la mano.

(*e*) Mentre (*leggere*), (*andarsene*) la luce.

(*f*) Mentre (*guardare*) la televisione, sua moglie gli (*chiedere*) di aggiustare la lavatrice.

ESERCIZIO 19.4 Piccoli annunci (inserzioni)

1 (*a*) È laureata da molto tempo?

  (*b*) Per quale periodo della giornata si offre come baby-sitter?

  (*c*) Dove vive?

2 (*a*) Ha il diploma di segretaria o di ragioniera?

  (*b*) Per quanto tempo vuole lavorare?

  (*c*) Quando bisogna telefonare?

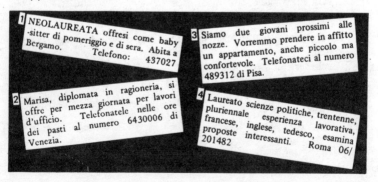

1 NEOLAUREATA offresi come baby-sitter di pomeriggio e di sera. Abita a Bergamo. Telefono: 437027

2 Marisa, diplomata in ragioneria, si offre per mezza giornata per lavori d'ufficio. Telefonatele nelle ore dei pasti al numero 6430006 di Venezia.

3 Siamo due giovani prossimi alle nozze. Vorremmo prendere in affitto un appartamento, anche piccolo ma confortevole. Telefonateci al numero 489312 di Pisa.

4 Laureato scienze politiche, trentenne, pluriennale esperienza lavorativa, francese, inglese, tedesco, esamina proposte interessanti. Roma 06/ 201482

3 (*a*) Sono già sposati
i due giovani?
(*b*) Vogliono
comprare
l'appartamento?
(*c*) L'appartamento
deve essere per
forza grande?

4 (*a*) È laureato in
scienze
economiche e
bancarie?
(*b*) Quanti anni ha?
(*c*) Lavora da poco
tempo?
(*d*) Quali lingue
conosce?

ESERCIZIO 19.5 Double pronouns

Each sentence on the right is said in response to one on the left but
they have got mixed up: sort out the correct pairs.

(*a*) Dammi le chiavi!
(*b*) Hai dato le riviste a Giulia?
(*c*) Hai detto a Stefano di venire a pranzo?
(*d*) Perchè non me lo dici?
(*e*) Falle una fotografia!
(*f*) Fammi una fotografia!

(*g*) Dammi l'indirizzo!
(*h*) Dagli il caffè!
(*i*) Quando gli darai i soldi?

1 Sì. Gliel'ho detto.
2 Ma gliene ho già fatte tante!
3 Ma te l'ho già detto cento volte!
4 Ma te l'ho già dato!
5 Ma te ne ho già fatte due!
6 No. Non gliele ho ancora date.
7 Gliel'ho già dato.
8 Glieli ho già dati.
9 Te le ho già date.

Prova di Comprensione

1 Conversazione

An interview for a job between an employer (**datore di lavoro**) and a
young woman:

1 What town had the young woman been working in?
2 Had she been working in a factory?
3 What was being exported?
4 What, precisely, was her job there?
5 Why was the work difficult?
6 How long did she work there?
7 Where did she move to subsequently?
8 Why?

Dat. di lav.	Dove lavorava, signora, quando era a Napoli?
Signora	Lavoravo in un'azienda agricola che esportava frutta in tutta Europa.
Dat. di lav.	Ma lei, che faceva di preciso?
Signora	Controllavo la qualità della frutta.
Dat. di lav.	Trovava il lavoro difficile?
Signora	Sì, perchè bastava un piccolo sbaglio per perdere clienti molto importanti.
Dat. di lav.	Quanto tempo ha lavorato in quell'azienda?
Signora	Tre anni e mezzo. Poi ce ne siamo andati a Sorrento, perchè mio padre era stanco di vivere in città.
Dat. di lav.	È per questo che vuol cambiare lavoro?
Signora	Sì. Soprattutto per questo.

2 Lettura

1 What sort of economy did Turin originally have?
2 In what way did it differ from other Italian cities?
3 What was produced in the state of Piedmont?
4 What began to happen at the end of the last century?
5 What, precisely, brought about the great development of the fifties?
6 What did the peasants start doing?
7 How did this affect Turin?
8 What are the city authorities now devoting themselves to?

Torino ieri e oggi

Torino è stata per secoli la capitale amministrativa di uno stato che si reggeva su un'economia rurale. Nella capitale, costituita prevalentemente da caserme, uffici e ministeri, risiedevano i funzionari, gli impiegati dello stato, e la nobiltà.

Si differenziava dalla altre città italiane per le sue modeste dimensioni: nel cinquecento aveva solo diecimila abitanti mentre altrove se ne contavano già più di 150 mila e Napoli in particolare, superava i 350 mila. Sin dai tempi più antichi, in Piemonte si produceva la seta, ma, data l'arretratezza dell'industria locale, bisognava esportarla per farla tingere e tessere.

Alla fine del secolo scorso, Torino cominciava a industrializzarsi e a perdere poco alla volta quella sua fisionomia di città burocratico-militare. Tra il centro storico e le ville della nobiltà, a circa una decina di chilometri, si inserivano a poco a poco le fabbriche con le loro ciminiere e i quartieri popolari occupati dai lavoratori. È solo con l'espansione della FIAT negli anni '50, comunque, che Torino si allarga a dismisura. I contadini in quel periodo abbandonavano le campagne e andavano a stabilirsi in città. Questo fenomeno non poteva non creare dei problemi enormi per la città stessa, che improvvisamente si trovava a dover procurare alloggio e servizi pubblici come strade, scuole, trasporti e ospedali, per gli operai della FIAT e delle altre industrie. Ciò, chiaramente, ha causato dissesti di natura sociale oltre che finanziaria. Nella città, infatti, si trovavano a convivere, non senza tensioni, persone provenienti da regioni diverse e quindi con tradizioni e mentalità profondamente differenti. Le forze politiche della città stanno attualmente prodigandosi per la ricostruzione di una comunità unita e solidale.

---

secolo *century*	**inserire** *to introduce*
reggersi *to be based on*	**ciminiera** *chimney*
caserma *barracks*	**un quartiere** *district*
risiedere *to live*	**allargare** *to spread*
funzionario *civil servant*	**a dismisura** *out of all proportion*
cinquecento* *16th century*	**contadino** *peasant*
altrove *elsewhere*	**improvvisamente** *suddenly*
superare *to exceed*	**alloggio** *accommodation*
sin da *right from, ever since*	**dissesto** *disorder*
arretratezza *backwardness*	**oltre che** *as well as*
per farla tingere e tessere *to*	**quindi** *therefore*
have it dyed and woven	**stanno attualmente prodigandosi**
tra *between*	*they are at present doing all*
storico *historic*	*they can*

---

* **il cinquecento**, i.e. *the fifteen hundred(s)* shortened in Italian to *the five hundred*, is the most usual way of expressing the *sixteenth century*. The earliest century to be expressed in this way in Italian is **il duecento** or thirteenth century. The *twentieth century* would therefore be **il novecento** *the nineteen hundred(s)*, or (strictly speaking) *the nine hundred(s)*; and the *nineteenth century* would be **l'ottocento**, etc.

20 Scambio di opinioni

In this unit you are going to learn how to express both how you would like things to be and how you think they ought to be or ought to have been; you will also learn how to ask others what they would have liked.

1 La stampa italiana

Elsa e Curzio sono in Italia ed intervistano alcuni passanti. Vedono un signore distinto e lo avvicinano.

Elsa   Mi scusi, signore. Siamo due studenti della Svizzera italiana e vorremmo farle alcune domande sulla stampa italiana.

Sig. Neri   Sarò lieto di rispondervi.

Curzio   Potrebbe dirci quali sono i quotidiani più diffusi nel suo Paese?

Sig. Neri   Ho appena comprato *Il Corriere della Sera*. Sa, io sono di Milano. *Il Corriere* oltre ad essere il quotidiano della mia città, è anche uno dei più letti in Italia.

Curzio   Potrebbe mostrarmelo?

Sig. Neri   Con piacere. Se non trovo *Il Corriere*, compro *La Stampa* di Torino, o *Il Tempo* di Roma. Quando sono a Napoli, leggo *Il Mattino*. Se poi voglio avere notizie di carattere economico-finanziario compro *Il Sole 24 Ore*.

Elsa   Potrebbe darci qualche informazione sui settimanali più diffusi?

Sig. Neri   I settimanali di carattere politico economico culturale che io compro più frequentemente sono *L'Espresso* e *Panorama*.

Curzio   E che cosa leggono di preferenza le donne della sua famiglia?

Sig. Neri   *Grazia, Panorama*, e più o meno gli stessi giornali.

Elsa   Ci scusi per il disturbo!

Sig. Neri   Ma si figuri!

la stampa italiana *the Italian press*	**distinto** *distinguished-looking*
Vorremmo farle alcune domande *We would like to ask you a few questions*	**avvicinare** *to approach*
	oltre ad essere *besides being*
	il piacere *pleasure*
Sarò lieto di rispondervi *I'll be happy to answer you*	**un'informazione** *piece of information*
	un settimanale *weekly*
Potrebbe dirci quali sono i quotidiani più diffusi? *Could you tell us which are the most widely-circulated dailies?*	**il carattere** *character*
	culturale *cultural*
	talvolta *sometimes*
	esclusivamente *exclusively*
Il Corriere della Sera . . . **è uno dei più letti** *The 'Corriere della Sera' . . . is one of the most widely read*	**di preferenza** *mostly*
	scusare *to excuse*
	disturbo *inconvenience*
intervistare *to interview*	**si figuri!** *not at all!*

Domande

1 Chi sono Elsa e Curzio?
2 È napoletano il signor Neri?
3 Quali sono i quotidiani che di solito legge?

2 La televisione: opinioni a confronto

Giornalista È soddisfatto dei programmi televisivi?

Ezio Sì. Ma vedrei volentieri dei cambiamenti.

Giornalista Potrebbe suggerirne qualcuno?

Ezio Secondo me ci dovrebbero essere più documentari, più programmi di informazione scientifica e culturale.

Bruno Ma che dici! Più film, più sport, più musica: ecco cosa ci vorrebbe!

Giornalista Allora, secondo lei, la televisione dovrebbe divertire il pubblico?

Bruno Eh, certamente! Dopo una giornata di lavoro uno vuole distrarsi. Meno male che ci sono le televisioni private!

Giornalista E lei, che cosa pensa di quello che ha detto il suo amico?

Ezio Non sono affatto d'accordo. Bisognerebbe abolirle, queste televisioni private.

Giornalista Per lei, allora, quale dovrebbe essere il ruolo della televisione nella società moderna?

Ezio Dovrebbe sì divertire, ma prima di tutto informare e offrire diverse visioni del mondo.

---

opinioni a confronto *opinions compared*
È soddisfatto dei programmi televisivi? *Are you satisfied with television programmes?*
Sì. Ma vedrei volentieri dei cambiamenti *Yes, but I would like to see (lit: I'd see willingly) some changes*
Potrebbe suggerirne qualcuno? *Could you suggest some?*
Secondo me ci dovrebbero essere più documentari *In my opinion there ought to be more documentaries*

scientifico/a *scientific*

ci vorrebbe *one would need*
divertire *to entertain*
pubblico *public*
giornata *day*
distrarsi *to take one's mind off things*
le televisioni private *independent television*
essere d'accordo *to agree*
abolire *to abolish*
ruolo *role*
società *society*
prima di tutto *first of all*
informare *to inform*
diverso/a *different*
la visione *vision*
mondo *world*

Domande

4 È soddisfatto Ezio dei programmi televisivi?
5 Che cosa vorrebbe abolire?
6 Qual è il ruolo della televisione nella società moderna, secondo lui?

3 Che ne diresti di andare al cinema?

Lucio Che ne diresti di andare al cinema questa sera?
Mirella Veramente preferirei rimanere a casa a leggere.
Lucio Hai comprato dei libri?
Mirella Sì. Avrei voluto comprare dei romanzi italiani contemporanei, ma non ne ho trovati.
Lucio Che strano! Avrei immaginato che sarebbe stato facile.
Mirella Lo avrei pensato anch'io. Eppure è così.
Lucio Avresti dovuto andare in una libreria specializzata.
Mirella Ci sono stata. Avrei voluto comprare qualcosa di Vittorini o di Pavese, ma sono esauriti.

Lucio	Chi l'avrebbe mai detto! Essere a corto di autori così importanti! Arriveranno presto?
Mirella	Sì. Li hanno già richiesti; anzi, sarebbero già dovuti arrivare. Li aspettano da un giorno all'altro.
Lucio	Avresti potuto cercarli tra i libri usati.
Mirella	Proverò domani sulle bancarelle. A proposito, potresti prestarmi quel saggio di Croce che è fuori stampa?
Lucio	Con piacere. Te lo porto domani. Potresti finirlo per domenica? Sai, serve anche a me.

Che ne diresti di andare al cinema? *What about* (lit: *what would you say to*) *going to the pictures?*

Veramente preferirei rimanere a casa *I'd really prefer to stay at home*

Avrei voluto comprare dei romanzi *I'd have liked to buy some novels*

Avrei immaginato che sarebbe stato facile *I'd have imagined that it would have been easy*

Lo avrei pensato anch'io *I'd have thought so too*

Avresti dovuto andare *You should have gone*

Chi l'avrebbe mai detto? *Whoever would have believed (*lit: *said) it?*

Sarebbero già dovuti arrivare *They ought to have arrived already*

Avresti potuto cercarli tra i libri usati *You could have looked for them amongst the second-hand books*

contemporaneo/a *contemporary*
strano/a *strange, odd*
eppure *and yet*
specializzato/a *specialised*
esaurito/a *sold out, out of stock*
provare *to try*
bancarella *bookstall, stall*
a proposito *by the way*
prestare *to lend*
saggio *essay*
fuori stampa *out of print*
serve anche a me *I need it too* (lit: *it is of use also to me*)

Domande

7 Che cosa vorrebbe fare Mirella, invece di andare al cinema?
8 Perchè non ha potuto comprare dei libri di Vittorini e di Pavese?
9 Che cosa chiede a Lucio?

  invece di *instead of*

4 La donna emancipata

Giornalista	Signorina, lei si definirebbe una donna emancipata?
Signorina	Dipende. Se si riferisce all'indipendenza economica,

beh ... allora potrei dirmi emancipata. Non mi definirei liberata, però.

Giornalista   Che cosa vuol dire?

Signorina   Dico che col lavoro la donna non si è liberata affatto. Anzi, è doppiamente schiava! Lavora dentro e fuori casa, il che fa comodo al maschio più di prima, cioè di quando la donna rimaneva a casa.

Giornalista   E perchè?

Signorina   Mi dica lei, a quale maschio non farebbe piacere avere una moglie colta, con uno stipendio, ma che continua a lavargli le camicie e a fargli da mangiare?

Giornalista   Allora, secondo lei, bisognerebbe far capire questo agli uomini?

Signorina   Sì, comunque non solo gli uomini dovrebbero emanciparsi, ma la società intera. Direi, però, che deve cambiare prima la donna.

Giornalista   In che senso?

Signorina   Deve prendere coscienza di se stessa, della sua differenza dal maschio e imporre così la sua immagine di donna. Infatti sarebbe una follia imitare i maschi ed invece, è proprio questo, quello che fanno le donne cosiddette emancipate.

Si definirebbe una donna emancipata? *Would you describe yourself as an emancipated woman?*

Beh ... non mi definirei liberata, però. *Well ... I wouldn't however describe myself as liberated*

riferirsi   *to refer*
indipendenza   *independence*
voler dire   *to mean*
doppiamente   *twice over*
schiavo/a   *slave*
dentro   *inside*
fuori   *outside*
il che   *which*
far comodo   *to suit*
a quale maschio non farebbe piacere   *what male wouldn't be happy*

colto/a   *educated*
continuare   *to continue*
far capire questo agli uomini   *to make men understand this*
comunque   *however*
emanciparsi   *to become emancipated*
intero/a   *the whole of*
senso   *sense*
prendere coscienza di se stessa   *to become aware of herself*
imporre   *to impose*
un'immagine   *image*
follia   *madness*
imitare   *to imitate*
cosiddetto/a   *so-called*

Domande

10　In generale dispiacerebbe ad un uomo avere la moglie colta che guadagna, che gli lava le camicie e che gli fa da mangiare?

11　Dovrebbero le donne imitare gli uomini o no?

Grammatica

1　Conditional tense: formation

The conditional tense for all verbs is formed by taking the future tense and replacing the future endings by those on the right in the table below. There are no exceptions and the endings are identical for **–are**, **–ere** and **–ire** verbs.

parlerò	parler	**-ei**
vedrò	vedr	**-esti**
sentirò	sentir	**-ebbe**
vorrò	vorr	**-emmo**
sarò	sar	**-este**
avrò	avr	**-ebbero**

Note that the ending **-emmo** of the conditional (1st person plural) has '**mm**' and that they must both be clearly articulated to avoid confusion with the future ending **-emo**.

2　Conditional tense: use

Generally the conditional renders *should, would* or *could* in Italian when these refer to the present or the future.

> Che ne **diresti** di una bella passeggiata? *What would you say to a nice walk?*
> A quest'ora **sarebbe** impossibile trovarlo in casa. *It would be impossible to find him at home at this time.*
> Non **saprei** dire perchè. *I couldn't* (lit: *wouldn't know*) *say why.*

Note particularly the meaning of the conditionals of **potere**, **dovere** and **volere**:

potrei	*I could (I would be able)*
dovrei	*I should* or *I ought (I would have to)*
vorrei	*I would like (I would want, wish)*

Potresti andare a trovarla.　　*You could go and see her.*

Dovrebbe scrivere subito.　　{ *You ought to write immediately.*　{ *You should write immediately..*

The conditionals of **volere** and **potere** are often used for making polite requests:

> **Potrebbe** farmi un favore?   *Could you do me a favour?*
> **Vorrei** fare una telefonata.   *I'd like to make a 'phone call.*

3   Conditional perfect tense

This tense renders *should have* or *would have* and is formed with the conditional of **essere/avere** + past participle. (See perfect tense, Units 14 and 15, for which verbs take **essere** and which take **avere**.)

I would have spoken, seen, etc.   *I would have been, etc.*

avrei	parlato	sarei	stato/a
avresti	visto	saresti	stato/a
avrebbe	sentito	sarebbe	stato/a
avremmo	finito	saremmo	stati/e
avreste	avuto	sareste	stati/e
avrebbero	voluto	sarebbero	stati/e

> **Avrei potuto** aiutarti.   *I could have helped you.*
> Cosa **avrei dovuto** fare?   { *What should I have done?*
> { *What ought I to have done?*

> Perchè non me l'hai detto? **Sarei venuto** a prenderti in macchina.   *Why didn't you tell me? I'd have come and collected you in the car.*

A reflexive verb would, of course, have to be preceded by the appropriate reflexive pronoun: **mi sarei alzato/a, ti saresti alzato/a,** etc.

4   *Alcuno, qualcuno, nessuno*

Alcuno/a in the singular is used only in a negative sense:

> Senza **alcun** dubbio.   *Without any doubt.*

In the plural **alcuni/e** means *'a few, several':*

> **Alcuni** mesi fa, **alcuni** giorni fa.   *A few months ago, a few days ago.*

It also means *some* when *some, but not all* is implied, i.e. for contrast or emphasis. It may be used with or without a noun:

> **Alcune** notizie erano vere, **altre** false.   *Some news was true, some not.*
>   (lit: *false*)

Alcuni lo approvano, **altri** no. *Some approve of it, others don't.*

Qualcuno/a means *one or two*, *some*, when not followed by a noun:

Potrebbe suggerirne **qualcuno**? *Could you suggest some?*

Qualcuno is also used in the masculine singular form only and means *someone* or *anyone*:

Perchè non chiedi a **qualcuno**? *Why don't you ask someone?*
C'è **qualcuno** che vorrebbe farlo? *Is there anyone who would like to do it?*

Nessuno/a may be used with, or without a noun. Before a noun it behaves like **un, uno, una, un'**. It can mean *no, none, nobody, no-one, not any(one)*. It may be used in the singular only.

Nessuno l'avrebbe creduto. *No-one would have believed it.*
Nessuno di noi andrà all 'estero quest'anno. *None of us will go abroad this year.*
Non ha **nessun** fratello. *He hasn't any brothers.*
Non ho **nessuna** voglia di andare al cinema. *I've no wish to go to the pictures.*

5 *Giorno, giornata*

Giorno is the day considered as a date or a point in time.
Giornata is the day considered as a length of time, as a working day or from the point of view of the weather.

Lunedì è il primo **giorno** della settimana. *Monday is the first day of the week.*
Che **giorno** è? *What day is it?*
Abbiamo passato una bellissima **giornata** a Firenze. *We spent a very nice day in Florence.*
Che bella **giornata**! *What a lovely day!*

Similarly   **mattina, mattinata**   *morning*
            sera, serata   *evening*

6 *Lieto/a di* + infinitive/noun/pronoun

We have already met **stufo di** + infinitive (Unit 11).
Here are some other common adjectives that are followed by **di**:

Sono **contento di** rivederti. *I'm pleased to see you again.*
Sei **sicuro di** poterlo fare? *Are you sure you can do it?*
Sono **stanco di** lavorare. *I'm tired of working.*
Sono **soddisfatto di** lui. *I'm very pleased with him.*

7 *Figurarsi*

Figurarsi means *to think, fancy, imagine.*

> **Figurati** che è rimasto senza un centesimo! *Just think of it! He hasn't a penny left.* (lit: *he has remained without a cent*)

Si figuri! (imperative **lei** form) is a polite way of saying *not at all* or *don't mention it.*

> Vi disturbo?   *Am I disturbing you?*
> **Si figuri!**   *Not at all!*
>
> Molto gentile, grazie!   *That's very kind of you.*
> Prego, **si figuri!**   *Don't mention it.*

8 *Maschio, femmina*

Maschio means *male* and **femmina** *female*. Especially in a family context these words are used for boys and girls. When referring to young children **maschietto** is used for a boy, and **femminuccia** for a girl.

> Lucia ha due figli: un **maschietto** e una **femminuccia**. *Lucy has two children: a boy and a girl.*

9 *Prima, dopo*

When referring to time, **prima** means *before, first, earlier*, while **dopo** means *after(wards), later*:

> Avresti dovuto dirmelo **prima**. *You ought to have told me before.*
> **Prima** vado in Francia, poi in Germania. *First I'm going to France, then to Germany.*
>
> Vengo a mezzogiorno. *I'm coming at midday.*
> Se vuole, può venire **prima**. *If you want, you can come earlier.*
>
> È arrivato subito **dopo**. *He arrived soon afterwards.*
> Mangio **dopo**. *I'm eating later.*

When a pronoun follows, **dopo di** is used. Similarly **prima di**.

> Da questa parte, prego! *This way please!*
> **Dopo di lei!** *After you!*
>
> È partito **prima di me**. *He left before me.*

10 *Serve anche a me*

Servire is used in the same way as **piacere**. **Serve a me, a lei**, etc. or

piace a me, a lei, etc., is an emphatic way of saying **mi serve, le serve**, etc., or **mi piace, le piace**, etc.

> **Ti serve** la penna? *Do you need the pen?*
> No. **Non mi serve.** *No, I don't.*
> **A chi serve** allora? *Who does need it then?*
> Boh . . . **a me non serve**, forse **serve a lui.** *I don't know . . . I don't need it, maybe he does.*
> Perchè **non ti piace** la cucina cinese? **A me piace** molto. *Why don't you like Chinese cooking? I do, a lot.*
> **A loro** piace cucinare, ma **a noi** no. *They like cooking, but we don't.*

11 *Stesso/a*

Stesso/a normally means *same* before a noun, and *very* or *himself, herself*, etc., after it:

> È sempre **la stessa** storia. *It's always the same story.*
> Quel giorno **stesso**. *That very day.*
> Il presidente **stesso** ci ha accompagnati fino alla porta. *The president himself accompanied us to the door.*
> **Lui stesso** avrebbe agito così. *He himself would have acted in this way.*
> Ne parlerò con **lui stesso**. *I'll talk about it to him personally (himself).*

Its use in the sense of *self*, however, should not be abused. *I'll go there myself* would be rendered in Italian by a personal pronoun at the end of the sentence:

> Ci andrò **io**.   *I'll go there myself.*
> Ci andranno **loro**.   *They'll go there themselves.*
> Li compreremo **noi**.   *We'll buy them ourselves.*

Note that a noun may also be emphasised in this way:

> L'ha comprato **Carlo**.   *Charles himself bought it.*

12 *Bisognerebbe abolirle*

In Unit 13 we saw that unstressed pronouns have a choice of position when used with **potere/dovere/volere**:

> Non **posso** trovar**lo**.
> Non **lo posso** trovare.

With impersonal verbs such as **bisognare** the object pronouns must be attached to the infinitive if they refer to it:

> Bisogna far**lo** subito.   *It is necessary to do it at once.*
> Bisogna parlar**gli**.   *It is necessary to speak to him.*

However, occasionally there are two pronouns, one referring to the infinitive, the other referring to the impersonal verb, and in this case the pronouns will be separated accordingly:

Non mi piace far**lo**. *I don't like doing it.*

Esercizi

ESERCIZIO 20.1 Using each verb in the list below once only, complete the responses with the first person singular of the conditional.

guardare / mettere / mangiare / bere / ascoltare / prendere

(a) L'acqua? La—ma non ho sete.
(b) Gli spaghetti? Li—ma non ho appetito.
(c) Il cappotto? Lo—ma non ho freddo.
(d) Le aspirine? Le—ma non ho più mal di testa.
(e) Il concerto alla radio? L'—ma non ho tempo.
(f) Il programma alla televisione? Lo—ma devo uscire.

ESERCIZIO 20.2 In the table below you are given details of what **Ada**, **Vittorio** and **i signori Miele** would do if they had the means.

	vivere	comprare	andare	imparare a
Ada	in città	piccolo appartamento	ogni sera a ballare	guidare
Vittorio	al mare	villa	spesso a nuotare	suonare la chitarra
I signori Miele	in montagna	casetta	ogni tanto a sciare	dipingere

casetta *small house*
dipingere *to paint*

(a) Say what **Ada** would do. (Vivrebbe, etc.)
(b) Pretend you are **Vittorio** and say what you would do.
(c) Say what **i signori Miele** would do.

ESERCIZIO 20.3 Match up the sentences on the left with those on the right.

(a) Sono tanto stanco!

(b) Perchè non me l'hai detto che non avevi i soldi?

(c) Perchè non sei venuto alla festa di Sandro?

(d) Questo liquore è ottimo!

(e) Quest'uva non è buona.
   l'uva *grapes* (always singular)

(f) Meno male che non ti sei fatto niente!

(g) È arrivato tuo nonno?

(h) Scusi signora, sa dov'è il consolato inglese?

1 Avresti dovuto assaggiarla prima di comprarla.

2 Avresti potuto romperti la testa.

3 Mi dispiace. Non saprei dirglielo.

4 Ti saresti divertito molto.

5 No. Dovrebbe arrivare col treno delle dieci.

6 Ne berrei un altro bicchierino. (*small glass*)

7 Avresti dovuto riposarti un po' prima di uscire.

8 Te li avrei prestati io.

ESERCIZIO 20.4 Conditional + double pronouns

There are several things you would like to do or ought to do. Your friend would love to do them for you but . . .

Esempio: Dovrei pagare il conto. . . . al verde (*broke*)
Te lo pagherei io, ma sono al verde.

(a) Dovrei portare le valigie alla stazione. . . . mi fa male la schiena.

(b) Dovrei portare la macchina dal meccanico. . . . non ho tempo.

(c) Non so fare la traduzione. . . . non ho il dizionario.

(d) Dovrei pulire l'appartamento. . . . sono stanco.

(e) Vorrei cambiare diecimila lire. . . . non ho spiccioli.

(f) Vorrei fare la pizza. . . . non ho gli ingredienti.

(g) Dovrei imbucare questa lettera. . . . non passo per la posta.

Prova di Comprensione

1 Conversazione

1 Where is Renata being invited?
2 Has she any help at home to do the washing and to tidy up the house?
3 Why must these things be done immediately?
4 Why the sudden change of plan on the part of her parents?
5 When should her parents have come back?
6 Where is Renata going? Why? At what time?

7 What does Umberto suggest she do if she changes her mind?
8 When can she 'phone him up?

Umberto	Ciao, Renata! Puoi venire domani sera alla mia festa?
Renata	Vorrei tanto, ma sono molto impegnata in questo periodo.
Umberto	Ma cos'hai di così importante da fare?
Renata	Devo riordinare la casa, devo lavare . . . sono sola e devo pensare a tutto.
Umberto	E non potresti fare tutte queste cose in un altro momento?
Renata	Sì, potrei, solo che oggi ritornano i miei da una vacanza all'estero.
Umberto	Ma non sarebbero dovuti tornare la settimana prossima?
Renata	Sì, effettivamente. Avrebbero voluto fermarsi per altri cinque o sei giorni, ma mia zia ha avuto un incidente stradale, e così hanno deciso di rientrare prima.
Umberto	A che ora arriveranno?
Renata	Dovrebbero essere all'aeroporto alle sei e mezza, e andrò io stessa a prenderli in macchina.
Umberto	Comunque, se cambi idea, puoi sempre farmelo sapere. Chiamami quando vuoi.
Renata	Ti ringrazio. Se posso, verrò volentieri, magari solo per salutarti e farti gli auguri.

2 Lettura

1 What is said about the popularity of television in Italy?
2 What is said about Italian newspapers?
3 What reasons are given for the popularity of television?
4 Why are backward areas mentioned?
5 Why are Italian language programmes broadcast?
6 According to the text, what has been a recent development?
7 What reason is given for this?
8 What is said about the quality of these programmes?

La televisione

Tra i mezzi di comunicazione di massa, la televisione è senza dubbio lo strumento di informazione preferito dagli italiani. È cosa ben nota infatti, che in Italia i giornali si leggono meno che in Inghilterra. La diffusione della televisione in tutti gli strati della popolazione italiana è facilmente spiegabile. Bisogna riconoscere che essa costituisce un eccellente strumento sia di divulgazione culturale che di svago. Con la seduzione che inevitabilmente esercita, la televisione si è affermata subito, ancor più del libro e della stampa, anche in quelle zone d'Italia più arretrate.

La società RAI-TV che ha cominciato a trasmettere nel 1954, conta oggi tre reti radiofoniche – Radiouno, Radiodue e Radiotre – e tre reti televisive – la Rete Uno, la Rete Due e la Rete Tre. Oltre ai Telegiornali e all'attualità, le tre reti televisive offrono un'ampia scelta di programmi, da quelli scientifici e tecnici a quelli di varietà, dalle inchieste ai film e telefilm, dai documentari e dibattiti politici ai programmi di quiz a premi, dalle trasmissioni scolastiche a quelle sportive. Dalle reti radiofoniche nazionali vengono trasmessi programmi in lingua italiana per le comunità italiane all'estero.

Negli ultimi anni sono fiorite in Italia innumerevoli emittenti private locali, sorte per iniziativa di persone alla ricerca di un mezzo di espressione, con l'intento di fornire un'alternativa ai programmi della RAI-TV. La maggior parte di queste emittenti libere, comunque, ha finito per sfruttare l'aspetto più deteriore del mezzo televisivo e di quello radiofonico, trasformandoli in puri strumenti di evasione.

ben noto/a *well-known*	**scelta** *choice*
spiegabile *explicable*	**inchiesta** *inquiry, survey*
riconoscere *to recognise*	**quiz a premi** *quiz (with prizes)*
sia . . . che *both . . . and*	**vengono trasmessi** *are transmitted*
la divulgazione culturale *the spread of culture*	**fiorire** *to flourish*
	un'emittente *broadcasting station*
svago *relaxation, entertainment*	**sorto/a** *started up*
esercitare *to exercise*	**alla ricerca di** *in search of*
arretrato/a *backward*	**fornire** *to provide*
la rete *network*	**sfruttare** *to exploit*
radiofonico/a *radio*	**deteriore** *inferior*
il Telegiornale *television news*	**trasformandoli** *transforming them*
attualità *current affairs*	

Informazioni

Vittorini (1908–66) and **Pavese** (1907–50) were both novelists, the latter gaining particular importance during the immediate post-war period. Note that **romanzo** is a *novel* whereas **novella** is a longish *short story*. A **racconto** is a *short story* or *tale*.

Benedetto Croce (1866–1952) was the foremost Italian philosopher of his time.

21 Vita d'oggi

In this unit you are going to learn how to ask about and express your
own hopes, wishes and beliefs; also how to express the idea of getting
something done.

1 I giovani d'oggi

Una giornalista intervista Lucio, un uomo sulla trentina.

Giornalista Pensa che i giovani di oggi siano diversi da quelli di una
volta?

Lucio Ne sono convinto. Sono più liberi, più indipendenti,
meno disposti a subire imposizioni. Lo si vede benissimo nella famiglia, nella scuola . . .

Giornalista Ma si dice anche che abbiano perso ogni rispetto per i
genitori. Lei è d'accordo?

Lucio Nient'affatto! Penso che si esageri un po'. In qualche
caso è possibile che si verifichi quello che lei dice. Per
conto mio, io vedo questo cambiamento in termini
positivi. È importante che i genitori non impongano la
loro autorità ai figli e che essi facciano le loro
esperienze.

Giornalista Non è per contraddirla, ma non crede che la permissività sia controproducente?

Lucio Veda . . . Io non parlerei di permissività . . . piuttosto
di dialogo. Il motivo, per esempio, per cui i figli si
ribellano, è perchè i genitori sono intolleranti e poco
comprensivi.

Giornalista Lei, come li educherà i suoi bambini?

Lucio Desidero che crescano senza tabù e che imparino ad
essere indipendenti. Non voglio che diventino degli
insicuri e dei frustrati. E spero di riuscirci attraverso il
dialogo.

Giornalista Glielo auguro con tutto il cuore.

Pensa che i giovani di oggi siano diversi? *Do you think that the youth of today are different?*	**Lei, come li educherà?** *How will you bring them up?*
Ne sono convinto ... Lo si vede *I'm convinced of it ... One sees it*	**sulla trentina** *about thirty*
	meno disposto/a a *less prepared to*
Ma si dice che abbiano perso ogni rispetto *But they say (lit: it is said) that they've lost all respect*	**subire** *to undergo*
	un'imposizione *imposition*
	nient'affatto *not in the least*
È importante che i genitori non impongano la loro autorità ai figli e che essi facciano le loro esperienze *It is important that parents should not impose their authority on their children and that these should have their own experiences*	**esagerare** *to exaggerate*
	caso *case*
	verificarsi *to happen*
	per conto mio *personally*
	un termine *term*
	positivo/a *positive*
	contraddire *contradict*
	ribellarsi *to rebel*
Non crede che la permissività sia controproducente? *Don't you think that permissiveness is counterproductive?*	**comprensivo/a** *understanding*
	educare *to bring up*
	diventare *to become*
	insicuro/a *insecure*
Desidero che crescano senza tabù e che imparino ad essere indipendenti *I want them to grow up without taboos and to learn to be independent*	**riuscire** *to succeed*
	attraverso *by means of*
	augurare *to wish, hope for*
	il cuore *heart*

Domande

1 Che cosa pensa Lucio dei giovani di oggi?
2 Crede che essi abbiano perso ogni rispetto per i genitori?
3 Perchè, secondo lui, è importante che i genitori non impongano la loro autorità ai figli?
4 Come vuole che crescano i suoi figli?
5 Come spera di riuscirci?

2   Dopo la laurea

Signora   Linda, ormai hai quasi finito, cosa speri di fare dopo la laurea?

Linda   Con i tempi che corrono, signora, bisogna che qualche persona influente mi aiuti a trovare un posto.

Signora	Con una laurea in lingue, non credo che sia difficile inserirsi in qualche ditta, che so . . . in una banca . . .
Linda	Ho i miei dubbi. Non so se quello che lei dice corrisponda a verità. I lavori interessanti sono pochi.
Signora	Ma che vorresti fare?
Linda	Mi scusi, signora. Mi pare che lei confonda due cose ben diverse, e cioè quello che uno vorrebbe fare e quello che è possibile fare.
Signora	Che vuoi dire? Spiegati meglio!
Linda	Beh . . . Non è che il mondo del lavoro abbia molto da offrire. Sognavo di impiegarmi in un'azienda commerciale e viaggiare . . . magari fare da interprete . . . E invece ti vogliono solo come segretaria. Insomma bisogna adattarsi.
Signora	Può darsi che tu abbia ragione. Eppure sono sicura che la grande occasione si presenterà anche per te.
Linda	Lo spero vivamente!
Signora	Mi auguro che tu riesca a fare tutto ciò che desideri nella vita.
Linda	Grazie, signora.

Bisogna che qualche persona influente mi aiuti a trovare un posto *Some influential person will have to help me find a job*

Non è che il mondo del lavoro abbia molto da offrire *It's not that the world of work has much to offer*

Lo spero vivamente! *I sincerely hope so!*

Mi auguro che tu riesca a fare *I hope you succeed in doing*

ormai *by now*

con i tempi che corrono *the way things are going*
inserirsi *to get into*
corrispondere *to correspond*
mi pare *it seems to me*
confondere *to confuse*
ben = bene *quite*
spiegarsi *to explain oneself*
sognare *to dream*
adattarsi *to adapt*
può darsi che tu abbia ragione *it is possible you may be right*
un'occasione *opportunity*
presentarsi *to arise, come*

Domande

6 Cosa dovrebbe fare una persona influente per Linda?

7 La signora crede che per una laureata sia difficile ottenere un posto in banca?

8 Linda pensa che oggi ci siano molti lavori interessanti per i giovani?
9 Crede che il mondo del lavoro abbia molto da offrire?
10 Cosa sognava di fare dopo la laurea?

Minidialoghi

Te lo faccio assaggiare (*I'll let you taste it*)

A Perchè non vieni da me oggi pomeriggio? Ti faccio assaggiare una fetta di panettone.
B L'hai fatto tu?
A No. L'ho fatto fare da mia sorella. È lei la specialista per i dolci.
B Mi farai ascoltare anche l'ultimo disco di Peppino di Capri?
A Vorrei fartelo sentire, ma lo stereo non funziona. Non ho ancora avuto tempo di farlo riparare. Te lo farò sentire un'altra volta.

fetta *slice*	**far fare** *to have made*
il panettone *Milanese cake traditionally eaten at Christmas*	**far riparare** *to have repaired*

Vado a farmi riparare la macchina (*I'm going to get my car repaired*)

A Vado un attimo a farmi riparare la macchina.
B Perchè?
A Ho una gomma a terra.
B Dove la porti?
A Dal meccanico qui all'angolo.
B Aspetta, vengo anch'io. Vorrei farmi gonfiare le gomme del motorino.

gomma a terra *flat tyre*	**motorino** *moped*
gonfiare *to pump up*	

Grammatica

1 Present subjunctive: formation

In the present subjunctive, for regular and irregular verbs, all three persons of the singular (**io**, **tu**, **lei**, **lui**) have exactly the same ending:

−**i** for −**are** verbs and −**a** for all the rest: **telefon −i**, **mett -a**, etc.

As you can see, this is identical with the **lei** form of the imperative (see

Unit 12). As the verbs have the same endings in the singular, the subjunctive forms are often preceded by the pronouns **io, tu**, etc., to avoid ambiguity (**tu metta, lei esca, lui parta**).

The **noi** form is always the same as the normal present tense: **telefoniamo, mettiamo, partiamo**, *etc.*

For the **voi** form change the −**mo** (of the **noi** form) to −**te**:
   telefoniamo **telefoniate**;

For the **loro** form add −**no** to the singular subjunctive:

   telefoni **telefonino**.

telefonare	mettere	partire	finire	avere	essere
telefoni	metta	parta	finisca	abbia	sia
telefoni	metta	parta	finisca	abbia	sia
telefoni	metta	parta	finisca	abbia	sia
telefoniamo	mettiamo	partiamo	finiamo	abbiamo	siamo
telefoniate	mettiate	partiate	finiate	abbiate	siate
telefonino	mettano	partano	finiscano	abbiano	siano

As can be seen from the above table, once you know the **lei** form of the imperative and the **noi** form of the present, the formation of the present subjunctive is fairly simple. The only difficulties are for verbs that are not normally seen in the imperative such as:

dovere	*to have to*	**debba, debba, debba, dobbiamo, dobbiate, debbano**
volere	*to want*	**voglia, voglia, voglia, vogliamo, vogliate, vogliano**
piacere	*to please/like*	**piaccia . . . piacciano**
parere	*to appear*	**paia . . . paiano**

2 Present subjunctive: use

Certain types of verb are followed by **che** + subjunctive:

(*a*) Verbs of thinking and believing such as **pensare che, credere che**, etc.

> **Pensi che** i giovani **siano** diversi da quelli di una volta? *Do you think that young people are different from what they used to be?* (lit: *those of formerly*)
> **Credi che** i genitori di oggi **siano** troppo deboli? *Do you think that parents of today are too weak?*

(*b*) Verbs of wanting, wishing and hoping such as **voglio che, desidero che, mi auguro che, spero che**, etc.

Non voglio che tu ci **vada**. *I don't want you to go there.*
Spero che non **sia** troppo tardi. *I hope it's not too late.*
Mi auguro che tutto **vada** bene. *I hope all goes well.*

(c)   Verbs expressing doubt such as **dubito che, non so che** (or **non so se**), etc.

Dubito che Vincenzo **accetti** le mie proposte. *I doubt whether Vincent will accept my proposals.*
Non so se siano fratelli o cugini. *I don't know whether they're brothers or cousins.*

(d)   Impersonal verbs and impersonal constructions with **essere**: **bisogna che, (mi) pare che, (mi) sembra che, basta che, è meglio che, è necessario che, può darsi che**, etc.

Bisogna che partiate subito. *It is necessary for you to leave at once.*
Mi pare che sia una Fiat, ma non ne sono sicuro. *I think* (lit: *it appears to me*) *it's a Fiat but I'm not sure.*
Sembra che tutto **vada** bene. *It looks as though everything is going well.*
Basta che voi glielo **domandiate**. *You need only ask him.* (lit: *it's enough that you should ask it to him.*)

From the above examples it will be seen that in each sentence two different subjects are involved: '*I* don't want *you* to . . .', '*I* hope *it*'s . . .'. When both verbs in the sentence have the same subject, however, then the infinitive is used:

Different subjects (**che** + subjunctive)	*Same subject* (infinitive)
Non voglio che tu ci **vada**. *I don't want you to go there.*	**Non voglio andarci.** *I don't want to go there.*
Spero che non **sia** troppo tardi. *I hope it is not too late.*	**Spero di venire** al più presto. *I hope I'll come as soon as possible.*
Penso che (lui) **venga** domani. *I think he'll come tomorrow*	**Penso di venire** domani. *I think I'll come tomorrow.*

3   *Fare da*

Da is often used to express the idea of *in the character of* or *in the manner of*. In this sense it is never followed by the article and is best rendered in English by *as* or *like*.

fare **da** interprete	*to act as interpreter*
Mi ha trattato **da** vero amico.	*He treated me like a true friend.*
Si è comportato **da** eroe.	*He behaved like a hero.*

4 *Poco comprensivo*

Poco (*little*) is often used in Italian where we in English prefer to use a negative expression:

> È **poco** comprensivo. *He's not very understanding.*
> Costa **poco**. *It doesn't cost very much.*
> Sta **poco** bene. Ecco perchè dorme **poco**. *He's not very well. That's why he's not getting much sleep.*

5 *Sulla trentina*

Su + article may be used with age to give the idea of *about* or *approximately*.

> Un uomo **sulla** trentina. *A man of about thirty.*
> Quel signore lì è **sui** quarant'anni. *That man over there is about forty years old.*

6 *Per conto mio*

Per conto mio/tuo/suo etc: in Dialogue 1 **per conto mio** may be rendered by *personally* or *for my part*. It can also mean *on one's own account*, as in Unit 14, Dialogue 2:

> Un viaggio organizzato? *A package tour?*
> No, no. Preferiamo viaggiare **per conto nostro**. *No, no. We prefer to make our own arrangements.* (lit: *to travel on our own account*)

7 *Lo si vede*

When determining the position of **si** in relation to another pronoun one must distinguish between **si** impersonal and **si** reflexive. **Si** impersonal follows object pronouns **lo/la/li/le/l'**:

> **Lo si** vede subito. *One sees it immediately.*
> **Lo si** lava così. *One washes it like this.*

Si reflexive precedes the object pronouns and becomes **se**:

> Dove posso asciugarmi le mani? *Where can I dry my hands?*
> **Se le** può asciugare con questo asciugamano qui. *You can dry them on this towel here.*

8 *Si, uno, ti*

Ti and **uno** may be used just like **si** to mean *one* or *you* in a general sense:

> Quello che **uno** vorrebbe fare . . .   *What one would like to do . . .*
> E invece **ti** vogliono solo per segretaria.   *But all they want you for is a secretary.*

9 *Educare*

Educare has a wider meaning than the English *educate*, especially in the past participle **educato/a** which means *well-bred* or *well-mannered* as opposed to **colto/a** or **istruito/a** which mean *educated*.

> Come **educherà** i suoi bambini?   *How will you bring up your children?*
> È una persona molto **colta.**   *He (or she) is a very well-educated person.*
> È un ragazzo **maleducato/ben educato**   *He's a rude* (lit: *ill-bred*) *well-mannered* (lit: *well-bred*) *boy.*

10 *Disposto/a a*

Notice other common past participles or adjectives followed by **a** + infinitive:

> Siamo **disposti a** pagare la metà.   *We're prepared to pay half.*
> Sono **pronto a** fare ciò che vuoi.   *I'm ready to do what you want.*
> Non sono **abituato a** bere tanto.   *I'm not used to drinking so much.*

11 *Esso, essa, essi, esse*

These forms are much more frequently used in the written language than in spoken Italian.

Esso/essa normally means *it*. **Esso** could occasionally mean *he* but the normal spoken form is **lui** and the normal written forms **egli** or **lui**.

Essi/esse means *they*.

12 *Far fare, farsi fare*

Fare + infinitive + object means in English *to have/get something done*.
L'ho fatto fare therefore means *I've had/got it done/made*.

> **Ho fatto rinnovare** il passaporto.   *I got my passport renewed.*
> Dovremmo **far riparare** la macchina.   *We ought to get the car repaired.*

Farsi fare + infinitive may mean:

(*a*)   to let something happen to oneself:

Si è fatto imbrogliare.   *He let himself be taken in/cheated.*
Si fa convincere facilmente.   *He easily lets himself be convinced.*

(*b*)   to have something done or made for oneself:

Mi sono fatto costruire una casa in campagna.   *I had a house in the country built for myself.*
Si fa tagliare i capelli da un parrucchiere francese.   *She has her hair cut by a French hairdresser.*
Mi sono fatto fare un abito nuovo per Natale.   *I've had a new dress/suit made for Christmas.*

Esercizi

ESERCIZIO 21.1 Impersonal verbs and expressions + 2nd person singular subjunctive (**lei** form)

You are a doctor. Your patient is not feeling very well and you are advising him as to what he ought and ought not to do. Use object pronouns where necessary.

Esempio: Posso bere il vino?   No. È meglio che non . . .
No. È meglio che non lo beva.

(*a*)   Posso andare a lavorare oggi?   No. È meglio che non . . .
(*b*)   Devo andare a letto?   Sì. Bisogna che . . .
(*c*)   Posso mangiare tutto?   No. È meglio che non — niente.
(*d*)   Posso fumare?   No. È meglio che non . . .
(*e*)   Devo prenderle tutte queste medicine?   Sì. È importante che — — tutte.

ESERCIZIO 21.2 Perchè volete trascorrere le vacanze in Italia? Subjunctive + 3rd person

The people below all like spending their holidays in Italy. On being asked why, they each say what they think the attractions are.

Esempio: Lino: Nell' Italia meridionale il clima è piuttosto mite.
Penso che . . .
Penso che nell' Italia meridionale il clima sia piuttosto mite.

(a)	Giorgio:	L'Italia è molto bella. Penso che . . .
(b)	Luisa:	Gl'italiani sono molto socievoli. Credo che . . .
(c)	Amelia:	Gl'italiani cucinano bene. Pare che . . .
(d)	Pietro:	In Italia fa sempre bel tempo. Pare che . . .
(e)	Renato:	Gl'italiani non prendono le cose troppo sul serio. Penso che . . .
(f)	Antonio:	Ci sono molte cose interessanti da vedere. Credo che . . .

N.B. **Gli** (*the*) may be shortened to **gl'** but only before words beginning with **i**.

mite *mild*
socievole *sociable*   **cucinare** *to cook*

ESERCIZIO 21.3   Imagine that you and a friend are talking about a common acquaintance, Marcello. Every time he makes a statement or asks a question, give your opinion by filling the gaps in the right hand column with the same verb he has used, but in the subjunctive.

(a)	Povero Marcello! Sta poco bene.	Pare che — meglio adesso.
(b)	Sua moglie vuole lasciarlo. Lo sai?	Si. Lo so. Questa volta pare che veramente — andarsene.
(c)	È vero che non lavora più in banca?	Si. È vero. Credo che ora — in una compagnia di assicurazione.
(d)	Guadagna bene? Gli piace il nuovo posto?	Beh, penso che — benino, ma non credo che — — molto.
(e)	Che peccato! C'è qualcosa che potremmo fare per aiutarlo?	No. Penso che non ci — nulla da fare.

povero/a *poor* **compagnia di assicurazione** *insurance company*
benino *fairly well*

ESERCIZIO 21.4   Che cosa sperate?

Make a sentence about what each person hopes for in a better future. Start: Bruno spera che . . .

(a)	Bruno:	(*fiorire*) il commercio.
(b)	Ezio:	(*aumentare*) gli stipendi.
(c)	Angelo:	tutti (*lavorare*) di meno ed (*avere*) più tempo libero.
(d)	Pia:	la situazione economica (*migliorare*).
(e)	Lello:	non (*esserci*) più scioperi.
(f)	Silvia:	che tutti (*andare*) più d'accordo e che (*diventare*) meno materialisti.

migliorare *to improve*
aumentare *to increase*

ESERCIZIO 21.5 A big store is advertising for customers: 2nd person plural subjunctive

(*a*)   Desideriamo   che   (*venire*) al nostro magazzino.
(*b*)   Desideriamo   che   (*vedere*) il nostro ricco assortimento.
(*c*)   Desideriamo   che   (*provare*) i nostri prodotti.
(*d*)   Desideriamo   che   (*paragonare*) i prezzi e la qualità.
(*e*)   Desideriamo   che   (*restituire*) la merce se non siete soddisfatti.

paragonare   *to compare*   **restituire** (IIIb)   *to return*   **la merce**   *goods*

Prova di Comprensione

Conversazione

1   What is Luisa supposed to be doing?
2   What possible reason is given for this?
3   What is she accused of?
4   What is said in mitigation?
5   What is said about her earnings?
6   Why is she fed up?
7   Why does the woman speaker think that Luisa should not leave?
8   What sort of a job would Luisa like to find?

Antonietta	Che cosa fa di bello Luisa in questi giorni?
Riccardo	Penso che cerchi un nuovo posto.
Antonietta	Strano! Non me l'ha detto che cercava un altro lavoro.
Riccardo	Sì. Sembra che voglia cambiare ditta.
Antonietta	Non è mai soddisfatta quella ragazza!
Riccardo	Cosa vuoi? . . . È giovane!
Antonietta	Ma non ti pare che guadagni abbastanza dove lavora adesso?
Riccardo	Sì. Però non è solo questione di soldi. È stufa di fare sempre le stesse cose. E poi, tu pensi che debba rimanere lì per il resto della sua vita?
Antonietta	E tu? Pensi che faccia bene ad andarsene dopo tutto quello che il direttore ha fatto per lei?
Riccardo	Se non è contenta, penso che faccia benissimo.
Antonietta	Io non sono d'accordo.
Riccardo	E poi, vedi, c'è un'altra cosa: le lingue straniere. Non vorrebbe dimenticarle. Vorrebbe trovare un posto dove poterle usare.

22 Cavarsela

In this unit you are going to learn how to express your fears about what may happen and to talk about events which precede others in the past.

1 In bocca al lupo!

Enrico Com'è andato l'esame?

Diana Non c'è male. Penso di essere stata promossa. Le domande non erano molto difficili. E a te, com'è andato?

Enrico Temo che mi abbiano bocciato per la seconda volta alla prova scritta d'inglese. Prima di andare a Londra, avevo tentato la stessa prova, ma mi è andata male. Era successo lo stesso con la prova orale di francese. Pazienza!

Diana L'insegnante d'inglese dice che sono portata per le lingue. Spero quindi di superare bene anche la prova orale.

Enrico In bocca al lupo, allora!

Com'è andato l'esame? *How did the exam go?*

Penso di essere stata promossa *I think I passed.* (lit: *to have been promoted*)

E a te, com'è andato? *And how did it go with you?*

Temo che mi abbiano bocciato *I'm afraid I may have failed.* (lit: *I fear that they have failed me*)

Prima di andare a Londra, avevo tentato la stessa prova *Before going to London I tried the same exam.* (lit: *I had tried the same test*)

Era successo lo stesso *The same thing happened.* (lit: *had happened*)

In bocca al lupo *Good luck!* (*before exams or interviews*)

non c'è male *not bad*

andar male *to go badly*

pazienza! *never mind*

un/un' insegnante *teacher*

portato/a per *good at*

quindi *therefore, so*

superare *to get through*

orale *oral*

Domande

1 Cosa ha chiesto Diana a Enrico?
2 Cosa teme Enrico?
3 Cosa aveva fatto prima di andare a Londra?
4 Cosa ha detto a Diana l'insegnante d'inglese?

2 Le è piaciuto il film?

Mimmo	Ciao Antonia! Ti ho vista ieri in Via Marconi. Da dove venivi?
Antonia	Ero stata al Modernissimo a vedere '*Roma Città Aperta*'.
Mimmo	Ma come, non l'avevi visto ancora? È un film vecchio, ormai.
Antonia	Di' piuttosto che è un classico. Ci ho portato Mary, la mia amica inglese. È qui già da un mese.
Mimmo	Ah, sì. Me lo avevi detto che voleva passare un po' di tempo in Italia.
Antonia	L'avevo invitata tante volte e finalmente si è decisa a venire.
Mimmo	Le è piaciuto il film?
Antonia	Certo. Lei conosce quasi tutti i film neorealisti, ma non era mai riuscita a vedere quelli di Rossellini.
Mimmo	E con la lingua, come se la cava?
Antonia	Se la cava benissimo. L'italiano l'aveva già studiato prima di venire in Italia. E in un mese ha fatto passi da gigante.

Da dove venivi? *Where were you coming from?*	**E con la lingua, come se la cava?** *And how is she coping with the language?*
Ero stata al Modernissimo *I had been to the Modernissimo (Cinema)*	**invitare** *to invite*
Ma come? *Do you mean to say that . . . ?*	**finalmente** *finally, at last*
Le è piaciuto il film? *Did she like the film?*	**decidersi** *to make up one's mind*
	neorealista *neorealist*
	passi da gigante *rapid progress (lit: strides of a giant)*

Domande

5 In quale cinema era stata Antonia?
6 Mary aveva visto (il film) '*Roma Città Aperta*' prima della sua visita in Italia?
7 Aveva studiato l'italiano prima di venire in Italia?

3 Senza complimenti!

Angelo	Hanno suonato il campanello. Vado ad aprire?
Bruna	No, Angelo, vado io. Dev'essere Gianna. Ciao, Gianna! Entra! Stavamo proprio parlando di te.
Gianna	Davvero? E che cosa stavate dicendo?
Bruna	Ah . . .
Gianna	Sono venuta a salutarti perchè parto domani mattina presto. Disturbo?
Bruna	No, no, figurati! Vieni, cara, vieni. Entra pure!
Gianna	Grazie.
Bruna	Ma perchè sei in piedi? Siediti! Faccio il caffè.
Gianna	No, grazie. Me ne devo andare. Ho promesso alla mamma di aiutarla a fare le valigie. Vuoi che ti lasci il mio indirizzo?
Bruna	Sì, sì. Stavo proprio per chiedertelo. Scrivimelo qui sopra.
Gianna	Ecco, tieni. Ed ora ti saluto.
Bruna	Ma siediti! Cosa posso offrirti? Lo prendi un bicchierino di liquore?
Gianna	No, grazie.
Bruna	Ma dai, siediti! Solo due minuti. Non fare complimenti!
Gianna	Non faccio complimenti. E poi, non bevo più. Non te l'avevo detto? Ho anche smesso di fumare.
Bruna	No, ... Che brava! Ma oggi fa un 'eccezione. Tieni, assaggia questa Sambuca! Vedi com'è buona! Cin cin!
Gianna	Cin Cin!

Senza complimenti! *No need to be polite!*

Ciao! . . . **Stavamo proprio parlando di te** *Hello!* . . . *We were just talking about you.*

Davvero? E che cosa stavate dicendo? *Were you? And what were you saying?*

Vuoi che ti lasci il mio indirizzo? *Do you want me to leave you my address?*

Sì, sì. Stavo proprio per chiedertelo *Yes, do. I was just going to ask you for it.*

Non fare complimenti! *You don't have to be polite.*

suonare *to ring*

campanello *bell*

promettere (past part: promesso) *to promise*

fare le valigie *to pack*

Ma dai *Go on*

smettere (past part: smesso) *to stop*

un'eccezione *exception*

Sambuca *a type of liqueur*

Cin cin! *cheers!*

Domande

8 Cosa stavano facendo Angela e Bruna quando è entrata Gianna?
9 Gianna cosa ha scritto per Bruna?
10 Gianna fuma ancora?

Minidialoghi

Ce la fai? (*Can you manage?*)

A Ce la fai a portare le valigie?
B Sì. Ce la faccio. Sono solo due, e poi non sono così pesanti.
A Sei proprio sicuro di farcela o vuoi che ti dia una mano?
B Beh, se proprio insisti, grazie.

proprio *really*
beh *well*

Perchè non viene a trovarmi? (*Why don't you come and see me?*)

A Perchè non viene a trovarmi qualche volta? Faremo una chiacchierata.
B Volentieri. Le darò un colpo di telefono in questi giorni. Va bene?
A D'accordo. Restiamo così. Cameriere, il conto per favore! Permette che paghi io?
B Per carità. Ci mancherebbe altro!
A Allora, a presto! Tanti saluti a casa e grazie per il caffè.
B Si figuri! Arrivederla!

---

fare una chiacchierata *to have a chat* **colpo di telefono** *ring* **restare così** *to leave it like that* **permettere** *to allow*	**Per carità. Ci mancherebbe altro!** *Of course not. There's no question of it.* **a presto** *see you soon* **tanti saluti a casa** *regards to all at home*

N.B. Although **A** and **B** are clearly friends, they use the **Lei** form to address each other. This happens especially when one person is much older than the other.

Grammatica

1 Perfect subjunctive

To form the perfect subjunctive simply use the present subjunctive of
essere/avere + past participle:

Perfect			Perfect subjunctive		Perfect			Perfect subjunctive	
ho			**abbia**		sono			**sia**	
hai			**abbia**		sei		stato/a	**sia**	
ha	} fatto		**abbia**	} **fatto**	è	}	stato/a	**sia**	} **stato/a**
abbiamo			**abbiamo**		siamo			**siamo**	
avete			**abbiate**		siete	}	stati/e	**siate**	} **stati/e**
hanno			**abbiano**		sono			**siano**	

In a sentence like: 'I think Mary has gone out' the idea of the past
expressed by *has gone out* requires the perfect subjunctive.

Maria	{ è uscita { si è alzata. { ha mangiato.	Penso Sembra Non credo	} che Maria	{ **sia** uscita. { si **sia** alzata. { **abbia** mangiato

Mary has	{ *gone out.* { *got up.* { *eaten.*	*I think* *It seems* *I don't believe*	} *Mary has*	{ *gone out.* { *got up.* { *eaten.*

2 Subjunctive: use (continued)

Other types of verbs or constructions followed by **che** + subjunctive:

(*a*) Any verb expressing an emotion such as **temo che, ho paura che,
sono contento che, mi dispiace che**, etc.

Temo che a quest'ora i negozi **siano** chiusi. *I'm afraid that the shops are closed at this time.*

Temo che non **abbiano** ricevuto l'invito. *I'm afraid they haven't received the invitation.*

Ho paura che lui lo **venga** a sapere. *I'm afraid that he'll come to hear about it. (lit: know it)*

Sono contenta che tu **sia** arrivata sana e salva. *I'm pleased that you have arrived safe and sound.*

Mi dispiace che Marco non **sia** venuto. *I'm sorry Mark has not come.*

(*b*)   Any negative construction such as **non sono sicuro che, non è che, non dico che**, etc.

> **Non sono sicuro che** le banche **siano** aperte domani.   *I'm not sure that the banks are open tomorrow.*
> **Non è che** il mondo del lavoro **abbia** molto da offrire.   *It's not that the world of work has much to offer.*
> **Non dico che siano** pigri, ma . . .   *I don't say they're lazy, but . . .*

(*c*)   Whenever the verb after **che** expresses an idea which has not yet materialised or may not take place:

> **Preferisco che** tu **rimanga** qui.   *I prefer you to stay here.*
> **Permette**, signora, **che le presenti** il dottor Fabbri?   *May I introduce Doctor Fabbri (to you)?*

3   Perfect infinitive and past participle

Essere/avere + past participle form the perfect infinitive: **aver(e) parlato, essere andato, essersi alzato.** It has two main uses:

(*a*)   To render the idea of *to have spoken, to have gone*, etc.:

> **Credo di aver fatto bene.**   *I believe I have done the right thing.* (lit: *to have done well*)
> **Mi pare di esserci già stato.**   *I seem to have been here before.* (lit: *it appears to me to . . .*)

(*b*) To give the idea of *after having* . . . when used with **dopo**:

> **Dopo aver comprato** i gettoni, abbiamo telefonato.   *After having bought the tokens we 'phoned.*
> È uscito **dopo essersi raso**.   *He went out after having shaved.*

When using **dopo** in this way make sure that the subject of the two parts of the sentence is the same (i.e. After *we* had bought . . . *we* 'phoned; *he* went out after *he* . . .).

The past participle may also be used on its own, without **essere/avere**. In this case however, care must be taken with the agreement:

> **Finiti** i soldi, sono tornato indietro.   *Having finished my money, I came back.*
> **Partiti** gli ospiti, sono rimasto solo in casa.   *The guests having left, I remained at home alone.*
> **Terminata** la cena, ho dovuto lavare i piatti.   *Once dinner was over, I had to wash the dishes/do the washing up.*

Avere verbs agree with the object (**i soldi, la cena**) but **essere** verbs agree with the subject (**gli ospiti**).

4 Pluperfect

To form the pluperfect, use the imperfect of **essere/avere** + past participle: **ero andato/a, eravamo andati/e, avevamo visto, si erano incontrati/e**, etc.

The pluperfect describes what had happened:

> Quando sono arrivato alla fermata, **l'autobus era già partito.** *When I reached the bus stop the bus had already left.*
> Ho letto il giornale **che avevo trovato** in treno. *I read the paper which I had found on the train.*

5 *Stare per* + infinitive

This construction renders the idea of *to be about to, to be on the point of.* It is used in the present and imperfect:

> Lo spettacolo **sta per** finire. *The performance is about to end.*
> Quando siamo usciti, **stava per** piovere. *When we went out it was just about to rain.*
> Ci servono i soldi: **stiamo per** acquistare una nuova casa. *We need money: we're on the point of buying a new house.*

6 Gerund

Formation of gerund:

> **-are** verbs: drop **-are** and add **-ando**
> **-ere/-ire** verbs: drop **-ere/ire** and add **-endo**

pagare   pag**ando**   potere   pot**endo**   finire   fin**endo**

Notice however these three special forms:

bere   bev**endo**   fare   fac**endo**   dire   dic**endo**

Use of gerund:

The Italian gerund corresponds to the form of the verb which ends in *-ing*.

(*a*) It may be used to show why or how something is done:

> **Sbagliando** s'impara. *One learns by making mistakes.*
> **Dovendo mantenere** la famiglia, lavora molto. *Since he has to support his family he works hard.*
>
> Non **avendo** spiccioli, non mi ha dato il resto. *Since he didn't have any change he didn't give me any (change).*

Notice that the Italian gerund can never be preceded by a preposition as in English and that its ending never changes.

(*b*) It can introduce a clause of time (*while, as,* etc.):

> **Andando a** teatro, ho incontrato Francesca.   *As I went to the theatre, I met Frances.*

When object pronouns are used with the gerund, they are attached to it, but when the construction **stare** + gerund is used (see below) they precede **stare**.

> **Vedendolo arrivare** così tardi, ho pensato che . . .   *Seeing him arrive so late, I thought that . . .*

(*c*) **Stare** + gerund implies more emphasis than the present tense stressing the time during which the action is happening.

> Cosa **stai facendo?**   *What are you doing?*
> Di chi **stai parlando?**   *Who are you talking about?*
> **Stavamo uscendo** quando è arrivato un nostro amico.   *We were just going out when a friend of ours arrived.*
> Ha cambiato i soldi? No, **li sta cambiando** adesso. *Has he changed the money? No, he is changing it now.*

It is important to notice that no gerund can refer to the object of a sentence, so that if a sentence has both subject and object, the gerund must refer to the subject: **L'ho visto attraversando la strada** must mean *I saw him as I crossed the road.* To say *I saw him cross(ing) the road* Italian uses the following two ways:

> L'ho visto **attraversare** la strada.   *I saw him cross the road.*
> L'ho visto **che attraversava** la strada.   *I saw him crossing the road.*

7   *Cavarsela, farcela*

Cavarsela: a familiar expression meaning *to manage, to get off, to get away with, to pull through.* It behaves like a reflexive verb with the addition of **la**: **Me la cavo, te la cavi, se la cava, ce la caviamo, ve la cavate, se la cavano** (the **la** never changes).

> Non sono stati arrestati: **se la sono cavata**.   *They weren't arrested: they got off.*
> Il paziente è grave, ma **se la caverà** senz'altro.   *The patient is seriously ill, but he will certainly pull through.*
>
> Insomma, **me la sono cavata** abbastanza bene.   *On the whole I managed fairly well.*

Farcela means *to cope, to go on* or *to make* in the sense of *to manage*. The **ce la** never changes: **(non) ce la faccio, ce la fai, ce la facciamo.**

> Sono tanto stanco. Non **ce la faccio** più! *I'm so tired. I can't go on.*
> L'aereo parte alle otto. Se andiamo in macchina, **ce la facciamo** sicuramente. *The plane leaves at eight. If we go by car we will be sure to make it.*

Esercizi

ESERCIZIO 22.1 Perfect and pluperfect: **Il compleanno di Lucio**

For Lucio, a bachelor set in his habits, his birthday last night was spent in exactly the same way as a year ago. As you read how he spent it choose between perfect and pluperfect for the verbs in brackets.

Lucio si è messo a fumare la pipa che la mamma gli (*regalare*) per Natale. (*Rileggere*) tutte le vecchie cartoline di auguri che gli (*mandare*) i suoi amici. (*Prendere*) dallo scaffale l'album che (*comprare*) l'anno scorso. L' (*aprire*) e (*guardare*) tutte le fotografie che (*fare*) durante le vacanze. (*Ascoltare*) quei dischi che i suoi zii gli (*regalare*) allo scorso compleanno. Verso le dieci (*addormentarsi*) nella stessa poltrona dove (*addormentarsi*) l'anno prima.

mettersi a *to begin to*

ESERCIZIO 22.2 Match each sentence in Column A with one in Column B, then join the two sentences together by starting each pair by **dopo aver** or **dopo esser**.

	A		B
(*a*)	Ho comprato i gettoni.	1	L'ho messa in frigorifero.
(*b*)	Ho imparato la canzone.	2	Le abbiamo portate all'aeroporto
(*c*)	Ho comprato la carne.	3	Abbiamo ripreso il lavoro.
(*d*)	Ho scritto la lettera.	4	L'ho cantata.
(*e*)	Abbiamo fatto le valigie.	5	Ho fatto una telefonata.
(*f*)	Ho ascoltato la radio.	6	Ho fatto il biglietto.
(*g*)	Sono arrivato alla stazione.	7	L'ho spenta.
(*h*)	Siamo tornati dalle vacanze.	8	L'ho imbucata.

ESERCIZIO 22.3 Complete as indicated, choosing between the present of **stare per** and **stare** + gerund according to the sense, and using the appropriate person of the verb.

Esempio: Gli ospiti non si sono ancora messi a tavola?
No . . . (*chiacchierare*)
No. Stanno chiacchierando.

(*a*) Posso parlare con Lucia?
Mi spiace, ma . . . (*fare il bagno*)
(*b*) Che buon odore viene dalla cucina!·
Sì. Mariangela . . . (*cucinare*)
(*c*) Come sei bagnata Mirella!
Sì . . . (*piovere*)
(*d*) Vera avrà molto da fare in questi giorni.
Perchè?
Perchè . . . (*sposarsi*)
(*e*) Che rumore viene da quella radio!
Cosa vuoi! Il gruppo 'Ragazzi del Sole' . . . (*suonare*)
(*f*) Perchè fanno le valigie?
Perchè . . . (*partire*)

un odore	*smell*	**sposarsi**	*to get married*
bagnato/a	*soaked*	**gruppo**	*group*

ESERCIZIO 22.4 Perfect subjunctive

Luigi, owner of Hotel Paradiso, is worried about the careless way things have been prepared for his guests who are coming that evening. His wife tells him who has been responsible for what.

Esempio: Ma chi ha apparecchiato le tavole!
Credo che . . . Silvia.
Credo che le abbia apparecchiate Silvia.

(*a*) Ma chi ha fatto questi letti! Credo che . . . Angela.
(*b*) Ma chi ha pulito questa camera! Mi pare che . . . Maria.
(*c*) Ma chi ha ordinato tutto questo pane! Mi pare che . . . Giorgio.
(*d*) Ma chi ha rotto queste tazze! Mi sembra che . . . Lino.
(*e*) Ma chi ha lavato queste lenzuola! Credo che . . . Roberta.
(*f*) Ma chi ha messo qui questi asciugamani! Credo che . . . qui Alberto.
(*g*) Ma chi ha pulito le scale! Mi sembra che . . . Silvia.

apparecchiare	*to lay*	**tazza**	*cup*

ESERCIZIO 22.5 Povero Luigi! As the day wears on he gets more and more worried and confused:

(*a*) Sono arrivati i nostri clienti da Firenze? Sì. Pare che . . . già . . . .

(*b*) Sono saliti in camera? Sì. Mi sembra . . . già . . . .

(*c*) Si sono sistemati bene? Sì. Credo che . . . molto bene.

(*d*) Sono scesi per il pranzo? No. Penso che non . . . ancora . . . .

ESERCIZIO 22.6 In Column A you will see where people are. Match up with what they are doing in Column B, and change the infinitives to **stare** + gerund.

Esempio: Sandro è in banca. (*cambiare*) un assegno.
Sandro è in banca. Sta cambiando un assegno.

A		B	
(*a*)	Laura è in sala da pranzo.	1	(*chiacchierare*)
(*b*)	Siamo in un negozio di abbigliamento.	2	(*cucinare*)
(*c*)	I signori Ricci sono in un supermercato.	3	(*fare*) la spesa.
(*d*)	Mario è in cucina.	4	(*lavorare*)
(*e*)	Alessandro è in ufficio	5	(*mangiare*)
(*f*)	Gli ospiti sono in salotto.	6	(*comprare*) delle cravatte.

assegno *cheque*

Prova di Comprensione

1 Conversazione

1 Why does Claudius say he wanted to get up so early?
2 Why is his mother surprised?
3 Why is it a special day for Claudius?
4 What does his mother offer Claudius?
5 What is going to happen in two years' time?
6 What is particular about today's exam?
7 How does Claudius feel about it?
8 How does his mother try and reassure him?

Mamma	Claudio, che fai in piedi così presto? Non sono ancora le cinque!
Claudio	Vorrei studiare un po'.
Mamma	A quest'ora? Come mai?
Claudio	Ma non sapevi che oggi ho un esame?
Mamma	Ah, me n'ero proprio dimenticata! Vuoi che ti prepari una tazza di caffè?
Claudio	No, grazie, Ritorna pure a letto!
Mamma	Hai ancora molto da fare?
Claudio	No, non molto. Ho solo da rivedere alcuni punti.
Mamma	Stai studiando tanto, è vero; fra un paio di anni però, sarai medico!
Claudio	Sì, ma solo se riesco a superare questo esame. È uno dei più difficili.
Mamma	Ma perchè ti preoccupi tanto? Te la sei sempre cavata, no?
Claudio	Sì, ma questa volta non sono sicuro di me.
Mamma	Ma dai! Non fare il modesto, sono certa che sei ben preparato. Andrà tutto perfettamente, vedrai.

2   Lettura

This passage is an extract from *Gli Italiani* (1964) by Luigi Barzini and underlines the different mentality of the Southerners and Northerners in the peninsula. **Non va preso troppo sul serio**—it is not to be taken too seriously!

1   What is said about the personal aims of Southern and Northern Italians?
2   What does the Northerner think is a sure way of achieving them?
3   What in general terms are the aims of both Southerners and Northerners alike?
4   How does the Southerner think these aims can be achieved?
5   What is the significance of a good job, land and industrial shares amongst other things, to the Northerner?
6   What sort of jobs will he aspire to for his children?
7   Why is wealth important to the Southerner?
8   What is said about the appearance of wealth as far as the Southerner is concerned?

Meridionali e settentrionali

Gli scopi privati dei meridionali e dei settentrionali sono, come si è detto, più o meno gli stessi. Il settentrionale, tuttavia, pensa che esista un metodo praticamente sicuro per conseguirli: la conquista della ricchezza. Solo la ricchezza può, egli ritiene, garantire durevolmente la difesa e la prosperità della famiglia. Il meridionale, d'altro canto, crede che questo possa essere ottenuto soltanto con la conquista del potere, del prestigio, dell'autorità, della fama. Il settentrionale, pertanto, a qualsiasi classe sociale appartenga, cerca sempre di conquistare la ricchezza nei suoi vari aspetti. Vuole un impiego, un buon impiego, un impiego migliore; vuole terreni, capitali, credito, azioni industriali, case, una cultura tecnica e scientifica e costose e rare lauree universitarie, tali da garantirgli impieghi meglio retribuiti e una buona carriera; alleva i suoi figli tenendo presenti tali scopi, educandoli in modo che divengano tecnici ben pagati, ingegneri, specialisti, uomini d'affari. Si assoggetta a qualunque sacrificio pur di assicurare vantaggi materiali a se stesso e alla propria famiglia. Vuole una moglie ricca, nuore e generi ricchi, ricchi amici. Somiglia in questo al borghese francese.

Il meridionale, invece, desidera soprattutto essere ubbidito, ammirato, rispettato, temuto e invidiato. Aspira a sua volta alla ricchezza, certo, ma solo come uno strumento per influenzare la gente, e a tale scopo, l'apparenza della ricchezza è utile quanto la ricchezza stessa.

tuttavia *nevertheless*	**assoggettarsi** *to submit oneself*
ritenere *to consider*	**qualunque** *any . . . whatever*
durevolmente *lastingly*	**pur(e) di** *(in order) to*
d'altro canto *on the other hand*	**vantaggio** *advantage*
il potere *power*	**la propria famiglia** *his own*
pertanto *therefore*	*family*
a qualsiasi classe sociale	**nuora** *daughter-in-law*
appartenga *to whatever social*	**genero** *son-in law*
class he belongs	**somigliare** *to resemble*
tale da *such as to*	**un borghese** *bourgeois*
retribuito/a *paid*	**temere** *to fear*
allevare *to bring up*	**invidiare** *to envy*
tenendo presenti *bearing in mind*	**a sua volta** *in his turn*
divenire *to become*	

23 Punti di vista

In this unit you are going to learn how to express opinions and state conditions with varying degrees of probability; you will also learn more about comparisons.

1 Ad un congresso

Antonio   Che ne pensa del congresso?

Eugenio   Mi sembra che stia procedendo bene. Le conferenze sono molto interessanti.

Antonio   Sì. L'ultimo conferenziere, quello italiano, è stato addirittura fantastico. Non credevo che avesse tanto talento.

Eugenio   Mi pareva però che fosse più retorico degli altri.

Antonio   È vero. Può darsi che il suo discorso sia stato un po' ampolloso, ma cosa ti puoi aspettare da un critico letterario italiano?

Eugenio   Io sono convinto che semplicità e chiarezza siano i migliori ingredienti di un discorso. E credo che a volte le belle parole nascondano solo una mancanza di idee.

Antonio   Non sempre. A me pareva che lui avesse trattato l'argomento senza trascurarne nessun aspetto.

Eugenio   Può darsi. Sarà che ai critici italiani piace adornare quello che dicono con frasi eleganti. Credevo che oggi non lo facessero più, invece mi ero sbagliato.

Ad un congresso *At a congress*	**procedere** *to proceed*
Non credevo che avesse tanto talento *I didn't think he had so much talent*	**conferenza** *lecture*
	il conferenziere *lecturer, speaker*
Mi pareva che fosse più retorico degli altri *He seemed to be more rhetorical than the others*	**addirittura** *quite*
	fantastico/a *fantastic*
	discorso *speech, talk*
A me pareva che lui avesse trattato l'argomento senza trascurarne nessun aspetto *I thought he had treated the subject without leaving out* (lit: *neglecting*) *any aspect of it*	**ampolloso/a** *pompous, pretentious*
	aspettarsi *to expect*
	critico *critic*
	letterario/a *literary*
	semplicità *simplicity*

chiarezza *clarity*		**mancanza** *lack*	
a volte *sometimes*		**adornare** *to embellish*	
		la frase *sentence*	
nascondere *to hide* (past part:		**sbagliarsi** *to be mistaken*	
nascosto)			

Domande

1 Ad Eugenio sembrava che il congresso stesse procedendo male?
2 Credeva che le conferenze fossero mediocri?
3 Antonio pensava che il conferenziere avesse trattato superficialmente l'argomento?
4 Che ne pensava Eugenio dei discorsi dei critici italiani?

2 L'ora di punta

Tommaso	Eccoti finalmente! Avevi detto che saresti venuta alle sette.
Patrizia	Scusa il ritardo. Era l'ora di punta e ho aspettato l'autobus per mezz'ora. Poi, vedendo che non arrivava, mi son decisa a venire a piedi. Adesso ho una fame da lupo!
Tommaso	Se fossi stato in te, avrei almeno preso la metropolitana.
Patrizia	Sì, ma mi trovavo lontana dalla stazione, e non ne valeva la pena.
Tommaso	Se ti decidessi a prendere la patente, questo non succederebbe.
Patrizia	Eh, no! Sarebbe ancora peggio. Sono proprio le macchine a creare gli ingorghi. Se tutti si servissero dei mezzi pubblici, non ci sarebbe tanta confusione.
Tommaso	E se fosse vero il contrario? Non credi che la gente viaggia in automobile perchè i trasporti pubblici lasciano a desiderare?
Patrizia	Ma, insomma, basta adesso! Perchè non incominciamo a mangiare? Massimo è arrivato?
Tommaso	No. Non ancora; ha telefonato per dire che sarebbe arrivato alle otto e mezzo. Dovremmo aspettarlo.
Patrizia	Va bene. Io intanto berrei volentieri un aperitivo.
Tommaso	Serviti da sola. Prendi quello che vuoi. Fa' come se fossi a casa tua.

L'ora di punta *The rush hour*
Se fossi stato in te, avrei almeno preso la metropolitana *Had I been you, I would at least have taken the underground.*
Se ti decidessi a prendere la patente questo non succederebbe *If you made up your mind to get your driving licence, this wouldn't happen.*
Se tutti si servissero dei mezzi pubblici, non ci sarebbe tanta confusione *If everybody used public transport there wouldn't be such a lot of confusion.*
Ha telefonato per dire che sarebbe arrivato alle . . . *He 'phoned to say that he would arrive at . . .*

eccoti *here you are*
una fame da lupo *starving*
valere la pena *to be worth*
creare *to create*
ingorgo (di traffico) *traffic jam*
servirsi *to use, to help oneself*
contrario *opposite*
trasporto *transport*
lasciare a desiderare *to leave a lot to be desired*
aperitivo *aperitif*
Fa' come se fossi a casa tua *Make yourself at home*

Domande

5 A che ora Patrizia aveva detto a Tommaso che sarebbe venuta?
6 Cosa avrebbe fatto Tommaso se fosse stato in lei?
7 Secondo Patrizia, in che modo si potrebbero evitare gli ingorghi di traffico?
8 Perchè non hanno ancora cominciato a mangiare?

Minidialogo

Più che bella è comoda It's comfortable rather than nice

A Com'è la tua nuova villetta?
B È un po'più piccola della casetta che abbiamo in montagna.
A È bella?
B Sì. È carina. Ma più che bella è comoda.
A È vicino alla spiaggia?
B Beh, diciamo spiaggetta, perchè è molto piccola, ma non è brutta!
A Ci sono più scogli o più sabbia?
B Più sabbia che scogli. È come quella dove ci siamo conosciuti.
A Ma tu preferisci stare più al mare o più in montagna?
B In montagna vado meno volentieri che al mare.

A   Come mai?
B   Li ho meno amici e mi annoio da morire.

carino/a *pretty*   sabbia *sand*
scoglio *rock*   annoiarsi da morire   *to get bored to death*

Grammatica

1   Imperfect subjunctive: formation

Form this tense from the imperfect (Unit 19): change the first person
singular ending from –vo to –ssi and continue as in the table.

andare	andavo	anda	-ssi
sapere	sapevo	sape	-ssi
			-sse
sentire	sentivo	senti	-ssimo
			-ste
capire	capivo	capi	-ssero

Note, however, that -a- in dare and stare becomes -e- in the imperfect
subjunctive:

dessi, dessi, desse, dessimo, deste, dessero
stessi, stessi, stesse, stessimo, steste, stessero

Essere is also irregular:

fossi, fossi, fosse, fossimo, foste, fossero

2   Imperfect subjunctive: use

(*a*) Generally speaking, verbs in the imperfect such as **pensavo che**,
credevo che, **dubitavo che**, etc., will be followed by the imperfect
subjunctive. Compare the examples on the left with those on the right:

Penso che sia importante. *I
think it's important.*

Penso che Carlo **esca** stasera. *I
think Charles is going out
tonight.*

È impossibile che Marco **arrivi**
per le quattro. *It's impossible
for Mark to arrive by four
o'clock.*

Pensavo che fosse importante. *I
thought it was important.*

Pensavo che Carlo **uscisse** stasera.
*I thought Charles was going
out tonight.*

Era impossibile che Marco
arrivasse per le quattro. *It
was impossible for Mark to
arrive by four o'clock.*

(*b*) If the initial verb is in the conditional, i.e. **penserei che, vorrei che,** etc., then it will be followed by the imperfect subjunctive:

> **Sarei lieto che** lei mi **desse** una risposta.   *I should be pleased if you would let me have* (lit: *give*) *a reply.*
> **Vorrei che** tu **fossi** qui.   *I wish you were here.*
> **Non vorrei che** Anna **uscisse** così tardi la sera.   *I wish that Anne* (lit: *I wouldn't like*) *wouldn't go out so late at night.*

(*c*) The imperfect subjunctive is also used in certain types of sentence with **se** *if* (see note 7 below).

3   Pluperfect subjunctive

This tense is formed with **avessi/fossi,** etc., +past participle

guardare	andare	avere
avessi guardato	fossi andato/a	avessi avuto
avessi guardato	fossi andato/a	avessi avuto
avesse guardato	fosse andato/a	avesse avuto
avessimo guardato	fossimo andati/e	avessimo avuto
aveste guardato	foste andati/e	aveste avuto
avessero guardato	fossero andati/e	avessero avuto

The use of the pluperfect subjunctive should be fairly clear from these examples:

> Credevo che tu **avessi capito.**   *I thought you had understood.*
> Non sapevo che Giorgio **fosse stato** a Padova.   *I didn't know that George had been to Padua.*
> *Pareva che* **l'avessero fatto** apposta.   *It appeared they had done it on purpose.*

4   *Pensare a, pensare di*

Pensare a means *to think about* in the sense of directing one's thoughts to someone or something.

Pensare di is used about matters of opinion:

> È un grande egoista: **pensa** sempre **a** se stesso.   *He's very selfish: he's always thinking about himself.*
> **Pensa** bene **a** ciò che ti ho detto.   *Think carefully* (lit: *well*) *about what I told you.*
> **Ci penserò su** e te lo farò sapere.   *I'll think it over and let you know.*
> **Che ne pensi di** lui?   *What do you think of him?*
> **Che ne pensi del** mio giardino?   *What do you think of my garden?*

5 *Aspettare, aspettarsi*

Note the difference in meaning between **aspettare** *to wait for* and **aspettarsi** *to expect*.

Non **aspetto** nessuno.	*I'm not waiting for anyone.*
Non **me l'aspettavo** da lui.	*I didn't expect it of him.* (lit: *from him*)
Ti **aspetti** troppo da me.	*You expect too much of me.*
C'era da **aspettarselo.**	*It was to be expected.*

6 Conditional perfect in indirect speech

Normally the Italian conditional perfect is rendered as *I would have* . . . (Unit 20, note 3):

Avrei parlato, sarei andato *I would have spoken, I would have gone*

Notice, however, the way Italian expresses *He said he would come:* **Ha detto che sarebbe venuto** (lit: *He said he would have come*). Whenever the initial verb is in the past and **che** is followed by the conditional, the tense used in Italian must be the conditional perfect. In other words Italian makes no distinction between 'He said he would come' (and maybe he did), and 'He said he would have come' (but he couldn't).

Davide ha detto **che sarebbe andato** a pranzo da Renata. *David said he would go to Renata's for lunch.*

Mi ha risposto **che ci avrebbe pensato** lui. *He answered that he would see to it.* (lit: *he would have thought about it*)

7 Conditional sentences with *se*

There are three main types of conditional sentence:

Type
1   (possible)   *If I leave at ten, I'll arrive at four.*
2   (unlikely)   *If I left at ten, I would arrive at four.*
3   (impossible) *If I had left at ten, I would have arrived at four.*

In Italian these become:

1   Se **parto** alle dieci, $\begin{cases} \textbf{arrivo} \\ \textbf{arriverò} \end{cases}$ alle quattro.

   Se **partirò** alle dieci, **arriverò** alle quattro.

2   Se **partissi** alle dieci, **arriverei** alle quattro.
   (*imperfect subjunctive*)   (*conditional*)

3   Se **fossi partito** alle dieci, **sarei arrivato** alle quattro.
   (*pluperfect subjunctive*)   (*conditional perfect*)

There are other possibilities which you may come across, but you are advised to concentrate on these which are the commonest.

8   *Trovarsi*

This verb used reflexively often simply means *to be* or *to be situated*.

> **Mi trovavo** lontano dalla stazione.   *I was a long way from the station.*
> Il Duomo **si trova** nel centro storico.   *The cathedral is (situated) in the old part of the town.*

9   *Più sabbia che scogli, . . . come, . . . quanto*

Sometimes *than* is translated by **che**:

> In questa tazza c'è più zucchero **che** caffè.   *In this cup there's more sugar than coffee.*
> Sono più felice in Italia **che** in Inghilterra.   *I'm happier in Italy than in England.*
> Quel programma è più divertente **che** istruttivo.   *That programme is entertaining rather than instructive.*
> È più facile capire **che** parlare.   *It is easier to understand than to speak.*

From the above examples it will be seen that **che** is used between words or expressions of the same grammatical category (two nouns, two adjectives, etc.) when the subject of the comparison is the same in both parts: i.e. '*I* am happier in Italy than *I* am in England.'

For comparisons of equality **così . . . come** or **tanto . . . quanto** are used, though **così** and **tanto** are usually omitted:

> È alto **come** me/te/noi.   *He's as tall as I/you/we are.*
> È alto **quanto** sua sorella.   *He's as tall as his sister.*
> Noi siamo felici **come** loro.   *We are as happy as they are.*

10   *Senza trascurarne*

Notice that **ne**, **ci** and other unstressed pronouns must come after the infinitive and be attached to it when the infinitive is preceded by a preposition (**senza**, etc.).

11 *Insomma*

Although basically this word means *in short* it occurs frequently in colloquial usage with the meaning of *well* (as in Dialogue 2), *on the whole, anyway, actually*. In exclamations it may mean *for goodness sake!*

Insomma, me la sono cavata abbastanza bene. *On the whole, I managed fairly well.*

Insomma, se ne sono andati senza salutarci. *Anyway, they left without saying goodbye (to us).*

Insomma, mi stai seccando. Te ne vuoi andare, sì o no? *For goodness sake, you're getting on my nerves! Are you going or not?*

Ma insomma, chi credi di essere? *And anyway, who do you think you are?*

12 *Villetta, casetta, carina, spiaggetta*

It is possible to add suffixes (special endings) to Italian nouns and adjectives in order to emphasise a particular quality or characteristic. (Compare English: statue, statuette; figure, figurine)

-etto/a and **-ino/a** suggest smallness:

villetta	*small villa*	**carino/a**	
casetta	*little house*	**bellino/a**	*pretty*
tazzina	*small cup*		

-one suggests bigness:

un ragazzone   *a big boy*

-accio/a suggests something bad or worthless:

parolaccia	*bad language*	Che tempaccio!	*What foul weather!*
cartaccia	*bad or waste-paper*	Che giornataccia!	*What a rotten day!*

There are many other suffixes that you will come across in your reading and you will be wise to use only those examples you have heard or seen since some may have a special meaning:

porta	*door*	il portone	*main gate of a building*
carta	*paper*	il cartone	*cardboard*

13 *Se fossi in te*

Notice the use of **in** here:

Se fossi **in** te, **in** lui, **in** lei, **in** voi. *If I were you, him, her/you, you (pl.).*

14   *Non credi che la gente viaggia . . .*

With verbs of thinking, believing and hoping such as **credere**, **pensare**, **sperare**, *etc.*, if the dependent clause expresses a future idea or one about which one is certain, the subjunctive is not necessary in conversation: i.e. **viaggia** is used in Dialogue 2 and not the subjunctive form, since to the speaker it seems obvious that people drive cars because public transport has been found wanting.

Credo che **partirò** domani.	*I think I'll leave tomorrow.*
Spero che **arriverà** fra poco.	*I hope he'll arrive soon.*

Esercizi

ESERCIZIO 23.1   Complete the sentences in Column A with the appropriate endings from Column B.

A	B
(*a*) Se pioverà	1 lo faremmo.
(*b*) Se partissi alle due	2 avrei capito tutto.
(*c*) Se avessimo tempo	3 non uscirò.
(*d*) Se lui avesse parlato lentamente	4 andrebbero al ristorante.
(*e*) Se fosse caduto	5 arriverei alle tre.
(*f*) Se avessero fame	6 ti risponderebbe subito.
(*g*) Se tu gli scrivessi	7 farebbero la pizza.
(*h*) Se avessero gli ingredienti	8 si sarebbe fatto male.

ESERCIZIO 23.2   Which hotel or **pensione** would they choose?

Using the information given to you in the first part of the following sentences, complete them with the help of the table (**Elenco degli Alberghi**) and using the appropriate part of the verb **scegliere**. (**P** in the left-hand column of the table means **pensione**.)

Esempio: (*a*) Se il signor Marchi fosse handicappato . . . Se il signor Marchi fosse handicappato, sceglierebbe l'albergo Wally.

(*a*)   Se il signor Marchi fosse handicappato . . .
(*b*)   Se volessimo una pensione dove sono ammessi i cani . . .
(*c*)   Se la signora Lombardini volesse un albergo di terza categoria con l'ascensore . . .
(*d*)   Se io volessi un albergo in Via Colombo . . .
(*e*)   Se i signori Sessa volessero nuotare . . .
(*f*)   Se io e Patrizia volessimo un albergo con il parcheggio custodito . . .

categoria		
	Gabicce Mare	*(segue)*
III	VALLUGOLA [12-24] D.12 ☺ ▥ ✕ 🍸 🏊 🚗 ▲	
	Via Panoramica 131 ☏ 963-007	
III	VIENNA (V-IX) [42-64] D.46 ◍ ✕ 🍸	
	Via della Repubblica 14 ☏ 961-787	
III	WALLY (V-IX) [21-39] D.25 ♿ ✕ 🍸 🅿	
	Via V. Veneto ☏ 961-589	
IV	BREZZA (V-IX) [9-18] D.9	
	Via Colombo	
IV	VILLA TERESA MEUBLE (Dipend. Tre Ville) (V-IX)	
	[6-10] B.2 ☺ 🅿 ▲	
	Via Panoramica 1 ☏ 961-529	
P.2	DU PARC (V-IX) [36-68] D.31 ◍ ✕ 🍸 ▲	
	Via Panoramica ☏ 962-761	
P.2	LIDO (V-IX) [42-76] D.38 ◍ ◉	
	Via Diaz 9 ☏ 961-369	
P.2	PROMENADE (V-IX) [36-67] D.37 ☺ ☎ ◍ 🍸 ▲ 🐾	
	Viale Mare 15 ☏ 961-576	

♿	Accessibile agli Handicappati	⊕	Camerini per bagni termali
◍	Ascensore		o fanghi
✕	Ristorante	☏	Numero del centralino
🍸	Bar		telefonico
🚗	Autorimessa dell'esercizio	TELEX	Servizio di telescrivente
🅿	Parcheggio custodito		nell'esercizio
🎾	Campo di tennis	🐾	Si accettano cani
🏊	Piscina		e piccoli animali domestici
🚕	Auto alla stazione		

ESERCIZIO 23.3 Now transform the questions and answers in Exercise 23.2 in the following way:

(*a*) Se il signor Marchi fosse stato handicappato, avrebbe scelto l'albergo Wally.

ESERCIZIO 23.4 Discorso indiretto (*indirect speech*)

You are reporting what various people said they would do for their summer holidays.

Esempio: *Pietro*: Andrò a visitare i miei cugini a Berlino.
 Pietro ha detto che sarebbe andato a visitare i suoi cugini a Berlino.

(*a*)   *Susanna*: Trascorrerò le vacanze da mia zia in California.
(*b*)   *Lisa*: Farò il campeggio con i miei amici.
(*c*)   *Vincenzo e Dario*: Andremo al mare a Riccione.
(*d*)   *Paola ed Anna*: Rimarremo a casa.
(*e*)   *Davide e Silvio*: Andremo in treno fino a Parigi e lì prenderemo l'aereo per Oslo.

ESERCIZIO 23.5   Now try your skill at transforming each of these conditional sentences in two ways as in the example.

Esempio: Se parto giovedì, arrivo sabato.
            Se partissi giovedì, arriverei sabato.
            Se fossi partito/a giovedì, sarei arrivato/a sabato.

(*a*)   Se parto con l'aereo, arrivo prima.
(*b*)   Se finisco presto, vengo a prenderti.
(*c*)   Se non c'è il treno, prendo l'autobus.
(*d*)   Se continui così, ti rovini la salute.
(*e*)   Se lo vedo, glielo dico.
(*f*)   Se non trovo nessuno in casa, lascio il pacco in portineria.
(*g*)   Se il conferenziere parla più lentamente, lo capisco.
(*h*)   Se l'ultimo romanzo di Sciascia non costa molto, lo compro.
(*i*)   Se fa bel tempo, esco.
(*j*)   Se si mette a parlare, non la smette più.

rovinare   *to ruin*
portineria   *porter's lodge*

Prova di Comprensione

1 Conversazione

Matilde and Orlando are discussing what they would do if they were rich.

1   What has Matilde just received?
2   Where would Maria soon be going?
3   Why does Orlando think she is lucky?
4   What would Orlando do if he were rich?
5   What would Matilde do if she had a lot of money?
6   What does Orlando say he has always wanted?
7   What is Matilde's reaction?
8   How does she explain her reaction?

Matilde	Ho ricevuto una lettera da Maria.
Orlando	Ah! Cosa ti ha scritto di bello?
Matilde	Che presto sarebbe partita per l'India.
Orlando	Beata lei che ha tanti soldi!
Matilde	E se tu fossi ricco dove andresti?
Orlando	Vorrei fare il giro del mondo.
Matilde	Io, da parte mia, se avessi tanti soldi mi comprerei una bella villetta con piscina.
Orlando	In questo caso potrei essere tuo ospite. Lo sai, ho sempre desiderato passare le vacanze con te.
Matilde	Ah, ma io non ci credo!
Orlando	Perchè?
Matilde	Perchè se tu avessi voluto venire con me, mi avresti accompagnato quando sono andata in campeggio l'anno scorso, ed invece non l'hai fatto.
Orlando	Sì, ma il campeggio stanca. Se tu avessi una villa con piscina sarebbe tutto diverso; avremmo tutte le comodità. Sarebbe veramente una splendida vacanza.

2 Lettura

This poem, in sonnet form, slightly modernised, illustrates one type of conditional sentence in a lighthearted way. Cecco Angiolieri, a contemporary of Dante, was famous for his comic verse.

1 What would Cecco Angiolieri do if he were fire?
2 What would prompt him to send the world down into an abyss?
3 What are the two apparently contradictory ways he would behave towards his father (and mother)?
4 Why should this be so?
5 How is his attitude to women expressed in the last three lines?

Se io fossi fuoco *by* Cecco Angiolieri (1250–1319)

S'io fossi fuoco, arderei il mondo;
s'io fossi vento, lo tempesterei;
s'io fossi acqua, lo annegherei;
s'io fossi Dio, lo manderei in profondo.

S'io fossi papa, sarei allor giocondo,
che tutt'i cristiani imbrigherei;
s'io fossi imperator, sa' che farei?
A tutti mozzerei il capo a tondo.

S'io fossi morte, andrei da mio padre;
s'io fossi vita, fuggirei da lui;
similmente farei di mia madre.

S'io fossi Cecco, com'io sono e fui,
torrei le donne giovani e leggiadre,
e vecchie e laide lascerei altrui.

N.B.
allor = allora; che = perchè; sa' = sai

ardere *to burn*		**mozzerei a tutti il capo a tondo** *I'd chop everyone's head off*	
tempestare *to storm*			
annegare *to drown*			
Dio *God*		**la morte** *death*	
il papa *Pope*		**fuggire** *flee*	
giocondo/a *happy*		**similmente** *likewise*	
imbrigare *to cheat*		**fui** *I was*	
un imperator *emperor*		**torrei** *I'd take*	
cristiano *Christian*		**leggiadro/a** *attractive*	
		laido/a *ugly*	
		altrui *to others*	

24 Il mondo degli affari

In this unit you are going to learn how to express concession ('although') and more about conditions; you are also going to learn how to talk about events that happened in the relatively distant past.

1 Un contratto difficile

Sig. Coppola	Hai firmato il contratto?
Sig. Cafiero	Sebbene non fossi d'accordo su tutti i dettagli, ho deciso di firmarlo lo stesso.
Sig. Coppola	Quali sono i vantaggi immediati?
Sig. Cafiero	Purchè non ci siano difficoltà nell'esportazione della merce, prevedo grossi miglioramenti per la fabbrica ed ottime condizioni per i nostri operai.
Sig. Coppola	Insomma è andata bene?
Sig. Cafiero	Sarebbe andata meglio se avessi potuto concludere un accordo a lunga scadenza.
Sig. Coppola	Di cosa ti lamenti? Spiegati meglio!
Sig. Cafiero	Prima di incontrarci per la firma mi dicevo: purchè sia assicurato il futuro della fabbrica, sarei disposto anche a cedere un po' e a venire a un compromesso.
Sig. Coppola	Allora dovresti essere soddisfatto!
Sig. Cafiero	Eh no! In effetti lui ha preteso un po' troppo e ha voluto firmare solo a patto che io accettassi tutte le sue offerte e limitassi perciò il periodo dell'accordo a tre anni soltanto.
Sig. Coppola	Che vuoi farci! Gli affari sono affari.

Sebbene non fossi d'accordo . . . ho deciso di firmarlo lo stesso *Although I didn't agree . . . I decided to sign it all the same*	**contratto** *contract*
	dettaglio *detail*
	vantaggio *advantage*
	immediato/a *immediate*
	la condizione *condition*
Purchè non ci siano difficoltà . . . prevedo grossi miglioramenti *Provided that there aren't any difficulties . . . I foresee big improvements*	**concludere** *to conclude*
	accordo *agreement*
	a lunga scadenza *long-term*
	lamentarsi *to complain*
	firma *signature*

Ha voluto firmare solo a patto che io accettassi tutte le sue offerte e limitassi ... *He was willing to sign only on condition that I accept all his offers and limit* ...	**assicurare** *to ensure* **futuro** *future* **cedere** *to yield* **compromesso** *compromise* **in effetti** *in fact* **pretendere** *to expect* **perciò** *therefore* **soltanto** *only* **gli affari** *business*

Domande

1 Che cosa si aspetta il signor Cafiero da questo affare, se tutto andrà bene?
2 Cosa lo preoccupava prima dell'incontro per la firma?
3 A quale condizione è stato firmato il contratto?

> The final tense you are going to meet in this course is the past definite. Before attempting this dialogue, note that the past definite is principally used in *written* Italian. Its use in conversation is rare (especially in Northern Italy) and is limited to narrating an event or story set in the relatively distant past. You yourself may do without it and use the Perfect instead (Units 14 and 15).
>
> The following is therefore given as an example of where its use would appear most natural.

2 Mio nonno

Ida   Sai, verranno a trovarci i nostri parenti americani.

Piero   Che bello! Non mi avevi mai detto che avevi dei parenti all'estero.

Ida   Sono i figli dei fratelli del nonno che emigrarono all'inizio di questo secolo. Noi non li abbiamo mai conosciuti.

Piero   Ora che ci penso .... anche mio nonno andò negli Stati Uniti da giovane.

Ida   Che coincidenza! E in che anno?

Piero   Non lo so di preciso. Deve essere stato verso il 1915. Mio nonno nacque nel 1898. Partì quando aveva diciassette anni. Dovette ritornare subito però. perchè suo fratello morì in circostanze strane.

Ida   Che vuoi dire: 'In circostanze strane'?

Piero A quanto pare la moglie e il suo amante lo uccisero per liberarsene. Mio nonno apprese la notizia dal giornale italiano.

Ida   Che cosa tremenda! E poi, rimase qui?

Piero Sì. A quei tempi non era così facile viaggiare e così decise di imparare un mestiere. Divenne muratore.

Ida   Meno male che non ripartì, altrimenti tu non saresti nato ed io non ti avrei conosciuto.

Piero E i tuoi parenti, fecero presto ad inserirsi nel Nuovo Mondo?

Ida   Beh, all'inizio fu duro, dicono, ma alla fine riuscirono ad aprire un negozio di alimentari e anche a crearsi una famiglia.

Piero Insomma si sistemarono bene.

Ida   Sì, sì. Poi ebbero i figli . . . Ma questi non hanno niente di italiano tranne il cognome.

Sono i figli dei fratelli del nonno che emigrarono *It's the children of my grandfather's brothers who emigrated*

Anche mio nonno andò negli Stati Uniti da giovane *My grandfather too went to the United States as a young man*

Mio nonno nacque nel 1898. Partì . . . dovette . . . suo fratello morì *My grandfather was born in 1898. He left . . . he had to . . his brother died*

E poi, rimase qui? *And then, did he stay here?*

Sì . . . divenne muratore *Yes . . . he became a bricklayer*

E i tuoi parenti, fecero presto ad inserirsi nel Nuovo Mondo? *And did your relatives take long to integrate into the New World?*

Beh, all'inizio fu duro . . . poi ebbero i figli *Well, at the beginning it was difficult . . . then they had children*

secolo *century*
Stati Uniti *United States*
coincidenza *coincidence*
circostanza *circumstance*
a quanto pare *as far as I know*
un/un' amante *lover*
uccidere *to kill* (past part. **ucciso**)
liberarsene *to free one-self*
apprendere *to learn*
che cosa tremenda! *how awful!*
decidere *to decide*
il mestiere *trade*
ripartire *to go back*
negozio di alimentari *food-shop*
crearsi *to create, produce*
sistemarsi *to settle down*
tranne *except for*

Domande   Imagine you are **il signor Lombardo**, Piero's grand-father, and answer the following questions:

4   Signor Lombardo, quando è andato negli Stati Uniti?
5   Quando è nato?
6   Com'è morto suo fratello?
7   È mai più tornato in America?
8   Quale mestiere ha esercitato in Italia?

Minidialogo

Che c'entra! (*What's that got to do with it!*)

A   Che tipo di barca preferisci, a vela o a motore?
B   Io preferisco andare in bicicletta.
A   Che c'entrano adesso le biciclette? Stiamo parlando di barche, no?
B   Ma perchè ti arrabbi tanto? Anche quello che hai detto tu poco fa, non c'entrava col nostro discorso. Io stavo parlando di musica pop, e tu hai tirato fuori le sinfonie di Beethoven!

barca a vela/a motore   *sailing/motor boat*
arrabbiarsi   *to get angry, cross*
poco fa   *a moment ago*

discorso   *what we were talking about, conversation*
tirar fuori   *to come out with*
sinfonia   *symphony*

Grammatica

1   Past definite: regular formation

Take the infinitive endings **–are**, **–ere**, and **–ire**, and add the following endings for each:

parlare	dovere	finire
parlai *I spoke*, etc.	dovei *or* -etti *I had to*, etc.	finii *I finished*, etc.
parlasti	dovesti	finisti
parlò	dovè *or* -ette	finì
parlammo	dovemmo	finimmo
parlaste	doveste	finiste
parlarono	dovettero	finirono

With this regular formation note particularly the accent marking the stress on the final syllable of the 3rd person singular and the double **i** of the first person singular of **-ire** verbs.

2 Past definite: irregular formation

First note the past definite of **essere** and **avere**:

essere	avere
fui *I was*, etc.	**ebbi** *I had*, etc.
fosti	**avesti**
fu	**ebbe**
fummo	**avemmo**
foste	**aveste**
furono	**ebbero**

Next, familiarise yourself with the past definite of **dare**, **fare**, **stare**, **bere**, **dire**:

dare	fare
diedi *or* **detti** *I gave*, etc.	**feci** *I did, made*, etc.
desti	**facesti**
diede *or* **dette**	**fece**
demmo	**facemmo**
deste	**faceste**
diedero *or* **dettero**	**fecero**

stare	bere	dire
stetti *I was,*	**bevvi** *I drank*, etc.	**dissi** *I said, told*, etc.
stesti *stayed,*	**bevesti**	**dicesti**
stette *etc.*	**bevve**	**disse**
stemmo	**bevemmo**	**dicemmo**
steste	**beveste**	**diceste**
stettero	**bevvero**	**dissero**

Other irregular verbs in the past definite have three irregular forms only: the 1st person singular and 3rd persons singular and plural. The other persons are formed according to the pattern for regular verbs already shown:

vedere: **vidi**, vedesti, **vide**, vedemmo, vedeste, **videro**

Note that once the 1st person is known it is easy to form the 3rd persons as they have the same stem. Also note that in all the irregular formations there is never an accent on the final vowel of the 3rd person singular. For irregular forms see Appendix (pp. 302–3).

3 Past definite: use

A recognition of the past definite (**passato remoto**) is essential for reading purposes since any written Italian, especially of a literary or historical nature, uses the tense in preference to the perfect. The 3rd persons singular and plural are those most frequently seen, followed closely by the first person singular which would be used in auto-biographical accounts.

4 *Benchè, sebbene, a patto che, purchè, prima che, senza che, come se*

All the above are followed by the subjunctive:

Benchè l'abbia cercato in tutte le librerie, non l'ho trovato. *Although I looked for it in all the bookshops, I didn't find it.*

Sebbene abbiano molto da fare, verranno lo stesso. *Although they have a lot to do, they'll come all the same.*

Puoi rimanere in biblioteca **a patto che** tu rimanga zitto. *You may stay in the library provided that you keep quiet.*

Vi prestiamo i libri, **purchè** non dimentichiate di restituirceli. *We'll lend you the books, provided that you don't forget to give them back to us.*

Ve lo dico **prima che** finisca la lezione. *I'll tell you before the lesson ends.*

Uscì **senza che** io lo sapessi. *He went out without my knowledge.*

Fa **come se** io non ci fossi. *Do as you would if I weren't here.*

5 *È andata bene?*

This expression meaning *Did it go well?* has the feminine form **andata** because **la cosa** (*thing*) is understood.

Com'è andata? *How did it go?*

Esercizi

ESERCIZIO 24.1 Choose between **benchè** and **purchè** in the following sentences.

(a) — sia molto stanco, andrò a teatro lo stesso.

(b) — abbiano molti amici, non sanno chi invitare.

(c) — le domande non siano troppo difficili, potrò rispondere facilmente.

(d) Il treno è arrivato a destinazione in ritardo, — fosse partito in orario.

(e) — piova, uscirò lo stesso.

(f) — tu sia libero, verrò a trovarti.

ESERCIZIO 24.2 Transform the following sentences using **benchè** or **purchè** in each one.

Esempio: Possono eliminare il semaforo (*traffic light*), se mettono un vigile.

Possono eliminare il semaforo, purchè mettano un vigile.

(a) Anche se è grande di età, è immaturo.

(b) Anche se avevo gli occhiali, non riuscivo a veder niente.

(c) Comprerò l'orologio, se mi assicuri che va bene.

(d) Se mette molto zucchero nel caffè, sono disposto anche a berne due tazze.

(e) Anche se avevo già un gatto, mio padre me ne regalò un altro.

(f) Andrò a sciare, se ci sarà neve a sufficienza.

(g) Era molto povero, ma era onesto.

(h) Sono disposto a sopportare la tua presenza, ma devi stare zitto.

ESERCIZIO 24.3 **A patto che**: Match each clause in Column A with one in Column B.

A		B	
(a)	Potete partecipare al congresso	1	a patto che suo marito gliela pagasse.
(b)	Alberto può organizzare una gita in montagna	2	a patto che parliate italiano.
(c)	Ti posso preparare tutti i documenti per domani	3	a patto che tu sia disposto a sciare tutti i giorni.
(d)	Ti invito a passare una settimana in Svizzera	4	a patto che possa usare la tua macchina da scrivere.
(e)	Elvira voleva la macchina	5	a patto che i suoi amici siano d'accordo.

ESERCIZIO 24.4 Prima che: Complete these sentences using in each one an appropriate part of one of the verbs below in the subjunctive.

essere / *chiudere* / *chiedere* / *piovere* / *succedere*
(a) Rallentiamo prima che — un incidente.
(b) Vorrei tornare a casa prima che —.
(c) Mi diede i soldi prima che io glieli —.
(d) Devo comprare quei romanzi prima che — esauriti.
(e) Vorrei uscire prima che — i negozi.

Prova di Comprensione

1 Conversazione

Monica is interviewing Rocco about his origins and background.

1 What nationality is Rocco?
2 How did this come about?
3 In what sector of the town did his parents get into?
4 What did they do for a living?
5 What showed that they were very successful?
6 How well did they learn English?
7 How did Rocco learn English?
8 What two jobs does he mention as having done?

Monica	Scusi, lei è italiano o americano?
Rocco	Sono di nazionalità americana, ma i miei genitori emigrarono negli Stati Uniti cinquant'anni fa.
Monica	Come si trovarono all'inizio?
Rocco	Molto bene. Si inserirono subito nella colonia italiana e aprirono una gelateria.
Monica	Fecero fortuna?
Rocco	Sì. Infatti dopo la prima gelateria gli affari andarono a gonfie vele e ne aprirono altre tre.
Monica	Impararono bene l'inglese?
Rocco	Per niente! Lo trovarono molto difficile. Io invece frequentai regolarmente la scuola americana e lo imparai senza difficoltà.
Monica	Lei ha mai lavorato in gelateria?
Rocco	Sì. Una volta lavoravo per mio padre, ma adesso lavoro per conto mio. Ho una piccola agenzia di cambio a Los Angeles.
Monica	Anche a lei gli affari vanno bene?

Rocco	Sì. Non mi posso proprio lamentare.
Monica	Le auguro buona fortuna.
Rocco	La ringrazio.

2 Lettura

Italy is justly proud of her heritage of artistic and ancient monuments. This passage, on their restoration (**il restauro**), focuses on Florence and Assisi. Cimabue, who flourished in the thirteenth century, was one of the masters of early Italian painting. The extract is taken from the *Enciclopedia Italiana, Quarta Appendice* (1981).
Note the use of the past definite.

1 Two sorts of damage are mentioned as a result of the 1964 flood in Florence: what are they?
2 What happened to Cimabue's Crucifix?
3 What did this event promote?
4 From where was help particularly forthcoming?
5 What joint enterprise did the Service of Umbrian Monuments and Galleries and the Central Institute of Rome take part in?
6 What was interrupted in 1960?
7 What is to be the purpose of the new Ministry of Cultural and Environmental Treasures?
8 Why is it viewed favourably?

Il restauro

La terribile alluvione del 1964 che determinò danni incalcolabili alla città e ai monumenti singoli di Firenze, e a cui si dovè purtroppo la distruzione quasi totale del Crocifisso di Cimabue in Santa Croce, dette l'esempio di una confortante solidarietà internazionale nel campo del restauro, facendo accorrere aiuti di ogni genere alla città di Firenze, in cui particolarmente agirono il locale Gabinetto di Restauro e l'Istituto centrale di Roma.

Fra i cicli di restauro più importanti realizzati in questi ultimi anni si pone il compimento del restauro degli affreschi della Basilica inferiore di Assisi condotta unitamente dalla Soprintendenza alle Gallerie e monumenti dell'Umbria e dall'Istituto centrale di Roma (1975). È stato anche ripreso il restauro degli affreschi della Basilica superiore, interrotto nel 1960. In tal senso l'istituzione del nuovo ministero dei Beni ambientali e culturali, che unifica tutta la materia dei beni culturali, archivi e biblioteche con i monumenti e le opere d'arte, è di buon auspicio per un'intensificazione dell'attività volta alla conservazione e al restauro.

Key to the Exercises

VERO O FALSO?
For these sections, a 'V' indicates that the statement is true. Otherwise, the corrected version appears.

Alternative answers are marked thus:/—(e.g. Parla con la signora Barbara/con la signora Setzler).

Words that are not strictly necessary are put in brackets thus: ( )—e.g. (Vorrei) lo zucchero, per piacere.

Unit 1

VERO O FALSO?
(1) V. (2) V. (3) Piazza Vittoria è dopo la stazione. (4) V. (5) La statua di Garibaldi è in Via Roma. (6) Via Roma è a sinistra. (7) V.

DOMANDE
(1) (È) Roberto. (2) Sì. È bello. (3) È in Piazza Vittoria. (4) È a destra. (5) No. È in Via Roma. (6) È una signora.

ESERCIZI
1.1 (a) È un signore. (b) È una signorina. (c) È un signore. (d) È una signora.
1.2 (a) È a destra. (b) È a sinistra. (c) È a destra. (d) È a sinistra.
1.3 (a) Dov'è la stazione? È a sinistra. (b) Dov'è la banca? È a sinistra. (c) Dov'è il Duomo? È a destra. (d) Dov'è il museo? È a destra.
1.4 (b) Cos'è questa? Questa è la posta. (c) Cos'è questo? Questo è il Duomo. (d) Cos'è questa? Questa è la Banca Commerciale. (e) Cos'è questa? Questa è la stazione. (f) Cos'è questo? Questo è il Museo Archeologico.

PROVA DI COMPRENSIONE
(1) It's the main street. (2) American. (3) On the left in Via

Roma. (4) Commercial. (5) Piazza Aragona. (6) Museum. (7) Because the fountain is a work of his. (8) Central Station.
2 (1) Drinking coffee, meeting someone, having a discussion, listening to music. (2) Theatre, monument, bar, restaurant. (3) Rome, Venice, Florence. (4) St Peter's Square. (5) There is a magnificent view of Florence from it.

Unit 2

VERO O FALSO?
(1) V. (2) V. (3) La signorina non capisce l'inglese. (4) V. (5) La segretaria non è sposata. (6) Barbara ha due figli.

DOMANDE
(1) Parla con la signora Barbara/con la signora Setzler. (2) È di Milano. (3) La signorina è dattilografa e il signor Nunzio è ragioniere. (4) No. Non va a scuola. (5) No. Non è sposata. (6) (Ha) una (sorella).

ESERCIZI
2.1 (b) tre nove uno zero. (c) tre nove sette cinque. (d) tre nove sei. (e) tre nove uno otto cinque.
2.2 (a) A che piano è il dottor Corradi, per favore? Terzo piano, numero nove. (b) A che piano è la signora Malara, per favore? Secondo piano, numero otto. (c) A che piano è il professor Ripa, per favore? Quarto piano, numero sei. (d) A che piano è la signorina Lotti, per favore? Primo piano, numero dieci.
2.3 (a) Cosa fa il professor Russo? È architetto. (b) Cosa fa Carlo Pini? È ragioniere. (c) Cosa fa Olga Fulvi? È

dentista. (*d*) Cosa fa Alfredo Biondi? È giornalista.
2.4 (*a*) È bello! (*b*) È bello! (*c*) È bello! (*d*) È bella! (*e*) È bella! (*f*) È bello! (*g*) È bella! (*h*) È bello!

Unit 3

VERO O FALSO?
(1) Barbara è italiana. (2) V. (3) Il marito di Barbara è svizzero. (4) L'avvocato Russo non ha un appuntamento con il dottor Verga.

DOMANDE
(1) No. È svizzero. (2) Ha ventisette anni. (3) Si chiama Russo. (4) L'avvocato Russo (parla con la segretaria).

ESERCIZI
3.1 (*b*) Mi chiamo James Brown. Sono inglese. (*c*) Mi chiamo Marie Dubois. Sono francese. (*d*) Mi chiamo Wayne Rogers. Sono americano. (*e*) Mi chiamo Wilhelmina Tell. Sono svizzera. (*f*) Mi chiamo Ilse Kühne. Sono tedesca.
3.2 (*b*) Mi chiamo Riccardo Rossi. Sono di Boston. Sì. Sono sposato. Ho due bambini e una bambina: Lino, Umberto e Anna. Lino ha dodici anni, Umberto ha nove anni, e Anna ha sei anni.
(*c*) Mi chiamo Eva Scala. Sono di Roma. Sì. Sono sposata. Ho due bambine e un bambino: Teresa, Maria e Bruno. Teresa ha cinque anni, Maria ha quattro anni e Bruno ha due anni.
3.3 Lino ha un fratello e una sorella. Teresa e Maria hanno un fratello.
3.4 Eva Scala è di Roma. È sposata. Suo marito si chiama Roberto. Ha tre figli. La prima è una bambina e si chiama Teresa. La seconda si chiama Maria. Il terzo si chiama Bruno.

PROVA DI COMPRENSIONE
(1) Anna Marconi. (2) Yes. (3) Naples. (4) Journalist. (5) One. (6) Accountant. (7) In a small Swiss one. (8) Milan. (9) French and English. (10) Italian only.
2 (1) Northern Italy. (2) Industrial. (3) They are exported to London, Paris and New York. (4) Milan. (5) To check the way the factory runs. (6) Energetic. (7) The towns he visits. (8) For new shoe models.

Unit 4

VERO O FALSO?
(1) Roberto è in piazza. (2) V. (3) Il cappuccino è per la signorina. (4) Il professore prende tre cartoline. (5) V. (6) Il professore parte per Parigi lunedì. (7) Il dottore arriva a Londra verso mezzanotte. (8) La signorina parla con una signora. (9) La Stazione Centrale è dopo la chiesa. (10) La signorina prende l'autobus.

DOMANDE
(1) È con uno studente francese. (2) Il professore prende l'espresso e la signorina prende il cappuccino. (3) Vuole tre cartoline di San Pietro e tre francobolli. (4) Prende un pacchetto di sigarette e una scatola di cerini. (5) Parla con il professore. (6) Parte lunedì e va a Parigi. (7) No. Va in una piccola pensione. (8) Va a Londra e arriva verso mezzanotte. (9) Parla con una signora. (10) No. Ci vogliono solo cinque minuti. (11) No. Va in autobus. (12) Sono le dieci.

ESERCIZI
4.1 (*a*) Carlo va a New York in aereo. (*b*) Roberto va a Parigi in treno. (*c*) Franco va a Venezia in vaporetto. (*d*) Anna va a Roma in macchina. (*e*) Maria va a casa a piedi.
4.2 (*b*) Roberto: Vado a Parigi. In treno. (*c*) Franco: Vado a Venezia. In vaporetto. (*d*) Anna: Vado a Roma. In macchina. (*e*) Maria: Vado a casa. A piedi.
4.3 (*b*) Ci vuole un giorno. (*c*) Ci vuole mezz'ora. (*d*) Ci vuole un'ora. (*e*) Ci vogliono cinque minuti.
4.4 (*a*) Gli alberghi sono in Via

Mazzini. (*b*) I musei sono in Via Firenze. (*c*) I teatri sono in Via Torino. (*d*) I ristoranti sono in Via Cavour. (*e*) I bar sono in Via Napoli. (*f*) Le gallerie d'arte sono in Via Quattro Novembre. (*g*) Le fontane sono in Piazza Garibaldi.

4.5 (*a*) Il ristorante 'Da Luigi' è piccolo. (*b*) L'albergo Luxor è grande. (*c*) Il Teatro Romano è piccolo. (*d*) Le banche sono grandi. (*e*) Le fontane sono grandi. (*f*) I bar sono piccoli.

4.6 (*a*) Sono le sette e venticinque. (*b*) Sono le dodici e trenta. (*c*) Sono le tredici e quarantacinque. (*d*) Sono le quindici e cinquanta. (*e*) Sono le sedici e dieci. (*f*) Sono le diciassette e cinquantacinque. (*g*) Sono le diciannove e cinque. (*h*) Sono le venti e quindici. (*i*) Sono le ventidue e venticinque. (*j*) Sono le ventitrè e cinquantanove.

PROVA DI COMPRENSIONE

1 (1) Lawyer. (2) Milan. (3) Manager of a chocolate factory. (4) Because his appointment is urgent. (5) 11 a.m. (6) 12 noon. (7) Monday morning. (8) He is going to a congress.

2 (1) Physics and chemistry. (2) Technical institute. (3) Residential area. (4) He gives private lessons. (5) To see his married sister. (6) He leaves Saturday evening, he returns Monday morning. (7) He writes articles. (8) By car.

Unit 5

VERO O FALSO?

(1) V. (2) Il signore vuole prenotare tre posti. (3) V. (4) La signora vuole un vestito bianco o rosso taglia 46. (5) V. (6) La signora non prende la camicetta perchè è (troppo) cara. (7) V. (8) Il signore prende la camera grande.

DOMANDE

(1) Parte per Bologna. (2) No. Prende

il rapido. (3) Ci sono due cravatte (di seta). (4) No. Vuole quelli (grigi) di lana. (5) Perchè è troppo cara. (6) Perchè è bella e anche molto tranquilla. (7) No. Hanno la patente (di guida). (8) No. Sono al quarto piano.

ESERCIZI

5.1 Signor Rossi: Vorrei un biglietto per Milano. Prima classe. Alle diciotto e cinquanta. Dal binario cinque. Signora Scala: Vorrei un biglietto per Roma. Seconda classe. Alle venti e trentacinque. Dal binario dodici.

5.2 La signora Scala va a Roma. Fa un biglietto di seconda classe e parte alle venti e trentacinque dal binario dodici.

5.3 Carlo compra una cravatta nera, tre cravatte verdi, due paia di pantaloni neri, un paio di pantaloni verdi, un vestito nero e due vestiti verdi.

5.4 In Via Terni ci sono tre alberghi. In/a Piazza Dante c'è un palazzo. In/a Piazza Cavour ci sono quattro bar. A Roma ci sono due aeroporti.

5.5 Ticket: 1 From Trento to Rome. 2 Via Verona, Bologna & Florence. 3 14,500 lire. 4 Four days. 5 Second class.

PROVA DI COMPRENSIONE

1 (1) Two. (2) Ten days. (3) Two adults and two children. (4) Third floor. (5) If they have a bath. (6) One has, one hasn't. (7) The bar. (8) In the square.

2 (1) Because trains are cheap. (2) Booking in advance. (3) **Super-rapido** and **rapido** (4) A supplement must be paid on them. (5) Advance booking. (6) **Super-rapido**. (7) For those who have little time at their disposal. (8) Local trains.

Unit 6

VERO O FALSO?

(1) Franco vuol bere perchè ha sete. (2) Franco e Roberto parcheggiano all'ombra dell'albero.

(3) V. (4) A quest'ora il tabaccaio è chiuso. (5) Il signore vuole dei panini, del formaggio, del burro e della mortadella. (6) Prende due etti di mortadella e un chilo di zucchero. (7) V. (8) I signori A. e i signori B. sono all'aeroporto. (9) I signori B. aspettano degli amici. (10) La signora A. ritorna in ufficio alle quattro e un quarto.

DOMANDE
(1) Vuol mangiare qualcosa. (2) Parcheggiano. (3) Vuol comprare le sigarette e telefonare al professore. (4) Desidera un etto di burro e un etto di formaggio. (5) No. Sono in salumeria. (6) Aspettano degli amici. (7) I signori Avino vanno in Grecia e i ragazzi vanno al mare. (8) Lavora fino alle sette. (9) No. È in ufficio. (10) I ragazzi fanno il campeggio e la signora Bernardo fa delle ricerche.

ESERCIZI
6.1 (a) È vicino alla Banca d'America. (b) È vicino al Teatro Romano. (c) È vicino all' Albergo Luxor. (d) È vicino a Piazza Garibaldi.
6.2 (a) In/A Via Roma ci sono delle banche. (b) In/A Via Cavour ci sono dei ristoranti. (c) In/A Via Torino ci sono dei teatri. (d) In/A Via Mazzini ci sono degli alberghi. (e) In/A Via Napoli ci sono dei bar. (f) In/A Via Quattro Novembre ci sono delle gallerie d'arte. (g) In/A Piazza Garibaldi ci sono delle fontane. (h) In/A Via Firenze ci sono dei musei.
6.3 Maria vuol comprare del burro, del formaggio, della birra, dell'olio, degli spaghetti, dello zucchero, dei cerini e dell'acqua minerale.
6.4 Ogni anno . . . desiderano fare . . . e vanno . . . preparano . . . poi vanno . . . e prendono . . . arrivano al mare dove fanno . . . mangiano . . . vanno . . . se hanno fame . . . Ritornano . . .

PROVA DI COMPRENSIONE
(1) To Greece. (2) One month. (3) No, to a hotel. (4) Germany (Berlin). (5) One week. (6) By train.

(7) To France. (8) For a couple of weeks. (9) No, with friends.
2 (1) 1 p.m. (2) About 4 p.m. (3) No: 7.30 p.m. in winter, 8.00 p.m. in summer (generally). (4) Yes, except for foodshops in small villages. (5) Office times. (6) 8.30 a.m. — 2.00 p.m. (7) Yes. (8) In almost every town.

Unit 7

VERO O FALSO?
(1) V. (2) Insegna matematica. (3) V. (4) Nella fotografia sua moglie è dietro ai nonni.

DOMANDE
(1) Abita a Napoli. (2) No. Insegna in un istituto tecnico. (3) Esce con qualche amica. (4) Legge o scrive o ascolta la radio o guarda la televisione, oppure va al cinema. (5) Si chiama Alessandro. (6) No. È seduto per terra.

ESERCIZI
7.1 (a) Che bella stazione! (b) Che bei fiori! (c) Che begli specchi! (d) Che belle chiese! (e) Che belle cartoline! (f) Che begli alberi!
7.2 (b) La statua è nel Museo Nazionale. (c) La macchina è nella strada. (d) Le sigarette sono nei pacchetti. (e) Gli studenti sono nell'istituto tecnico. (f) C'è troppo sale negli spaghetti!
7.3 (a) Maria: Abito a Terni. Lavoro in un'agenzia di viaggi. Esco la mattina alle otto meno cinque e torno a casa alle sei e cinque. Il sabato non lavoro. Vado in montagna con mio marito.
I signori Spada: Abitiamo a Napoli. Lavoriamo in un istituto di lingue. Usciamo la mattina alle sette e mezzo e torniamo a casa alle due meno venti. Il sabato non lavoriamo. Andiamo in campagna con i nostri genitori.
(b) Anna lavora in una banca commerciale, ma i signori Spada lavorano in un istituto di lingue. Anna esce la mattina alle otto meno un quarto, ma i signori Spada escono alle sette e mezzo. Anna torna a casa alle cinque, ma i signori

Spada tornano a casa alle due meno venti. Il sabato Anna va al mare con sua sorella, ma i signori Spada vanno in campagna con i loro genitori.
7.4 Anna: Leggo o ascolto la radio. Maria: Gioco a tennis o vado al cinema. I signori Spada: Guardiamo la televisione o giochiamo a carte.

PROVA DI COMPRENSIONE
(1) She teaches French and German. (2) At about 8 a.m. (3) At school. (4) She returns home. (5) She reads (a lot) and watches television if there is a good programme on. (6) Sunday. (7) By the sea. (8) Because her parents have a villa there.

Unit 8

VERO O FALSO?
(1) Roberto cerca un appartamento al centro. (2) Cerca un appartamento di quattro camere. (3) I mobili sono moderni. (4) Il vaso è sulla tavola. (5) V. (6) Il televisore è a colori.

DOMANDE
(1) Cerca un appartamento di quattro camere al centro. (2) No. È vicino al Duomo. (3) Il balcone dà sul cortile e la finestra dello studio dà sulla strada. (4) Si paga l'affitto. (5) (Si accende) la luce. (6) Il televisore è nel soggiorno e il frigorifero è in cucina.

ESERCIZI
8.1 (*a*) Ce ne sono due. (*b*) Ce ne sono quattro. (*c*) Ce n'è una. (*d*) Ce ne sono quattro. (*e*) Ce ne sono sette.
8.2 Il frigorifero è nella/in cucina. Il televisore è nel soggiorno. Il letto è nella/in camera da letto. La tavola è nella/in sala da pranzo.
8.3 Il vaso è sulla tavola. Le lenzuola sono sul letto. Il telefono è sul tavolino. I libri sono sullo scaffale.
8.4 (*a*) Davide cerca un appartamento di quattro camere, in periferia, vicino alla strada principale. (*b*) Bianca cerca un appartamento di tre camere, in periferia,

vicino alla stazione. (*c*) Lola e Rita cercano un appartamento di cinque camere, al centro, vicino all' ufficio. (*d*) Cerchiamo un appartamento di cinque camere, al centro, vicino all' ufficio.

PROVA DI COMPRENSIONE
1 (1) The Coliseum. (2) It is not very modern. (3) On the fourth. (4) No. (5) Five. (6) Three. (7) Bathroom and kitchen. (8) The bathroom is small but the kitchen is nice and big.
2 (1) A luxury flat in a tourist district. (2) Two to five room flats. (3) A flat in a residential district with a park. (4) Immediate sale. (5) A villa with a scenic view built as two separate flats, in a unique position. (6) It's superbly built and on the seafront at Riviera dei Fiori. (7) He's looking for a luxury flat in a modern block that is free in June. (8) An English student is looking for furnished accommodation and wants to exchange conversation lessons.

Unit 9

VERO O FALSO?
(1) D'estate Giulio va a nuotare al lago. (2) Va a nuotare due volte alla settimana. (3) Il suo sport preferito è il jogging. (4) V. (5) V. (6) V. (7) Aldo si occupa della vendita dei libri. (8) V. (9) V. (10) La sera cenano piuttosto tardi.

DOMANDE
(1) Fa il tennis, il nuoto e lo sci. (2) Fa il jogging. (3) D'inverno va a nuotare in piscina, d'estate (va a nuotare) al lago. (4) No. Corre anche quando fa brutto tempo. (5) No. Non si sente affatto stanco. (6) No. Si alzano presto. (7) Fanno il caffè. (8) Nella libreria lavorano tutti e due. (9) Aldo si occupa della vendita dei libri e Rita della contabilità. (10) Si riposano un po'.

ESERCIZI

9.1 (a) Il mio vestito è nell'armadio. Il mio biglietto è sul tavolino. La mia cravatta è sulla sedia. La mia camicia è sul letto. I miei libri sono nello studio. I miei bagagli sono nell'ingresso. Le mie chiavi sono sulla radio. Le mie sigarette sono sulla tavola. (b) Dov'è il suo vestito? Dov'è il suo biglietto? Dov'è la sua cravatta? Dov'è la sua camicia? Dove sono i suoi libri? Dove sono i suoi bagagli? Dove sono le sue chiavi? Dove sono le sue sigarette?

9.2 Mi sveglio sempre prima delle sette e mezzo. Mi alzo sempre presto. Mi lavo sempre con l'acqua fredda. Mi vesto sempre prima di mezzogiorno.

9.3 Giocano sempre a carte e non lavorano mai. Escono sempre e non studiano mai. Guardano sempre la televisione e non leggono mai. Parlano sempre e non ascoltano mai. Prendono sempre l'autobus e non vanno mai a piedi. Cominciano sempre e non finiscono mai.

9.4 (a) Nevica. (b) Piove. (c) C'è (il) sole/fa bel tempo. (d) Tira/C'è vento.

PROVA DI COMPRENSIONE

1 (1) She works in a restaurant. (2) A busy day. (3) Fourteen hours a day. (4) Twice. (5) In summer, because there are too many customers. (6) Spring and autumn. (7) She goes to Switzerland with her daughter. (8) Skiing.

2 (1) Temperate, or mild. (2) It rains more in the mountains. (3) Because it rains very little. (4) No, it snows in all parts. (5) It varies from region to region. (6) It is the town where it snows least. (7) It's one of the sunniest parts of Italy. (8) They are the cities with the most sunshine.

Unit 10

VERO O FALSO?

(1) Eva vuole una borsa di pelle. (2) La

borsa di pelle costa molto. (3) Ada vuol prendere il portafoglio per Marco. (4) V. (5) V. (6) Il signore offre delle compresse per la gola alla signorina. (7) V. (8) La macchina di Aldo è meno veloce dell'Alfetta 1600 (milleseicento). (9) Aldo preferisce vivere in campagna. (10) Preferisce la musica classica.

DOMANDE

(1) No. Vuol comprare una borsa. (2) Preferisce quella di pelle. (3) Perchè non ha più soldi. (4) Perchè non si sente molto bene. (5) Per vedere quale farmacia è di turno. (6) No. Le prende senz'acqua. (7) Va al suo paese. (8) C'è una nuova discoteca. (9) Va a ballare. (10) No. È difficile.

ESERCIZI

10.1 (b) Il vino bianco le piace, ma preferisce il vino rosso. (c) Il cinema le piace, ma preferisce il teatro. (d) Milano le piace, ma preferisce Firenze. (e) Le melanzane le piacciono, ma preferisce i peperoni. (f) I libri le piacciono, ma preferisce le riviste.

10.2 (b) Le piace il vino bianco o il vino rosso? Il vino bianco mi piace, ma preferisco il vino rosso. (c) Le piace il cinema o il teatro? Il cinema mi piace, ma preferisco il teatro. (d) Le piace Milano o Firenze? Milano mi piace, ma preferisco Firenze. (e) Le piacciono le melanzane o i peperoni? Le melanzane mi piacciono, ma preferisco i peperoni. (f) Le piacciono i libri o le riviste? I libri mi piacciono, ma preferisco le riviste.

10.3 (a) Lo prende al bar. (b) Le compra in tabaccheria. (c) La prende in salumeria. (d) Li compra in panetteria. (e) Lo compra in/all'edicola. (f) L'aspetta all'edicola.

10.4 (a) Ha mal di gola. (b) Ha mal di testa. (c) Ha la febbre. (d) Ha mal di stomaco. (e) Ha mal di denti.

10.5 (a) Pietro è più grande di Paolo. (b) Lino è più piccolo di Paolo. (c) Lino è più piccolo di Pietro. (d) Pietro è più grande di Lino. (*e*) Paolo è più piccolo di Pietro.

10.6 (*a*) L'aereo è più veloce del treno. (*b*) Il treno è più veloce dell'autobus. (*c*) La macchina è più veloce della bicicletta. (*d*) La bicicletta è meno veloce dell'autobus. (*e*) L'espresso è meno veloce del rapido.

10.7 (*a*) Lo vedo fra cinque minuti. (*b*) La vedo fra tre giorni. (*c*) Lo prendo fra un'ora. (*d*) Lo pago fra una settimana.

PROVA DI COMPRENSIONE
(1) A new car. (2) It uses too much petrol. (3) A car that uses less petrol and is faster. (4) Because he would need to have a smaller car to use less petrol, and he doesn't like small cars, whereas large cars would be too expensive. (5) He doesn't want to pay too much (lit: so much). (6) Because he wants to buy a flat too. (7) A larger one. (8) Three would not be enough for his four children.

2 (1) Buses. (2) Yes. (3) In a café/ bar, a tobacconist's or at an appropriate office. (4) Naples, Rome and Milan. (5) Naples. (6) Station, tobacconist's, newsagent's, newspaper stand. (7) To the city centres. (8) They offer a fast and efficient service but they are more expensive.

Unit 11

VERO O FALSO?
(1) V. (2) Il direttore non c'è. (3) V. (4) Il signor Cioffi non può ritornare più tardi. (5) Rina studia medicina. (6) Fa l'ultimo anno. (7) Si laurea a giugno. (8) V. (9) Isa può uscire con lui domenica. (10) V. (11) Sabato Isa deve uscire con i suoi. (12) Domenica Angelo deve vedere Isa alle nove.

DOMANDE
(1) No. Vuole entrare. (2) No. Non c'è. (3) Perchè deve andare a Milano per affari. (4) Deve aspettare. (5) No.

È lì per motivi di studio. (6) No. Non lo sa. (7) Vuole uscire con Isa e andare a ballare. (8) Deve andare al cinema. (9) Perchè deve andare a teatro. (10) No. Deve vedere Isa.

ESERCIZI
11.1 Alle dieci deve vedere il signor Rossi. Alle undici deve mostrare la fabbrica C. a due clienti americani. Alle quattro e un quarto/alle sedici e quindici deve accompagnare i suoi all'aeroporto. Alle nove e mezzo/alle ventuno e trenta deve andare a cena con il dottor Sgambati.

11.2 Alle dieci devo vedere il signor Rossi. Alle undici devo mostrare la fabbrica C. a due clienti americani. Alle quattro e un quarto/alle sedici e quindici devo accompagnare i miei all'aeroporto. Alle nove e mezzo/alle ventuno e trenta devo andare a cena con il dottor Sgambati.

11.3 Maria non può uscire la mattina, ma il pomeriggio sì. Carlo e Paolo possono uscire la mattina, ma il pomeriggio no.

11.4 Luisa: Posso uscire la mattina, ma il pomeriggio no. Maria: Non posso uscire la mattina, ma il pomeriggio sì. Carlo e Paolo: Possiamo uscire la mattina, ma il pomeriggio no.

11.5 (1) Because the typewriter is for everybody. (2) Portable.

PROVA DI COMPRENSIONE
1 (1) Antonio. (2) Rome. (3) Friday. (4) He has to see three American customers. (5) His wife. (6) The customers. (7) She must have two articles ready for her paper. (8) He is very sorry (says: 'What a pity!').

2 (1) Near Rome. (2) Because she has to start work at eight. (3) On foot. (4) She hasn't time to go to lunch with her colleagues. (5) She has to see customers, answer the 'phone, and, in the director's absence, decide whether to cancel or confirm an order. (6) To act as her director's interpreter.

Unit 12

VERO O FALSO?
(1) Per Via Roma c'è un autobus ogni dieci minuti circa. (2) La fermata del 48 è dopo il ponte. (3) V. (4) Il signor Pozzi va alla stazione centrale in autobus. (5) V. (6) La fermata del 68 è davanti all'università. (7) Il viaggiatore vuole andare a Perugia. (8) V. (9) Se il viaggiatore prende il rapido deve cambiare treno. (10) Il rapido è in ritardo (di due minuti) e parte dal binario 9.

DOMANDE
(1) No. Parla con un passante. (2) Perchè non esiste. (3) No. È in/a Piazza Garibaldi. (4) Deve passare per il sottopassaggio. (5) Deve prendere il 68. (6) Deve cercare la fermata. (7) È meglio prendere il 9 o il 14. (8) No. Vuol prendere il treno. (9) Parte fra tre ore. (10) Deve cambiare treno.

ESERCIZI
12.1 (*b*) Come si fa per andare a Ponte San Giovanni? Prenda la seconda traversa a sinistra. (*c*) Come si fa per andare alla stazione? Prenda la terza traversa a sinistra. (*d*) Come si fa per andare al museo? Prenda la terza traversa a destra. (*e*) Come si fa per andare alla Banca Commerciale? Prenda la seconda traversa a destra. (*f*) Come si fa per andare all'università? Prenda la prima traversa a destra.
12.2 (*a*) Giri a sinistra. (*b*) Vada sempre dritto. (*c*) Giri a destra. (*d*) Si fermi.
12.3 ...vada... giri... scenda... attraversi... prenda...
12.4 (*a*) Aspetti... (*b*) Prenoti... (*c*) Legga... (*d*) Pulisca... (*e*) Venga...
12.5 (*a*) Sì, sì. Le mangi! (*b*) Lo beva! (*c*) L'apra! (*d*) Li faccia! (*e*) La prenda!
12.6 (*a*) No. Si lavi... (*b*) No. Si rada... (*c*) No. Si segga... (*d*) No. Si cambi...

PROVA DI COMPRENSIONE
1 (1) The cinema. (2) There are two. (3) *Bread and Wine.* (4) The Rivoli. (5) Piazza Municipio (Town Hall Square). (6) Nos 10 or 12. (7) At the crossroads. (8) About twenty minutes.
2 (1) Privately. (2) They will become state owned. (3) You have to pay to go on them. (4) By the type of vehicle and the distance covered. (5) Economic and social links. (6) Because it runs almost the whole length of Italy. (7) They join the motorways to the big towns. (8) Sometimes there are long toll-queues.

Unit 13

DOMANDE
(1) Per fare il telegramma deve andare allo sportello numero tre, e per spedire il pacco allo sportello numero nove. (2) Deve scrivere nome, cognome, e indirizzo del mittente. (3) Perchè chiude alle 14.00. (4) Vuol sapere dov'è la buca delle lettere. (5) Perchè è il suo compleanno. (6) No. Non gli piacciono. (7) Vuol telefonare a Renzo. Vuol telefonargli. (8) Devono andare a pranzo da Carla. (9) Vogliono portarle una scatola di 'Baci Perugina' ed un bel fascio di rose. (10) Livio va dal fioraio e Sandra va dal pasticciere.

ESERCIZI
13.1 (*b*) Renzo gli dà un libro. (*c*) Beatrice gli porta un disco. (*d*) Livio gli manda delle sigarette. (*e*) Matteo gli regala del profumo. (*f*) Maria gli telefona per fargli gli auguri.
13.2 (*a*) Le telefono... (*b*) Gli telefono... (*c*) Gli telefono... (*d*) Le scrivo... (*e*) Le scrivo... (*f*) Gli parlo.../Parlo con loro...
13.3 (*b*) A chi vuol mandare la cartolina di auguri? Voglio mandarla a Beatrice. (*c*) A chi vuol regalare la borsa di pelle? Voglio regalarla a Maria. (*d*) A chi vuol portare i cioccolatini? Voglio portarli a Marco. (*e*) A chi vuol dare il profumo? Voglio darlo a Gino.

13.4 Francobollo—Non ce l'ho—Perchè non lo compri?—è chiusa—il tabaccaio è aperto—un tabaccaio—spedirla—devo mandargli—A chi devi mandarli?

13.5 (*a*) (1) Registered letter. (2) Lucio Russo. (3) Simona Cappiello. (*b*) (1) For wedding greetings. (2) Grosseto.

13.6 (*a*) Mother's Day. (*b*) Because they are from Perugia.

PROVA DI COMPRENSIONE

1 (1) Carla. (2) Post-office. (3) To get a present for Antonio. (4) Because it's his name-day. (5) Reading. (6) Not too much. (7) Because he likes to listen to music in the car. (8) A cassette.

2 (1) 6th January. (2) Sunrise and sunset times. (3) Eight hours fifty minutes. (4) Rises 2.17. a.m. and sets 12.24 p.m. (5) Ambition, a sense of self-importance, meticulousness. (6) 7th January. (7) No. (8) Yes. (9) Children of journalists. (10) Surprise gifts.

Unit 14

DOMANDE

(1) Ora vive in Inghilterra. (2) No. È andato a lavorare a Bedford. (3) È andato ad abitare a Londra. (4) È tornato in Italia/nel suo paese natio. (5) Sì è già laureata. (6) No. Si è iscritta al corso di laurea in lingue. (7) C'è andata per quattro giorni. (8) Si sono incontrati a Canterbury. (9) È in Sicilia da un'ora/È appena arrivato. (10) Perchè deve scappare.

ESERCIZI

14.1 (*b*) Paolo Nuzzo è nato nel '59. È stato in Austria per due anni. È andato a Vienna. Poi è tornato in Italia. (*c*) Mirella Perrone è nata nel '47. È stata in Francia per un anno. È andata a Parigi. Poi è tornata in Sicilia. (*d*) I signori Caraffi sono nati nel '48. Sono

stati in Spagna per dodici anni. Sono andati a Barcellona. Poi sono tornati in Sardegna. (*e*) Anna e Silvia sono nate nel '61. Sono state in Grecia per sei anni. Sono andate ad Atene. Poi sono tornate a Roma.

14.2 (*b*) Ci sono andata in aprile. (*c*) Ci sono ritornata nel mese di agosto. (*d*) Ci sono andata in macchina. (*e*) No. Ci sono andata con la mia amica Francesca.

14.3 Marco si è iscritto all'università di Roma. Si è laureato in medicina in sei anni. Anna si è iscritta all'università di Bologna. Si è laureata in matematica e fisica in sette anni. Carlo e Filippo si sono iscritti all'università di Napoli. Si sono laureati in legge in quattro anni.

14.4 (*a*) Non la vede da due anni. (*b*) Non le telefona da una settimana. (*c*) Non gli scrive da un mese. (*d*) Lo conosce da molti anni. (e) Lo suona da nove anni. (*f*) Lo/l'aspettano da poco tempo.

14.5 (*a*) Pina è andata in banca un'ora fa. (*b*) Giorgio è andato a pranzo un quarto d'ora fa. (*c*) Enrico è tornato a casa mezz'ora fa. (*d*) Carlo è andato a letto cinque minuti fa. (*e*) Filippo si è alzato dieci minuti fa.

14.6 Giorgio e Pina (*a*) s'incontrano; (*b*) si vedono; (*c*) si parlano; (*d*) si salutano.

14.7 (*b*) Ci siamo visti. (*c*) Ci siamo parlati. (*d*) Ci siamo salutati.

PROVA DI COMPRENSIONE

(1) Almost every year. (2) Last year. (3) Two evenings. (4) For the opera. (5) No-one. (6) He speaks Italian very well. (7) He has a degree in Italian. (8) University of London. (9) Two years ago. (10) British.

2 (1) Work and a better life. (2) Because Italian (or Italian dialect) can be heard there. (3) To spend their old age in their home town or village. (4) Climate: lack of sunshine. (5) The South and the islands. (6) All over Europe. (7) Difficulty in finding work. (8) Because they like travelling.

Unit 15

DOMANDE
(1) No. Ha preso l'autobus. (2) Sta meglio. (3) No. Ha visitato sua moglie. (4) Le ha detto che ha bisogno di un po' di riposo. (5) No. Hanno deciso di non partire più. (6) No. Le hanno già comprate. (7) No. Ne hanno comprate dodici. (8) Gli hanno preso una cravatta di seta pura. (9) No. È andata con Valeria. (10) No. Ha comprato anche pane, burro, latte, uova e biscotti.

ESERCIZI
15.1 (*b*) Martedì scorso ha cenato tardi. (*c*) Mercoledì scorso non ha studiato affatto. (*d*) Giovedì scorso ha lavorato fino alle dieci. (*e*) Venerdì scorso ha mangiato fuori. (*f*) Sabato scorso ha giocato a scacchi. (*g*) Domenica scorsa ha dormito fino a mezzogiorno.
15.2 (*a*) Lunedì sono andato a teatro. (*b*) Martedì ho cenato tardi. (*c*) Mercoledì non ho studiato affatto. (*d*) Giovedì ho lavorato fino alle dieci. (*e*) Venerdì ho mangiato fuori. (*f*) Sabato ho giocato a scacchi. (*g*) Domenica ho dormito fino a mezzogiorno.
15.3 (*b*) No. Non l'ho ancora comprato. (*c*) No. Non l'ho ancora presa. (*d*) No. Non l'ho ancora trovato. (*e*) Non l'ho ancora scritta. (*f*) No. Non l'ho ancora messo.
15.4 Mi sono vestito... ho fatto colazione... ho comprato... ho telefonato... gli ho chiesto... sono andato... ho detto... ho preso... ho fatto la spesa.
15.5 (*a*) Ne ho mandato uno. (*b*) Ne ho visti due. (*c*) Ne ho spedite sei. (*d*) Ne ho scritte quattro. (*e*) Ne ho visitata una. (*f*) Ne ho spesi molti. (*g*) Ne ho cambiate poche. (*h*) Ne ho bevuti tre.

PROVA DI COMPRENSIONE
1 (1) To leave. (2) His passport.
(3) He went to change his money there. (4) She saw nothing there when she cleaned. (5) With the other documents. (6) Train tickets in her bag. (7) In his study. (8) Because the train is leaving in half an hour.
2 (1) The various networks and channels. (2) Three. (3) Three times. (4) Debates, series of documentaries on various topical world problems, plays, musical programmes, films, quizzes. (5) They are very good. (6) Independent television and radio programmes. (7) Regional or local in character.

Unit 16

DOMANDE
(1) È andata dal medico/dottore perchè si sente male. (2) Deve aprire la bocca. (3) Le fanno male le gambe. (4) Perchè ha preso un po' d'insolazione. (5) Deve andare in farmacia. (6) Perchè ha mal di denti. (7) Le chiede di accomodarsi/sedersi. (8) Perchè ha gli esami. (9) Perchè è cariato. (10) Le dà uno spazzolino e un dentifricio speciali. (11) No. È della signora. (12) Controlla l'olio, l'acqua e le gomme.

ESERCIZI
16.1 (*a*) Anna: Mi fa male il braccio. (*b*) Giorgio: Mi fa male il naso. (*c*) Alessandro: Mi fa male il ginocchio. (*d*) Livio: Mi fanno male gli occhi. (*e*) Orazio: Mi fanno male i piedi. (*f*) Gina: mi fanno male le gambe.
16.2 (*a*) Anna... perchè le fa male il braccio. (*b*) Giorgio... perchè gli fa male il naso. (*c*) Livio... perchè gli fanno male gli occhi. (*d*) Orazio... perchè gli fanno male i piedi. (*e*) Gina... perchè le fanno male le gambe. (*f*) Alessandro... perchè gli fa male il ginocchio.
16.3 (*a*)... ho scritto... (*b*)... l'ho letto. (*c*)... l'ho

fumato. (*d*) ... l'ha bevuta.
(*e*) ... l'ha messo. (*f*) ...
hanno fatto ... (*g*) ... hanno
preso ... (*h*) ... ha tolto ...
16.4 (*a*) Prenda ... scriva ... (*b*) Compri ... lo legga! (*c*) Accenda ...
lo fumi! (*e*) Prenda il vestito ... lo metta!
16.5 (*a*) No. Non le prenda! (*b*) No.
Non li compri! (*c*) No. Non gli
telefoni! (*d*) No. Non le scriva!
(*e*) No. Non li chiuda! (*f*) No. Non
l'apra!
16.6 (*a*) È sua. (*b*) È suo. (*c*) È
mio. (*d*) Sono suoi. (*e*) Sono miei.
(*f*) Sono sue. (*g*) Sono miei.
(*h*) Sono suoi. (*i*) Sono mie.
16.7 (*b*) È suo questo ombrello?
(*d*) Sono suoi questi occhiali? (*f*) Sono
sue quelle chiavi? (*h*) Sono suoi
quei giornali?

PROVA DI COMPRENSIONE
1 (1) In a vehicle. (2) Hot and
sunny. (3) No: his eyes hurt. (4) To
put his glasses on. (5) They are at the
optician's. (6) At the service station.
(7) Fill up with petrol. (8) To be told
not to wait up. (They might be back late).
2 (1) Traditions. (2) The patron
saint of the village. (3) Several days.
(4) The patron saint, a band, priests,
children and the faithful with
candles. (5) There is music. (6) As
examples of produce which is celebrated
in rural festivals. (7) In tourist
resorts. (8) As this Italian Bank
Holiday is the most important festival
during the summer break.

Unit 17

DOMANDE
(1) Perchè ha perso il passaporto.
(2) Quando è uscita dal Duomo.
(3) È nata a Lugano nel 1960. (4) È
svizzera. (5) Le ha chiesto di usare
il (suo) telefono/di telefonare.
(6) Perchè suo marito si è sentito
male (per strada). (7) Ha telefonato
all'ospedale/ha chiamato l'ospedale.

(8) Hanno fatto la pastasciutta.
(9) Gli ha dovuto dare/ha dovuto dargli
l'apriscatole. (10) No. Non gli piace
affatto.

ESERCIZI
17.1 (*b*) Torni ...! (*c*) Vada ...!
(*d*) Si copra ...! (*e*) Prenda ...!
(*f*) Chiami ...! (*g*) Rimanga ...!
(*h*) Non si preoccupi ...!
17.2 (*b*) Non la usi! (*c*) Non lo
compri! (*d*) Non lo paghi! (*e*) Non
la beva! (*f*) Non lo prenda! (*g*) Non
l'attraversi! (*h*) Non li perda!
17.3 (*a*) Non fumi! (*b*) Prenda ...!
(*c*) Non insista! (*d*) Non parcheggi
li! (*e*) Vada in macchina! (*f*) Porti
l'ombrello! (*g*) Metta ...!
17.4 (*b*) Alfredo, non gridare!
(*c*) Elena, non toccare ...! (*d*) Filippo,
lavati le mani! (*e*) Sedetevi ...!
(*f*) Scegliete ...! (*g*) Bevete ...!
(*h*) Non parlate ...! (*i*) Non fate ...!
17.5 (*a*) Luigi, sta' zitto! (*b*) Alfredo,
fammi assaggiare ...! (*c*) Elena, va'
...! (*d*) Vittorio, dammi ...!
(*e*) Maria, sta' zitta! (*f*) Nina, dimmi
cosa vuoi ...!
17.6 ... si è alzata, ha acceso ... si è
vestita e ha fatto ... ha lavato ... ha
fatto ... ha messo in ordine ... ha dato
... ha chiuso ... è scesa giù ... Ha
preso ... è scesa ... lo ha/l'ha fatto ...
ci ha messo ... è arrivata ... ha sbrigato
... ha risposto ... ha scritto ... le ha
dettato ... ha visto ... sono andati
insieme ... hanno ordinato ... hanno
mangiato. Hanno bevuto ... hanno
preso ... Hanno pagato ... hanno lasciato ... l'ha accompagnata ... è ritornata .. ha fatto ... ha cenato, ha dato
... è andata ...

PROVA DI COMPRENSIONE
1 (1) Driving licence. (2) He is not
sure: someone broke into his car and may
have taken it. (3) Central Office of
police (Police Headquarters). (4) In
Via Mazzini. (5) To the tobacconist's. (6) To buy official stamped
paper. (7) Because he has no driving

document/licence. (8) He can use a copy of the official statement in lieu.
2 (1) Antonietta Motto. (2) Quite confident (lit: 'quite without fear'). (3) It could only be opened from the inside. (4) To send a registered letter and get a receipt. (5) The bell rang. (6) Because she thought the man outside wanted to rob the post-office. (7) Because, drawing a pistol out of his pocket, her customer told her to open the door since it was a friend of his. (8) Nothing.

Unit 18

DOMANDE
(1) Andrà in Calabria (dai suoi parenti). (2) Le trascorrerà a Catanzaro. (3) Ricomincerà a lavorare. (4) Si trova bene. (5) Perchè nel Sud non c'è abbastanza lavoro per tutti. (6) Verranno dal Museo di Arte Moderna di New York. (7) Gli farà sapere per quanto tempo resterà aperta la mostra. (8) Lo chiamerà/gli telefonerà. (9) Sarà in vendita il nuovo disco. (10) Perchè la signorina domani parte per le vacanze. (11) Dovrà mostrargli/Gli dovrà mostrare la ricevuta. (12) Dovrà scrivere alla casa discografica.

ESERCIZI
18.1 (b) Berrò . . . (c) Andrò . . . (d) Farò . . . (e) Pulirò . . . (f) Preparerò . . . (g) Sparecchierò . . . (h) Laverò . . . (i) Mi riposerò . . . (j) Prenderò . . . (k) Andrò . . . (l) Finirò . . . (m) Uscirò . . .
18.2 No. (a) Usciranno . . . (b) Resteranno . . . (c) Verranno . . . (d) Potranno . . . (e) Saranno . . . (f) Lo faranno . . . (g) Arriveranno . . . (h) La costruiranno . . .
18.3 Staremo . . . trascorreremo . . . Torneremo . . . daremo . . . inviteremo . . . guarderemo . . . andremo . . . ci siederemo . . . prenderemo . . . ascolteremo . . .

18.4 Non si preoccupi! (a) Glieli farò io. (b) Glielo comprerò io. (c) Glieli cambierò io. (d) Glieli riporterò io. (e) Gliela imbucherò io. (f) Glielo prenderò io. (g) Gliele chiuderò io.
18.5 (a) di cui. (b) con cui. (c) da cui. (d) per cui. (e) a cui.

PROVA DI COMPRENSIONE
1 (1) No: a book/guide. (2) The lakes. (3) A guide of Northern Italy. (4) Nothing in stock. (5) It was sold an hour ago. (6) The end of May. (7) He wants to reserve a copy. (8) To pay 10% deposit and leave his address.
2 (1) Everything to do with playing, reproducing and listening to it. (2) Fourteen. (3) A show of folklore. (4) Lombardy (North of Italy). (5) United States, Japan, West Germany, France. (6) Behind United States and Japan. (7) By 25% (8) Not at all.

Unit 19

DOMANDE
(1) Lavorava a Torino. (2) Perchè la vita di fabbrica non era per lui. (3) No. La trovava molto monotona. (4) No. Non lo sapeva. (5) Dicevano sempre che non volevano sposarsi. (6) Hanno fatto il bagno nel fiume. (7) Gli ha proibito di bere. (8) Perchè non ha potuto/perchè suo padre era gravemente ammalato e non poteva più mantenerlo. (9) È andato a lavorare in un'azienda agricola. (10) Perchè il padrone ha venduto tutto.

ESERCIZI
19.1 (b) Faceva . . . fa . . . (c) C'era . . . c'è . . . (d) Uscivo . . . non esco mai. (e) Venivano a trovarmi . . . non viene nessuno. (f) Andavo . . . vado . . . (g) Mangiavo . . . mangio . . . (h) Parlavo . . . non parlo con nessuno. (i) Bevevo . . . bevo . . . (j) Finivo . . . finisco . . .
19.2 (a) . . . era . . . (b) . . . faceva

male ... (c) ... costavano ..
(d) ... ero ... dovevo ... (e) ... era
... (f) ... avevamo (g) avevano
... (h) ... eravamo ... (i) ... non
mi sentivo ... (j) ... aveva bisogno di
...

19.3 (a) ... si radeva, ha telefonato
(b) ... scriveva, si è rotta ...
(c) ... riparava ..., è arrivata ...
(d) ... cucinava, si è scottato ...
(e) ... leggeva, se n'è andata ...
(f) ... guardava ...,... gli ha chiesto
...

19.4 1 (a) No. È laureata da poco
tempo (b) Si offre di pomeriggio e di
sera. (c) Vive a Bergamo. 2 (a) Ha il
diploma di ragioniera. (b) Vuole lavorare per mezza giornata. (c) Bisogna
telefonarle nelle ore dei pasti.
3 (a) No. Sono prossimi alle
nozze. (b) No. Vogliono prenderlo in
affitto. (c) No. Può essere anche
piccolo. 4 (a) No. È laureato in
scienze politiche. (b) Ha trent'anni/Ne
ha trenta. (c) No. Lavora da
molto. (d) Conosce il francese,
l'inglese e il tedesco.
19.5 (a) 9, (b) 6, (c) 1, (d) 3,
(e) 2, (f) 5, (g) 4, (h) 7, (i) 8.

PROVA DI COMPRENSIONE
1 (1) Naples. (2) No. A large mechanised farm. (3) Fruit. (4) Quality
control. (5) Because a minor mistake
could lose very important customers.
(6) Three and a half years.
(7) Sorrento. (8) Because her father
was tired of living in a large town.
2 (1) Rural. (2) It was much
smaller. (3) Silk. (4) Turin began to
industrialise. (5) The expansion of
FIAT (motor company). (6) Leaving
the countryside and settling in the
town. (7) It created many
problems. (8) They are trying to re-
fashion a solidly united community.

Unit 20

DOMANDE
(1) Sono due studenti della Svizzera
italiana. (2) No. E milanese. (3) Di
solito legge *Il Corriere della Sera, La
Stampa, Il Tempo* o *Il Mattino*. (4) Sì.
Ma vedrebbe volentieri dei
cambiamenti. (5) Vorrebbe abolire le
televisioni private. (6) Dovrebbe sì divertire, ma prima di tutto informare e
offrire diverse visioni del mondo.
(7) Preferirebbe rimanere a casa a
leggere. (8) Perchè erano esauriti.
(9) Gli chiede di prestarle il saggio
di Croce. (10) No. Gli farebbe
comodo. (11) No. Non dovrebbero
imitarli.

ESERCIZI
20.1 (a) berrei. (b) mangerei.
(c) metterei. (d) prenderei. (e) ascol-
terei. (f) guarderei.
20.2 (a) Ada vivrebbe in città; com-
prerebbe un piccolo appartamento; ogni
sera andrebbe a ballare; imparerebbe a
guidare. (b) Vittorio: Vivrei al mare;
comprerei una villa; andrei spesso a
nuotare; imparerei a suonare la
chitarra. (c) I signori Miele vivrebbero
in montagna; comprerebbero una casetta; ogni tanto andrebbero a sciare;
imparerebbero a dipingere.
20.3 (a) 7, (b) 8, (c) 4, (d) 6,
(e) 1, (f) 2, (g) 5, (h) 3.
20.4 (a) Te le porterei io ... (b) Te
la porterei io ... (c) Te la farei io
... (d) Te lo pulirei io ... (e) Te le
cambierei io ... (f) Te la farei io
... (g) Te la imbucherei io ...

PROVA DI COMPRENSIONE
(1) Umberto's party. (2) No. She's
alone. (3) Her parents are returning
from their holidays abroad today.
(4) An aunt of hers has had an accident.
(5) The following week. (6) To the airport at 6.30 to collect them. (7) To let
him know by 'phone. (8) When she
wants.
2 (1) It is the means of communication
which the Italians prefer. (2) They are
less read in Italy than in England. (3) It
is an excellent tool for the spread of
culture and relaxation. (4) Because
television has made a name for itself here

too. (5) For the Italian community abroad. (6) The spread of independent television channels. (7) To provide groups requiring a means of expression with alternative programmes. (8) Most of them exploit the worst aspects of television.

Unit 21

PROVA DI COMPRENSIONE
1 (1) Looking for a new job. (2) She wants a change of firm. (3) Never being satisfied. (4) She is young. (5) She earns enough in her present job. (6) She is always doing the same things. (7) Her boss has done a lot for her. (8) A job where she could use her languages.

DOMANDE
(1) Pensa che siano più liberi, più indipendenti, meno disposti a subire imposizioni. (2) No. Non lo crede./Pensa che si esageri un po'. (3) Perchè è importante che i figli facciano le loro esperienze. (4) Vuole che crescano senza tabù (ed imparino ad essere indipendenti). (5) Spera di riuscirci attraverso il dialogo. (6) Dovrebbe aiutarla a trovare un posto. (7) No. Non crede che sia difficile./Crede che sia facile. (8) No. Pensa che ce ne siano pochi. (9) No. Non crede che abbia molto da offrire./Crede che abbia poco da offrire. (10) Sognava di impiegarsi in un'azienda commerciale, di viaggiare, di fare da interprete . . .

ESERCIZI
21.1 (*a*) No. . . . vada (a lavorare oggi). (*b*) Sì. . . . vada a letto. (*c*) No. . . . mangi . . . (*d*) No. . . . fumi. (*e*) Sì. . . . le prenda . . .
21.2 (*a*) . . . sia . . . (*b*) . . . siano . . . (*c*) . . . cucinino . . . (*d*) . . . faccia . . . (*e*) . . . non prendano . . . (*f*) . . . ci siano . . .
21.3 (*a*) Stia. (*b*) voglia. (*c*) lavori. (*d*) guadagni . . . gli piaccia. (*e*) sia.
21.4 (*a*) . . . fiorisca . . . (*b*) . . . aumentino. . . (*c*) . . . lavorino. . . abbiano . . . (*d*) . . . migliori. (*e*) . . . non ci siano . . . (*f*) . . . vadano . . . diventino . . .
21.5 Desideriamo che (*a*) veniate . . . (*b*) vediate . . . (*c*) proviate . . . (*d*) paragoniate . . . (*e*) restituiate . . .

Unit 22

DOMANDE
(1) Gli ha chiesto come era andato l'esame. (2) Teme che l'abbiano bocciato/Teme di essere stato bocciato. (3) Aveva tentato la stessa prova. (4) Le ha detto che era/è portata per le lingue. (5) Era stata al Modernissimo. (6) No. Non l'aveva visto. (7) Sì. L'aveva già studiato. (8) Stavano parlando di lei. (9) Le ha scritto il suo indirizzo. (10) No. Ha smesso di fumare./Non fuma più.

ESERCIZI
22.1 . . . aveva regalato . . . Ha riletto . . . avevano mandato . . . Ha preso . . . aveva comprato . . . L'ha aperto . . . e ha guardato . . . aveva fatto . . . Ha ascoltato . . . avevano regalato . . . si è addormentato . . . si era addormentato . . .
22.2 (*a*) 5 Dopo aver comprato . . . (*b*) 4 Dopo aver imparato . . . (*c*) 1 Dopo aver comprato . . . (*d*) 8 Dopo aver scritto . . . (*e*) 2 Dopo aver fatto . . . (*f*) 7 Dopo aver ascoltato . . . (*g*) 6 Dopo essere arrivato . . . (*h*) 3 Dopo essere tornati . . .
22.3 (*a*) sta facendo il bagno. (*b*) sta cucinando. (*c*) sta piovendo. (*d*) Sta per sposarsi. (*e*) Sta suonando. (*f*) Stanno per partire.
22.4 (*a*) . . . li abbia fatti . . . (*b*) . . . l'abbia pulita . . . (*c*) . . . l'abbia ordinato . . . (*d*) . . . le abbia rotte . . . (*e*) . . . le abbia lavate . . . (*f*) . . . li abbia messi . . . (*g*) . . . le abbia pulite . . .

22.5 Povero Luigi (*a*) Sì. Pare che siano già arrivati. (*b*) Sì. Mi sembra che siano già saliti. (*c*) Sì. Credo che si siano sistemati... (*d*) No. Penso che non siano ancora scesi.
22.6 (*a*) 5 Sta mangiando. (*b*) 6 Stiamo comprando... (*c*) 3 Stanno facendo... (*d*) 2 Sta cucinando. (*e*) 4 Sta lavorando. (*f*) 1 Stanno chiacchierando.

PROVA DI COMPRENSIONE
1 (1) To do a bit of work (study) (2) Because it is not yet 5 a.m. and he is already up. (3) He has an exam to take. (4) A cup of coffee. (5) He is going to be a doctor. (6) It is one of the most difficult. (7) He feels unsure of himself. (8) She says she is certain that he is well prepared and that everything will go perfectly.
2 (1) They are more or less the same. (2) The conquest of wealth. (3) The protection and prosperity of the family. (4) By the conquest of power, prestige, authority, fame. (5) They are guarantees of wealth. (6) Well-paid technicians, engineers, specialists, businessmen. (7) As a means of influencing others. (8) It is just as good as wealth itself.

Unit 23

DOMANDE
(1) No. Gli sembrava che stesse procedendo bene. (2) No. Credeva che fossero molto interessanti. (3) No. Pensava che l'avesse trattato senza trascurarne nessun aspetto. (4) Pensava che a loro piacesse adornarli con frasi eleganti. (5) Gli aveva detto che sarebbe venuta alle sette. (6) Avrebbe preso la metropolitana. (7) Si potrebbero evitare se tutti si servissero dei mezzi pubblici. (8) Perchè Massimo non è ancora arrivato/Perchè hanno deciso di aspettare Massimo.

ESERCIZI
23.1 (*a*) 3, (*b*) 5, (*c*) 1, (*d*) 2, (*e*) 8, (*f*) 4, (*g*) 6, (*h*) 7.
23.2 (*b*) ... sceglieremmo la pensione Promenade. (*c*) ... sceglierebbe l'albergo Vienna. (*d*) ... sceglierei l'albergo Brezza. (*e*) ... sceglierebbero l'albergo Vallugola. (*f*) ... sceglieremmo o l'albergo Wally o l'albergo Villa Teresa Meuble.
23.3 (*b*) Se avessimo voluto ... avremmo scelto... (*c*) Se avesse voluto ... avrebbe scelto... (*d*) Se avessi voluto ... avrei scelto... (*e*) Se avessero voluto ... avrebbero scelto ... (*f*) Se avessimo voluto ... avremmo scelto...
23.4 (*a*) Susanna ha detto che avrebbe trascorso le vacanze da sua zia in California. (*b*) Lisa ha detto che avrebbe fatto il campeggio con i suoi amici. (*c*) Vincenzo e Dario hanno detto che sarebbero andati al mare a Riccione. (*d*) Paola e Anna hanno detto che sarebbero rimaste a casa. (*e*) Davide e Silvio hanno detto che sarebbero andati in treno fino a Parigi e lì avrebbero preso l'aereo per Oslo.
23.5 (*a*) Se partissi... arriverei... Se fossi partito/a ... sarei arrivato/a ... (*b*) Se finissi ... verrei ... Se avessi finito ... sarei venuto/a ... (*c*) Se non ci fosse ... prenderei ... Se non ci fosse stato il treno, avrei preso ... (*d*) Se tu continuassi... ti rovineresti ... Se tu avessi continuato ... ti saresti rovinato/a ... (*e*) Se lo vedessi, gliclo direi. Se lo/l'avessi visto, gliclo avrei detto. (*f*) Se non trovassi ... lascerei ... Se non avessi trovato ... avrei lasciato ... (*g*) Se il conferenziere parlasse ... lo capirei. Se il conferenziere avesse parlato ... lo/l'avrei capito. (*h*) Se l'ultimo romanzo di Sciascia non costasse molto, lo comprerei. Se l'ultimo romanzo di Sciascia non fosse costato molto, lo/l'avrei comprato. (*i*) Se facesse bel tempo, uscirei. Se avesse fatto ... sarei uscito/a. (*j*) Se si mettesse a parlare, non la smet-

terebbe più. Se si fosse messo/a . . . non
l'avrebbe smessa più.

PROVA DI COMPRENSIONE
(1) A letter from Maria. (2) To
India. (3) Because she has so much
money. (4) He would go round the
world. (5) She would buy a nice little
villa with a swimming pool. (6) To go
on holiday with Matilde. (7) She
doesn't believe him. (8) She says that if
he had wanted to go with her on holiday,
he would have gone camping with her the
previous year.
2 (1) He would burn up the
world. (2) If he were God. (3) He
would either go to him/her, or flee from
him/her. (4) If he were Death he would
go to his father or mother (who would
thus die). If he were Life he would flee
from (i.e. go out of) his father or mother
who would therefore die all the
same. (5) He would take the attractive
ones and leave the old and ugly ones to
others.

Unit 24

DOMANDE
(1) Grossi miglioramenti per la fabbrica
ed ottime condizioni per i suoi operai.
(2) Il futuro della fabbrica. (3) A condizione che il signor Cafiero accettasse
tutte le offerte, e limitasse il periodo
dell'accordo a tre anni soltanto. (4) Ci
sono andato all'inizio di questo
secolo/del novecento. (5) Sono nato
nel 1898. (6) È stato ucciso dalla
moglie e dal suo amante. (7) No. Non
ci sono più tornato. (8) Ho fatto il
muratore.

ESERCIZI
24.1 (*a*) Benchè. (*b*) Benchè. (*c*) . . .
Purchè. (*d*) . . . benchè. (*e*) Benchè.
(*f*) Purchè.
24.2 (*a*) Benchè sia . . . (*b*) Benchè
avessi . . . (*c*) . . . purchè (tu) mi assicuri
. . . (*d*) Purchè (lei/lui) metta . . .
(*e*) Benchè (io) avessi . . . (*f*) . . .
purchè ci sia . . . (*g*) Benchè fosse
. . . (*h*) . . . purchè (tu) stia zitto.
24.3 (*a*) 2, (*b*) 5, (*c*) 4, (*d*) 3,
(*e*) 1.
24.4 (*a*) succeda. (*b*) piova.
(*c*) chiedessi. (*d*) siano. (*e*) chiudano.

PROVA DI COMPRENSIONE
(1) American. (2) His parents emigrated to the United States fifty years
ago. (3) The Italian colony. (4) They
owned an ice-cream shop/they sold ice-
cream. (5) They opened another three
shops. (6) They didn't. (7) He went
to an American school. (8) Working in
his father's shop; owning a small bureau
de change in Los Angeles.
2 (1) Damage to the city in general and
damage to individual monuments.
(2) It was almost completely
destroyed. (3) International solidarity
in the field of restoration. (4) The local
restoration laboratory workshop and the
Central Institute of Rome. (5) The restoration of the frescoes of the lower
Basilica of Assisi. (6) The restoration
of the frescoes of the upper
Basilica. (7) To put the control of
treasures, archives, libraries, monuments
and works of art, under one
department. (8) It will probably inten-
sify efforts in conservation and
restoration.

Appendix

Here is a list of the most common irregular past definites and past participles.

* — verbs conjugated with **essere** in the perfect
† — verbs conjugated with **essere** or **avere** in the perfect

infin.		1st sing.	3rd sing.	3rd pl.	past part.
accendere	to light	accesi	accese	accesero	acceso
aggiungere	to add	aggiunsi	aggiunse	aggiunsero	aggiunto
avere	to have	ebbi	ebbe	ebbero	avuto
avvolgere	to wrap (up)	avvolsi	avvolse	avvolsero	avvolto
bere	to drink	bevvi	bevve	bevvero	bevuto
cadere*	to fall	caddi	cadde	caddero	caduto
chiedere	to ask	chiesi	chiese	chiesero	chiesto
chiudere	to close	chiusi	chiuse	chiusero	chiuso
comporre	to compose	composi	compose	composero	composto
conoscere	to know	conobbi	conobbe	conobbero	conosciuto
correre†	to run	corsi	corse	corsero	corso
dare	to give	diedi	diede	diedero	dato
decidere	to decide	decisi	decise	decisero	deciso
dipingere	to paint	dipinsi	dipinse	dipinsero	dipinto
dire	to say	dissi	disse	dissero	detto
essere*	to be	fui	fu	furono	stato
includere	to include	inclusi	incluse	inclusero	incluso
leggere	to read	lessi	lesse	lessero	letto
mettere	to put	misi	mise	misero	messo
nascere*	to be born	nacqui	nacque	nacquero	nato

nascondere	to hide	nascosi	nascose	nascosero	nascosto
piacere*	to please	piacqui	piacque	piacquero	piaciuto
perdere	to lose	persi	perse	persero	perso/perduto
persuadere	to persuade	persuasi	persuase	persuasero	persuaso
prendere	to take	presi	prese	presero	preso
produrre	to produce	produssi	produsse	produssero	prodotto
ridere	to laugh	risi	rise	risero	riso
rimanere*	to remain	rimasi	rimase	rimasero	rimasto
rispondere	to answer	risposi	rispose	risposero	risposto
rompere	to break	ruppi	ruppe	ruppero	rotto
sapere	to know	seppi	seppe	seppero	saputo
scegliere	to choose	scelsi	scelse	scelsero	scelto
scendere*	to go down	scesi	scese	scesero	sceso
sciogliere	to undo, melt	sciolsi	sciolse	sciolsero	sciolto
scrivere	to write	scrissi	scrisse	scrissero	scritto
spendere	to spend	spesi	spese	spesero	speso
spegnere	to put out	spensi	spense	spensero	spento
spingere	to push	spinsi	spinse	spinsero	spinto
stare*	to be, stay	stetti	stette	stettero	stato
stendere	to spread	stesi	stese	stesero	steso
stringere	to grasp	strinsi	strinse	strinsero	stretto
tenere	to keep	tenni	tenne	tennero	tenuto
togliere	to take (off)	tolsi	tolse	tolsero	tolto
tradurre	to translate	tradussi	tradusse	tradussero	tradotto
vedere	to see	vidi	vide	videro	visto
venire*	to come	venni	venne	vennero	venuto
vincere	to win	vinsi	vinse	vinsero	vinto
vivere+	to live	vissi	visse	vissero	vissuto
volere	to wish	volli	volle	vollero	voluto

Italian-English Vocabulary

In general all nouns in Italian ending in **–o** are masculine and all nouns ending in **–a** are feminine. Where there are exceptions these will be marked m (masc.) or f (fem.). The numbers III(a) or III(b) after the infinitive of an **–ire** verb refer to the type of conjugation (see p. 56).

a (ad)   *to, at, in*
abbandonare   *to abandon, desert*
abbastanza   *fairly, quite, enough*
abbiamo   (*see* avere)
abbigliamento   *clothing*; negozio di —
  outfitter's, clothes shop
abbonamento   *season ticket,
  subscription*
abbreviazione(f)   *abbreviation*
abitante (m *or* f)   *inhabitant*
abitare   *to live*
abito   *dress, suit, costume*
abituato/a   *used to*
abolire (IIIb)   *to abolish*
accademico/a   *academic*
accadere   *to happen*
accanto   *near, next to*
accendere (p.p. accese)   *to light*
accendino   *lighter*
acceso   (*see* accendere)
accessibile   *accessible*
accessorio   *accessory*
accettare   *to accept*
accomodarsi   *to sit down*; si
  accomodi!   *do sit down*
accompagnare   *to accompany*
accordo: essere d'—   *to agree*;
  andare d'—   *to get on with*
accorgersi (p.p. accorto)   *to become
  aware, realise*
accorrere (p.p. accorso)   *to run, rush
  to the help of*
acerbo/a   *sharp, sour, unripe*
acqua   *water*; — minerale   *mineral
  water*
acquistare   *to purchase, acquire*
acuto/a   *acute*
adattarsi   *to adapt oneself*

adatto/a   *adapted, suited to*
addetto   *employed, attached, dealing
  with*
addirittura   *quite, really*
addormentarsi   *to fall asleep*
adesso   *now, nowadays*
adornare   *to adorn, embellish*
adulto   *adult*
aereo   *plane*
aeroporto   *airport*
affar (*see* affare)
affare (m): gli affari   *business*
affatto   *not at all, absolutely*
affermarsi   *to make a name for oneself*
affetto   *affection, love*
affittare   *to let, rent, lease*
affitto   *rent*; pagare l' —   *to pay the rent*;
  prendere in —   *to rent*
affollato/a   *crowded*
affresco   *fresco*
agenda   *diary*
agente (m *or* f)   *agent*; —
  immobiliare   *estate agent*
agenzia   *agency*; — di viaggi   *travel
  agency*; — immobiliare; *estate
  agency*; — di cambio   *bureau de
  change*
aggiungere (p.p. aggiunto)   *to add*
agio   *ease*; a proprio —   *at one's ease*
agitarsi   *to get excited, upset*
aglio   *garlic*
agosto   *August*
agricolo/a   *agricultural*
aiutare   *to help*
aiuto   *help*
al   = a + il
albergo   *hotel*
albero   *tree*

album (m) *album*
alcuni/e *some, several*
alimentari: generi — *foodstuffs*
aliscafo *hydrofoil*
alla = a + la
alle = a + le
allargarsi *to spread out, extend*
allegare *to enclose*
allevare *to bring up*
alloggio *accommodation, lodging*
allora *then*
alluvione (f) *flood*
almeno *at least*
Alpi (f. pl) *Alps*
alternarsi *to alternate*
alternativa *alternative, choice*
alternativo/a *alternative*
alto/a *high*; in — *up above*
altro/a *other*; senz'altro *certainly*
altrettanto *the same to you*
altrimenti *otherwise*
altrochè! *you bet I do, certainly*
altrove *elsewhere*
altrui *to others*
alzare *to raise, lift*
alzarsi *to get up*
amante (m or f) *lover*
amare *to like, love, be fond of*
ambientale *environmental*
ambito *sphere, limits*
ambizione (f) *ambition*
americano/a *American*
amico (pl amici) *friend*
amica (pl amiche) *friend*
ammalato/a *ill, sick*
ammettere (p.p. ammesso) *admit*
amministrativo/a *administrative*
ammirare *to admire*
ammobiliato/a *furnished*
amore (m) *love*
ampio/a *wide, roomy, spacious*
ampolloso/a *pompous, pretentious*
anche *also, too, as well, even*
ancora *still, yet, even, again, more;*
non — *not yet*; — più *even more*
andare (irr.) *to go*; — d'accordo *to get on with*; — a vedere *to have a look*
andarsene (irr.) *to go away, to be off*
andata *single ticket*; — e ritorno *return ticket*

andiamo (*see* andare)
anello *ring*
angolo *angle, corner*
anima *soul*
animale (m) *animal*
annegare *to drown*
anno *year*; quanti anni ha? *how old are you?*
annoiarsi *to get fed up, bored*; — da morire *to be bored to death*
annullare *to cancel*
annunciare *to announce*
annuncio *advertisement*
anticipo: in — *in advance before, early*
antico/a *ancient, old*
antiproiettile *reinforced, bullet-proof*
anulare *ring (motorway)*
anzi *as a matter of fact, on the contrary, and even*
aperitivo *aperitif*
aperto/a (*from* aprire) *open*
apertura *opening*
apparecchiare *to lay, set*
apparenza *appearance*
appartamentino *small flat*
appartamento *flat*
appartenere *to belong*
appena *just, as soon as, barely*
appendice (f) *appendix*
appetito *appetite*
apposito/a *appropriate, fitting*
apposta *on purpose, specially*
apprendere (p.p. appreso) *to learn*
approvare *to approve of*
appuntamento *appointment, date, rendez-vous*
appunto *in fact, precisely*
aprile *April*
aprire (IIIa) (p.p. aperto) *to open*
apriscatole (m) *tin-opener*
architetto *architect*
archivio *archive, file*
ardere *to burn*
argomento *subject, topic*
aria *air, atmosphere*
armadio *cupboard, wardrobe*
armato/a *armed*
armi (f pl) *weapons*
arrabbiarsi *to get angry*
arrestare *to arrest*

arretratezza *backwardness*
arretrato/a *backward*
arrivare *to arrive*
arrivederci, arrivederla *goodbye*
arte (f) *art*
articolarsi *to articulate*
articolo *article, item*
artista (m or f) *artist*
ascensore (m) *lift*
asciugamano *towel*
asciugarsi *to get dry, to wipe oneself*
ascoltare *to listen to*
a sinistra *on the left*
aspettare *to wait for*; aspettarsi *to expect*
aspetto *aspect*
aspirapolvere (m) *vacuum cleaner*
aspirare *to aspire to*
aspirina *aspirin*
assaggiare *to taste, try*
assegno *cheque*
assicurare *to insure*
assicurazione (f) *insurance*
associazione (f) *association*
assoggettarsi *to submit onself*
assortimento *assortment, selection*
astuccio *case*
atmosfera *atmosphere*
atmosferico/a *atmospheric*
attendere (p.p. atteso) *to wait*; — in linea *to hold the line*
attento/a *attentive*; stare — *to be careful*
attenzione (f) *attention*
attestare *to certify, testify*
attimo *moment*
attività *activity*
attraversare *to cross*
attraverso *across, through, by means of*
attuale *present, current*
attualità *current affairs*
augurare *to wish, hope for*; augurarsi *to wish, look forward to*
auguri *best wishes, greetings*
aumentare *to increase, rise*
aumento *increase, rise*
auspicio *auspice*; essere di buon — *to be a good omen*
autenticare *to authenticate*
auto (f) *car*

autoambulanza *ambulance*
autobus (m) *bus*
automaticamente *automatically*
automatico/a *automatic*
automobile (f) *car*
automobilistico/a *motor (adj.)*
autore (m) *author*
autorimessa *garage*
autorità *authority*
autostrada *motorway*
autostradale *motorway*
autoveicolo *motor vehicle*
autunno *autumn*
avanti *forward, go in! come in!*
avere (irr.) *to have*
avvertire (IIIa) *to warn, advise*
avvicinare *to draw near, approach*
avvocatessa *(female) lawyer*
avvocato *lawyer*
azienda *business, firm*; — agricola *mechanised farm, agricultural co-operative*
azione (f) *action, share*

bacio *kiss*
bagagli (m pl) *luggage*
bagnato/a *wet, soaked*
bagno *bath, bathroom*; fare il — *to bathe, swim, have a bath*
balcone (m) *balcony*
ballare *to dance*
bambino/a *baby, child*
banca *bank*
bancarella *stall, bookstall*
bancario/a *banking*
banda *band*
bandito *bandit, brigand*
bar (m) *café, bar*
barca *boat*; — a vela *sailing-boat*; — a motore *motor boat*
basilica *basilica*
basta (pl: bastano) *enough, sufficient*; — così *that's all*
beato/a *lucky*
Befana *old woman who brings toys to children at Epiphany*
beh *or* be' *well*
bellezza *beauty*
bellino/a *pretty*
bello/a *lovely, beautiful, nice*
ben (*see* bene)

benchè *although*
bene (m) *treasure, property*
bene *well, right*; va — *all right*
benino/a *pretty well*
ben noto/a *well-known*
benzina *petrol*
benzinaio *petrol-pump attendant*
bere (irr. pp. bevuto) *to drink*
Berlino *Berlin*
bevuto (*see* bere)
bianco/a *white*
biblioteca *library*
bicchier(e) (m) *glass*
bicchierino *small glass*
bicicletta *bicycle*
bigliettaio *ticket collector; ticket office*
biglietto *ticket, note*
bigiotteria *jewellery*
binario *platform, track*
birra *beer*
biscotto *biscuit*
bisognare *to be necessary, need*;
   bisogna *one must, you must*
bisogno *need*; aver(e) — (di) *to need*
bistecca *steak*
bloccato/a *blocked, jammed, locked*
blocchetto *little book (of tickets)*
blu *blue*
bocca *mouth*
bocciare *to fail*
boh *I don't know*
bollato/a *stamped*
bollo *stamp*; carta da — *stamped paper*
borghese *bourgeois*
borsa *handbag, bag*
bottiglia *bottle*
braccio *arm*
bravo/a *good, well done, very good*
breve *short, brief*
brutto/a *ugly, horrible*
buca *letter-box*
buon (*see* buono)
buono/a *good*; buon anno *Happy New Year*; buon appetito *enjoy your meal*; buon divertimento *enjoy yourself*; buon lavoro *have a good day's work*; a buon mercato *cheap*; buon Natale *Merry Christmas*; buonanotte *goodnight*; buonasera *goodnight, good evening*;

buongiorno *good morning, afternoon*; buoni di benzina *petrol tokens*; buon viaggio *have a good journey*
burro *butter*
busta *envelope*

cabina *cabin, cubicle, 'phone booth*
cadere *to fall*
caduta *fall*
caffè (m) *coffee, bar, café*
calare *to lower, let down, set*
caldo/a *hot*; far — *to be hot*
calendario *calendar, almanack*
calma *calm*
calmarsi *to grow calm, calm down*
calzino *sock*
cambiamento *change*
cambiare *to change*; cambiarsi *to change oneself, to get changed*
cambio *exchange (rate)*; agenzia di — *bureau de change*
camera *room*; — da letto *bedroom*
cameriere (m) *waiter*
camerino *cubicle, fitting-room*
camicetta *blouse*
camicia *shirt*
camminare *to walk*
campagna *country(side)*
campanello *bell*
campeggio *camping, camp-site*
campo *field*; — di tennis *tennis-court*
canale (m) *channel*
cane (m) *dog*
cantare *to sing*
canto *side*; d'altro — *on the other hand*
canzone (f) *song*
capelli (m pl) *hair*
capire (IIIb) *to understand*
capitale (f) *capital (of country)*
capitale (m) *capital (money)*
capo *boss, cape*
capolinea (m) *terminus*
capoluogo *chief town*
cappello *hat*
cappotto *coat*
cappuccino *white coffee*
Capricorno *Capricorn*
capsula *capsule*
carabiniere (m) *policeman*

carattere (m)   *character*
cariato/a   *decayed*
carico   *loading*
carino/a   *pretty*
carità   *charity*; per —   *for goodness sake*
carne (f)   *meat*
caro/a   *expensive, dear, darling*
carriera   *career*
carta   *paper*; — d'imballaggio *wrapping-paper*; — bollata *official stamped paper*
cartaccia   *waste paper*
carte: giocare a —   *to play cards*
cartolina   *postcard*
casa   *house, home*
casello   *toll-booth*
caserma   *barracks*
casetta   *small house*
caso   *chance*; per —   *by any chance*
cassa   *safe, cash-box*
cassaforte (f)   *safe, strong box*
cassetta   *cassette*
cassetto   *drawer*
catalogo   *catalogue*
categoria   *category*
cattivo/a   *wicked, naughty*
causa   *cause*; a — di   *because of*
causare   *to cause*
cavarsela   *to manage, to cope*
c'è   *there is*
cedere   *to yield*
celebrare   *to celebrate*
celeste   *light blue*
cena   *dinner*
cenare   *to have dinner, supper*
centesimo   *hundredth, cent*
cento   *hundred*; per —   *per cent*
centrale   *central*
centralinista (m or f) *telephone operator*
centralino   *telephone exchange*
centrino   *doily*
centro   *centre*; — storico   *old town*
cercare   *to look for, try*
cerino   *match (of wax)*
cero   *candle (large)*
certamente   *certainly*
certificato   *certificate*
certo   *certainly, of course*
certo/a   *certain*
ceto   *rank, order, class*

che   *who (m), what, then, that, which, how*
chi   *who, whom*
chiacchierare   *to talk, chat*
chiacchierata: fare una— *to have a chat*
chiacchiera: fare quattro—e *to have a chat*
chiamare   *to call, 'phone*; chiamarsi   *to be called*
chiamata   *('phone) call*
chiamato/a   *called*
chiarezza   *clearness, lucidity*
chiaro/a   *clear, light, pale*
chiave (f)   *key*
chiedere (pp chiesto)   *to ask*
chiesa   *church*
chiesto   (*see* chiedere)
chilo   *kilogram*
chilometro   *kilometre*
chimica   *chemistry*
chissà   *I wonder, goodness knows*
chitarra   *guitar*
chitarrista (m or f)   *guitarist*
chiudere (p.p. chiuso)   *to shut, close*; — a chiave   *to lock*; chiuso per turno   *closed by rota*
chiuso/a   *closed*
chiusura   *closure*
ci   *here, there, us, ourselves, each other*
ciao   *hello, goodbye*
ciclo   *series*
cielo   *sky*
ciminiera   *chimney*
cin cin!   *cheers!*
cinema (m)   *cinema*
cinese   *chinese*
cinquanta   *fifty*; gli anni —   *the fifties*
cinquantina   *about fifty*
cinque   *five*
cinquecento   *five hundred*: il Cinquecento   *sixteenth century*
cinquemila   *five thousand*
ciò   *that, this, it*; — che   *what*
cioccolata   *(drinking) chocolate*
cioccolatino   *small chocolate*
ciccolato   *chocolate*
cipolla   *onion*
circa   *about, around*
circostanza   *circumstance*
citofono   *entry-phone*

città *town, city*
cittadina *small town*
civile *civil, civilian, civic*
classe (f) *class*
classico/a *classic*
cliente (m *or* f) *client, customer*
clima (m) *climate*
cognome (m) *surname, family name*
coincidenza *coincidence, connection*
colazione (f) *breakfast*; far — *to have breakfast*
collega (m *or* f) *colleague*
collegamento *connection, link*
colloquio *interview, talk*
colonia *colony*
colore (m) *colour*
coloro che *those who*
Colosseo *Coliseum*
colpire (IIIb) *to hit, strike*
colpo *hit, blow, stroke*; dare un — di telefono *to give a ring*
coltello *knife*
colto/a *learned, well-educated*
come *as, like, how*; come? *what? pardon?*; come mai? *why? how is that?*; come sta? *how are you? how is he/she?*; come va? *how goes it?* com'è? *what's he/she/it like?*
cominciare *to begin, start*
commerciale *commercial*
commercio *commerce, trade*
commesso/a *(sales) assistant*
commissariato *police station*
commissario *commissioner*
commissione (f) *board of examiners*
comodità *comfort, convenience*
comodo/a *comfortable, convenient*; far — *to suit*
compagnia *company*
compere (f pl) *purchases, shopping*
compiere *to complete, achieve, fulfil*
compimento *completion*
compleanno *birthday*
completo/a *full, complete*
complicato/a *complicated, complex*
complimento *compliment*; senza complimenti *no need to be polite*; far complimenti *to pay compliments*;

complimenti! *congratulations*
comporre *to dial*
comportarsi *to behave*
comprare *to buy*
comprensivo/a *understanding*
compreso/a *included*
compressa *tablet*
compromesso *compromise*
comune (m) *municipality; town hall*
comunicazione (f) *communication*; mezzi di — (di massa) *mass media*
comunità *community*
comunque *however*
con *with*
concerto *concert, concerto*
concorrenza *competition*
condizione (f) *condition, state*
conferenza *lecture*
conferenziere (m) *lecturer*
confermare *confirm*
confluire (IIIb) *to join, flow together*
confondere (p.p. confuso) *to confuse*
confortante *comforting, consoling*
confortevole *comforting; comfortable*
confronto: in — a *compared to*; nei confronti di *as opposed to*; opinioni a — *opinions compared*
confusione (f) *confusion*
congiungere (p.p. congiunto) *to join, unite*
congresso *conference, congress*
connesso/a *connected, joined*
conoscere *to know*; conoscersi *to know each other, to meet (for the first time)*
conquistare *to conquer, subdue*
conseguire (IIIa) *to reach, achieve*
consentire (IIIa) *to consent, agree*
conservare *to preserve, keep*
conservazione (f) *preservation*
consigliare *to advise, recommend*
consolare *to comfort, console*
consolato *consulate*
constare *to consist, be composed*
consultare *to consult*
consumare *to consume, use*
contabilità *book-keeping*
contadino *peasant, farmer*
contare *to count, reckon*
contatto *contact*; mettersi in — *to contact*

310 Italian–English Vocabulary

contemporaneo *contemporary*
contenere (irr.) *to contain*
continentale *continental*
continuare a *to continue to*
continuazione (f) *continuation*
conto *bill, account;* per — mio *personally, on my own;* fare il — *to make out the bill;* — corrente *current account*
contorno *vegetables with main dish*
contrada *district*
contraddire (irr. p.p. contraddetto) *to contradict*
contrario *contrary, opposite;* al — *on the contrary*
contratto *contract*
contribuire (IIIb) *to contribute*
controllare *to check*
controllore (m) *ticket inspector*
controproducente *counterproductive*
conveniente *convenient, suitable*
convenire (irr. p.p. convenuto) *to suit, to agree upon*
conversazione (f) *conversation*
convinto/a *convinced*
convivere (irr. p.p. convissuto) *to live together*
coperto/a *covered*
copia *copy*
coprire (p.p. coperto) *to cover*
corrente *current;* conto — *current account*
correre (p.p. corso) *to run*
corridoio *corridor*
corriera *coach, country bus*
corrispondere (p.p. corrisposto) *to correspond*
corrispondenza *correspondence*
corsa *run, race*
corso (*see* correre); (m) *course; avenue*
cortesia *courtesy;* per — *please*
cortile (m) *courtyard*
corto/a *short*
cosa *thing;* — da niente *nothing;* (Che) —? *what? pardon?*
coscienza *conscience;* prendere — *to become aware of*
cos'è? *what is it?*
così *so, like this, so to speak;* restare — *to leave like that;* basta — *that's all*

cosiddetto/a *so-called*
costare *to cost;* tutto costa *everything is dear*
costituire (IIIb) *to constitute;* costituirsi *to become, be formed*
costo *cost*
costoso/a *expensive*
costretto/a *compelled, obliged*
costringere (p.p. costretto) *to compel*
costruire (IIIb) *to build, make*
costruzione (f) *construction, building*
cotoletta *cutlet, escalope*
cotone (m) *cotton*
cotto/a *cooked*
cravatta *tie*
creare *to create*
credere *to think, believe*
credito *credit*
crema *cream*
crescere *to grow (up), increase*
cristiano *Christian*
critico *critic*
croce (f) *cross*
crocifisso *crucifix*
cucchiaio *spoon*
cucina *kitchen; cooking; stove*
cucinare *to cook*
cugino/a *cousin*
cui *whom, which;* il/la — *whose*
culinario/a *culinary*
culmine (m) *summit, culmination*
cultura *culture*
culturale *cultural*
cuore (m) *heart*
curare *to cure, to take care of*
custodito/a *supervised*

da *from, at, to, by, for, of, as, like, for, since*
dà (*see* dare)
dai: ma dai! *go on!*
dal *da + il*
danno *damage*
dappertutto *everywhere*
dare (irr.) *to give; to give onto;* — da mangiare *to feed;* — del tu, lei *to use tu, lei;* — gli esami *to take exams;* — un'occhiata *to glance at;* può darsi *maybe*
data *date*
dattilografo/a *typist*

davanti a *in front of*
davvero *really*
debole *weak*
decidere (p.p. deciso) *to decide*;
  decidersi *to resolve, to make up
  one's mind*
decimo/a *tenth*
decina *about ten*
deciso (*see* decidere)
dedicare *to dedicate, devote*
definirsi (IIIb) *to describe onself*
dei (= di + i) delle, (= di + le) *some,
  any of the*
della = di + la
delusione (f) *disappointment,
  deception*
denaro *money*
dente (m) *tooth*; al— *slightly
  underdone*
dentifricio *tooth-paste*
dentista (m or f) *dentist*
dentro *inside*
denuncia *statement*
denunciare *to report, to state*
denunziare (*see* denunciare)
deposito *deposit*
depresso/a *depressed*
desiderare *to desire, wish, want*;
  lasciare a— *to leave a lot to be
  desired*
destinatario *addressee*
destinazione (f) *destination*
destra: a— *on the right*
destro/a *right*
deteriore *inferior, worse*
determinare *to determine*
dettaglio *detail*
dettare *to dictate*
detto (*see* dire)
di *of, from, than, in*
dialetto *dialect*
dialogo *dialogue*
diamoci del tu (*from* dare) *to use* tu
dibattito *debate, discussion*
dicembre *December*
diciannove *nineteen*
diciassette *seventeen*
diciotto *eighteen*
dieci *ten*
dietro *behind, after*
difesa *defence*

differente *different*
differenza *difference*
differenziarsi *to be different from*
difficile *difficult*
difficoltà *difficulty*
diffusione (f) *diffusion, spreading,
  circulation*
diffuso/a *diffused, widely circulated,
  popular, widespread*
dilettante (m or f) *amateur*
dimensione (f) *dimension, size*
dimenticare *to forget*
dimenticarsi *to forget*
Dio *God*; oh Dio! *my goodness!*
dipendere (pp. dipeso) *to depend*
dipeso (*see* dipendere)
dipingere (pp. dipinto) *to paint*
di più *more*
diploma (m) *diploma*
diplomato/a *certificated*
dire (irr. pp. detto) *to say, tell*
  sentir— *to hear*
direttamente *directly, direct*
diretto *fast train*
direttore (m) *manager, director*
dirigente (m) *manager*
diritto *straight on; right*
disco *record*
discografico/a: casa
  discografica *record company*
discorso *speech*
discoteca *discotheque*
discussione (f) *discussion, debate*
discutere (pp. discusso) *to discuss*
dispiace (irr.): mi dispiace *I'm sorry*;
  dispiacersi *to mind, be upset*
disporre (irr. pp. disposto) *to dispose,
  arrange, provide*
disposizione (f): a— *available*
disposto/a a *prepared to*
dissesto *trouble, disorder, difficulty*
distante *distant, far away*
distinto/a *distinguished*
distrarsi (irr. pp. distratto) *to take
  one's mind off things*
distribuire (IIIb) *to distribute*
distribuzione (f) *distribution*
distruzione (f) *destruction*
disturbare *to disturb, bother*
disturbo *trouble; stomach upset;
  inconvenience*

dito *finger*
ditta *firm, business*
divano *divan, sofa*
divenire (irr. pp. divenuto) *to become*
diventare *to become*
diversità *variety, diversity*
diverso/a *various, different*
divertente *amusing*
divertire (IIIa) *to amuse, divert*;
  divertirsi *to enjoy oneself, to have a good time*
divieto *prohibition*;— di sosta *no parking*
divulgazione (f) *popularisation, spreading*
dizionario *dictionary*
doccia *shower*; fare la— *to have a shower*
documentario *documentary*
documento *document*
dodicesimo *twelfth*
dodici *twelve*
dolce (m) *sweet, dessert*
dolci (m pl) *sweets, cakes, biscuits*
dolore (m) *pain, ache, sorrow*
domanda *question, application*
domani *tomorrow*
domenica *Sunday*
domestico/a *domestic*
domiciliato/a *domiciled, living*
donna *woman*;— di casa *housewife*
dono *gift*
dopo *after, then*;— di lei *after you*
dopodomani *the day after tomorrow*
doppio/a *double*; doppi servizi *two bathrooms, etc.*
doppiamente *doubly, twice over*
dormire (IIIa) *to sleep*
dotato/a *gifted, endowed, furnished with*
dottor(e) (m) *doctor*
dottoressa *lady doctor*
dove *where*; dov'è? *where is (it)?* di dov'è? *where are you (is he/s/it) from?*
dovè = dovette (*past definite of* dove)
dov'è? *where is (it)?*
dovere (irr.) *to have to, to owe*;
  dovrei *I ought to*
dovunque *everywhere*
dritto (*see* diritto)

dubbio *doubt*
dubitare *to doubt*
due *two*
dunque *well, so, let's see, therefore*
Duomo *cathedral*
durante *during*
durare *to last*
durata *duration, length*
durevolmente *lastingly*
duro/a *hard, difficult*

e, ed *and*
è *he/she/it is, you are (see* essere)
ecc. eccetera *etcetera*
eccellente *excellent*
eccetto *except*
eccezione (f) *exception*
ecco *here (it) is, (they) are, there, well, that's what I mean*;
  eccomi *here I am*; eccolo/la *here he/she/it is*; eccofatto! *finished!*
economia *economy, economics*
economico/a *economic, economical*
ed (*see* e)
edicola *news-stand*
edificio *building*
Edimburgo *Edinburgh*
educare *to bring up, educate*
educativo/a *educational, instructive*
educato/a *educated*; ben— *well-bred, polite*
effetti: in— *in fact, as a matter of fact*
effettivamente *actually, really*
effettuare *to effect, carry out*
efficiente *efficient*
egli *he*
egoista (m or f) *selfish*
elegante *smart, elegant*
elenco *list, directory*
elettrodomestici (m pl) *household appliances*
elettronico/a *electronic*
eliminare *to eliminate*
emancipare *to emancipate*
emancipato/a *emancipated*
emigrare *to emigrate*
emigrato/a *emigrant*
emigrazione (f) *emigration*
emittente (f) *broadcasting station, transmitter*

enciclopedia *encyclopaedia*
energico/a *energetic*
enorme *enormous*
entrare *to enter*; che c'entra? *what's that to do with it?*
entrata *entrance*
epidemia *epidemic*
Epifania *Epiphany*
eppure *yet, still, nevertheless, however*
eroe (m) *hero*
esagerare *to exaggerate*
esame (m) *exam*; dare un— *to take an exam*
esaminare *to examine, consider*
esattamente *exactly, precisely*
esaurito/a *exhausted, sold out*
esclusivamente *exclusively*
esempio *example*; per/ad— *for example*
esercitare *to practise, exercise*
esercizio *exercise*
esistere (p.p. esistito) *to exist*
esistito *(see* esistere)
esito *result*
espansione (f) *expansion*
esperienza *experience*
esportare *to export*
esportazione (f) *export*
esposizione (f) *exhibition*
espressione (f) *expression*
espresso *express, espresso' coffee*
esproprio *expropriation*
essere (irr. p.p. stato) *to be*; — di ritorno *to be back*
esso/a *he, she it*
estate (f) *summer*; d'), *during the summer*
estero: all'— *abroad*
esteso/a *extensive*
età *age*
etto *100 grams*
europeo/a *European*
evasione (f) *escape; escapism*
eventuale *if required*
evitare *to avoid*

fa *ago*
fa *(see* fare)
fabbrica *factory*
facile *easy*

facilitare *to facilitate*
facoltà *faculty*
falso/a *false*
fama *fame, renown, reputation*
fame (f) *hunger*; una—da lupo *(to be) starving*
famiglia *family*
famoso/a *famous*
fango *mud*
fantastico/a *fantastic*
farcela *to manage, go on, cope*
fare (irr. p.p. fatto) *to do, make*; fare il biglietto *to buy a ticket*; far colazione *to have breakfast*; far benzina *to get some petrol*; far il pieno *to fill up*; fare una passeggiata *to go for a walk*; fare da interprete *to act as interpreter*; far sapere *to inform*; far fare *to have done/made*; farsi fare *to have done/made for onself*; far tardi *to be late*; far caldo/freddo *to be cold/hot*
farmacia *chemist's shop*
farmacista (m or f) *chemist*
fascio *bunch*
fastidio *trouble, bother*; dare— *to bother, annoy*
fatto *(see* fare); ecco— *here you are*
favore (m) *favour*; per—*please*
favorire (IIIb): vuol— *would you like some?*
fazzoletto *handkerchief*
febbraio *February*
febbre (f) *temperature, fever*
fedele *faithful*
fedeltà *fidelity*
felice *happy*
felicità *happiness*
femmina *woman, female*
femminuccia *little girl*
fenomeno *phenomenon*
feriale *working*; giorno— *working day*
ferie (f pl) *holidays, leave*
fermare *to stop*
fermarsi *to stop (oneself), stay*
fermata *stop*
ferragosto *August bank-holiday*
ferrovia *railway*
ferroviario/a *railway*
ferroviere (m) *railway worker*

festa *fête, party, public holiday, fair, festival*
festeggiamento *celebration, festivity*
festeggiare *to celebrate*
festività *festivity, feast*
festivo/a *festive, holiday*
fetta *slice*
fiammifero *match*
fianco *side, hip*
fidanzato/a *fiancé, engaged*
fiera *fair*
fiero/a *proud*
figlia *daughter*
figlio *son*
figurarsi *to imagine, fancy;* si figuri! *not at all, it's no trouble!*
fila *queue*
film (m) *film*
filobus (m) *trolley-bus*
filosofia *philosophy*
finalmente *at last, finally*
finanziario/a *financial*
finchè (non) *till, until*
fine (m or f) *end*
finestra *window*
finire (IIIb) *to end, finish;* — per *to end up by*
fino a *until, up to*
fioraio *florist*
fiore (m) *flower*
fiorire (IIIb) *to flower*
Firenze *Florence*
firma *signature*
firmare *to sign*
fisica *physics*
fisionomia *physiognomy*
fisso/a *fixed*
fiume (m) *river*
folclore (m) *folklore*
folcloristico/a *folkloristic*
follia *madness, folly*
fondo *background; fund;* in — *at the far end, bottom;* là in — *down there*
fontana *(drinking) fountain*
forchetta *fork*
formaggio *cheese*
formare *to form, make up*
fornire (IIIb) *to furnish, provide*
forno *oven;* al — *baked*
forse *perhaps*
forte *strong, heavy*

fortuna *fortune, luck;* far — *to make one's fortune;* buona —! *good luck!*
forza *force, strength;* per — *at all costs, necessarily*
foss'anche *even if only to*
fotografia *photograph, print*
fra *between, in;* — poco *soon;* — un' ora *in an hour's time*
fragola *strawberry*
francese *French*
Francia *France*
francobollo *stamp*
frase (f) *sentence*
fratello *brother*
freddo/a *cold*
frequentare *to frequent, go to, attend*
frequente *frequent, often*
frequenza *frequency*
fresco/a *fresh, chilled, cold;* al fresco *in the cool, shade*
fretta: in — *in a hurry;* aver — *to be in a hurry;* non c'è — *there's no hurry*
frigorifero *refrigerator*
fritto/a *fried*
fronte: il — mare *sea-front;* di — *in front of, opposite*
frugare *to search*
frustrato/a *frustrated*
frutta *fruit*
fruggire (IIIa) *to flee*
fumare *to smoke*
funzionamento *running*
funzionare *to act, function, work*
funzionario *official, civil servant*
fuoco *fire;* fuochi artificiali *fireworks*
fuori *out, outside;* — stampa *out of print*
futuro *future*

gabinetto *lavatory; laboratory, workshop, cabinet*
galleria *gallery, tunnel*
gamba *leg*
garantire (IIIb) *to guarantee*
garanzia *guarantee*
gatto *cat*
gelateria *ice-cream shop*
gelato *ice-cream*
generale *general*
generalità *particulars*

genere (m) *type, kind*; in —
    generally; generi
    alimentari *foodstuffs*
genero *son-in-law*
generoso/a *generous*
genitore (m) *parent*
gennaio *January*
Genova *Genoa*
gente *people*
gentile *kind*; molto —! *very kind of
    you!*
gerente (m or f) *post-mistress/master*
Germania *Germany*; —
    Federale *West Germany*
gettone (m) *token, counter*
già *already*; — in piedi? *up already?*
giacca *jacket*
giallo/a *yellow*
Giappone (m) *Japan*
giardino *garden*
gigante (m) *giant*; fare passi da — *to
    make rapid progress*
ginocchio *knee*
giocare *to play*
giocattolo *toy*
gioco *game*
giocondo/a *happy*
gloria *glory*
giornale (m) *newspaper*
giornalista (m *or* f) *journalist*
giornata *day*
giornataccia *awful day*
giorno *day*
giovane (m *or* f) *young man (or
    woman)*
giovedì *Thursday*
gioventù (f) *youth*
girare *to turn, to go round*; — la
    testa *to feel giddy*
giro *tour, trip*; in — *around, out and
    about*; fare il — del mondo *to go
    round the world*
gita *excursion, trip, outing*
giù *down*
giugno *June*
giusto/a *just, right, fair*
gli *the; (to) him*
gliela = gli + la
gola *throat*
gomma *rubber, tyre*
gonfiare *to pump up*

grande, gran *big, large* in — parte *to
    a great extent*
gratuito/a *free*
grave *serious, seriously ill*
grazie *thank you*; — mille *many
    thanks*
Grecia *Greece*
greco/a *Greek*
gridare *to shout*
grigio/a *grey*
gruppo *group*
guadagnare, *to earn*
guaio *trouble, difficulty, problem*;
    che —! *what a nuisance!*
guancia *cheek*
guanto *glove*
guardare *to look at, watch*;
    guardi! *look! you know!*
guasto/a *out of order, broken down*
guida *guide (book)*
guidare *to drive*

ha (*see* avere)
handicappato/a *handicapped*
hanno (*see* avere)
ho (*see* avere)

i *the (pl of* il)
idea *idea*
ideale *ideal*
ieri *yesterday*
ignoto/a *unknown, stranger*
il *the (masc. sing.)*
imballaggio: carta d'— *wrapping-
    paper*
imbrigare *to cheat*
imbrogliare *to cheat, take in*
imbucare *to post*
imitare *to imitate*
immaginare *to imagine*
immagine (f) *image*
immatricolato/a *registered, enrolled*
immaturo/a *immature, unripe*
immediato/a *immediate*
immigrato/a *immigrant*
immobiliare: agenzia — *estate agency*
imparare *to learn*
imparzialità *impartiality, fairness*
impegnato/a *busy, engaged*
imperatore (m) *emperor*
impianto *installation, equipment*

impiegarsi   *to get a job*
impiegato/a   *employee, clerk*
impiego   *employment, situation, job*
imporre (irr. p.p. imposto)   *to impose*
importare: non importa   *it doesn't matter*
importante   *important*
importanza   *importance*
imposizione (f)   *imposition*
impossibile   *impossible*
improvvisazione (f)   *improvisation*
improvviso: all'—   *suddenly*
in   *in;* —treno   *by train; to, at, within, into, on*
incalcolabile   *incalculable*
inchiesta   *survey, enquiry*
incidente (m)   *accident, incident, occurrence*
includere (p.p. incluso)   *to enclose, include*
incominciare   *to begin, commence*
incontrare   *to meet*
incontro   *meeting*
incrocio   *crossroads, junction*
indicare   *to indicate, direct*
indicazione (f)   *description*
indice (m)   *index, level*
indietro   *backwards, behind, at the back*
indipendente   *independent*
indipendenza   *independence*
indirizzo   *address*
individuo   *individual, person*
indurre (irr. p.p. indotto)   *to induce, to be inducive to*
industria   *industry*
industriale   *industrial*
industrializzarsi   *to industrialise*
inevitabile   *unavoidable*
infatti   *in fact, as a matter of fact, that's right*
inferiore   *inferior, lower*
infine   *finally*
inflazione (f)   *inflation*
influente   *influential*
influenza   *influence; influenza*
influenzare   *to influence*
informare   *to inform*
informativo/a   *informative*
informazione (f)   *piece of information;* informazioni   *information*

ingegnere (m)   *engineer*
ingegneria   *engineering*
Inghilterra   *England*
inglese   *English*
ingorgo (di traffico)   *traffic-jam*
ingrediente (m)   *ingredient*
ingresso   *entrance*
inizialmente   *initially*
iniziativa   *initiative, enterprise*
inizio   *beginning, commencement;*
   all'—   *at the beginning*
innanzi   *forward, on;* — tutto   *first of all*
inno   *hymn;* —nazionale   *national anthem*
innumerevole   *innumerable, countless*
inoltre   *besides, furthermore*
insegnamento   *teaching*
insegnante (m or f)   *teacher*
insegnare   *to teach*
inserire (IIIb)   *to insert;* inserirsi   *to become part of*
inserzione (f)   *advertisement*
insicuro/a   *insecure*
insieme   *together*
insistere (p.p. insistito)   *to insist*
insolazione (f)   *sunstroke*
insomma   *on the whole, in other words*
instabile   *unstable*
intanto   *to begin with, in the meantime, meanwhile*
integrante   *integral*
integrare   *to integrate, complete*
intelligente   *intelligent*
intensificazione (f)   *intensification*
intento/a   *intent, purpose, aim*
intenzione (f)   *intention*
interessante   *interesting*
interessare   *to interest*
interesse (m)   *interest*
internazionale   *international*
interno   *interior, inside, flat number*
intero/a   *entire, whole, all*
interprete (m or f)   *interpreter*
interrompere (p.p. interrotto)   *to interrupt*
intervista   *interview*
intervistare   *to interview*
intestato/a   *made out to*
intollerante   *intolerant*
introdurre   *to insert*

invece *instead, but, on the other hand,*
  on the contrary; — di *instead of*
inverno *winter;* d' — *in winter*
invidiare *to envy*
invitare *to invite*
invitato/a *guest*
invito *invitation*
io *I;* anch'io *me too*
Irlanda *Ireland*
iscriversi (p.p. iscritto) *to enrol,*
  register
iscrizione (f) *enrolment, registration*
isolato/a *isolated*
istituto *institute*
istruttivo/a *instructive*
Italia *Italy*
italiano/a *Italian*

jogging (m) *jogging*

la *the, you, her, it*
là *there;* — in fondo *down there, at*
  the end
labbro *lip*
ladro *thief*
lago *lake*
laido/a *ugly*
lamentarsi *to complain*
lana *wool*
lasagne (f pl) *pasta dish;* — al
  forno *pasta baked in the oven*
lasciare *to leave, let;* — a
  desiderare *to leave a lot to be*
  desired
lato *side, aspect*
latte (m) *milk*
laurea *degree*
laurearsi *to graduate*
laureato/a *graduate*
lavare *to wash;* lavarsi *to get*
  washed, to wash oneself
lavatrice (f) *washing-machine*
lavorare *to work*
lavorativo/a *of work*
lavoratore (m) *worker*
lavoro *job, work*
le *the, to/for you, them*
legge (f) *law*
leggere (p.p. letto) *to read*
leggiadro/a *graceful, attractive*
leggibile *legible*

lei *you, she, her*
lento/a *slow*
lenzuolo *sheet*
lettera *letter*
letterario/a *literary*
letto (*see* leggere)
letto *bed*
levarsi *to rise*
lezione (f) *lesson*
li *them*
lì *there, (it's) over there;* — in
  fondo *down there, at the end*
liberarsi *to free oneself*
liberato/a *liberated*
libero/a *free*
libreria *book-case, book shop*
libro *book;* libri usati *second-hand*
  books
licenziare *to dismiss, sack*
liceo *secondary school*
lieto/a *happy, glad, delighted*
limitare *to limit*
limone (m) *lemon*
linea *line*
lingua *tongue, language*
liquore (m) *liqueur*
lira *lira*
litro *litre*
livello *level, standard*
lo *the, him, it*
locale *local*
locale (m) *room*
località *locality, area*
lombardo/a *from Lombardy*
Londra *London*
lontano/a *far, far away, distant*
loro *they, them, to them, their, theirs*
lotteria *lottery*
luce (f) *light, electricity*
luglio *July*
lui *he, him*
luna *moon;* — park *amusement park,*
  fun fair
lunedì *Monday*
lungo/a *long, along*
luogo *place;* aver — *to take place*
lupo *wolf;* in bocca al —! *good luck!*
lusso *luxury*

ma *but, well*
macchè *not at all*

macchina *car; machine;* — da
  scrivere *typewriter;* —
  fotografica *camera*
madre (f) *mother*
maestà *majesty*
magari *perhaps, even if, if only, I wish
  I could, I'd love to*
magazzino *shop, store*
maggio *may*
maggiore *elder, eldest, major, greater,
  greatest*
magnifico *magnificent, splendid*
mai *ever, never*
maiuscola *capital (letter)*
mal: — di testa *headache;* — di
  denti *toothache*
malato/a *ill*
male *badly, bad;* non c'è — *not bad;*
  far — *to hurt*
maleducato/a *rude, impolite*
malvivente (m) *criminal, crook*
mamma *mother, mummy*
mancanza *lack, shortage*
mancare *to be lacking, missing;* ci
  mancherebbe altro! *certainly not, I
  wouldn't dream of letting you*
mancia *tip*
mandare *to send;* mandar via *to
  send away, sack*
mangiare *to eat*
manifestazione (f) *show, display*
mano (f) *hand*
mantenere (irr.) *to maintain, retain;*
  mantenersi *to keep, support*
mare (m) *sea;* al — *at the seaside*
maresciallo maggiore *warrant officer*
marito *husband*
martedì *Tuesday*
marzo *March*
mascherare *to mask*
maschietto *baby boy*
maschio *male*
massa *mass;* mezzi di
  comunicazione di — *mass media*
matematica *mathematics*
materiale (m) *material*
materialista *materialist*
materno/a *maternal*
matricola *registration*
matricolazione (f) *matriculation*
mattina *morning*

mattinata *morning*
maturità: — classica *school leaving
  certificate in classics*
me *me, to/for me*
meccanico *mechanic*
medicazione (f) *dressing, treatment*
medicina *medicine*
medico *doctor*
medio/a *secondary (school)*
mediocre *mediocre*
meglio *better;* quanto di — *all the
  best*
melanzana *aubergine*
meno *less, fewer, least;* di — *less;* –
  — male *a good job that*
mensa *canteen, mess*
mensile *monthly*
mentalità *mentality*
mentre *while*
menù (m) *menu*
mercato *market;* a buon — *cheap*
merce (f) *goods*
mercoledì *Wednesday*
meridionale *Southern(er)*
merletto *lace*
mese (m) *month*
messa *mass*
messo (*see* mettere)
mestiere (m) *trade, job, profession*
metà *half*
meticolosità *meticulousness*
metodo *method*
metropolitana *underground*
mettere (p.p. messo) *to put;* — da
  parte *to put aside;* quanto ci
  mette? *how long does it take you?*
  mettere in ordine *to tidy up;*
  mettersi *to put on, wear;* — a *to
  begin*
mezzanotte (f) *midnight*
mezzo/a *half;* mezza pensione *half-
  board*
mezzo *means (of transport);* mezzi di
  comunicazione di massa *mass
  media;* mezzi pubblici *public
  transport;* in mezzo a *in the middle
  of*
mezzogiorno *midday, noon*
mi *me, to/for me, myself*
mica *not at all, never;* — male *not
  bad*

microtelefono *receiver*
miei (m pl) *my family, relatives*
miglioramento *improvement*
migliorare *to improve*
migliore *better, best*
Milano *Milan*
miliardo *one thousand million*
milione (m) *one million*
mille (p.l. mila) *thousand*; mille
  grazie *many thanks*
minaccia *threat*
minestra *soup*
miniassegno *money token*
minidialogo *minidialogue*
ministero *ministry*
minuscolo *small (letter)*
minuto *minute*
mio, mia *my, mine*
mite *mild*
mittente (m) *sender*
mobile (m) *piece of furniture*
moda *fashion*; di— *fashionable*
modello *model, type*
moderno/a *modern*
modesto/a *modest*
modo *manner*; in—che *in such a*
  way that
modulo *form*
moglie (f) *wife*
molti/e *many, lots of*
molto/a *a lot (of), much*
molto *very, very much, a lot, a long*
  time
momento *moment*
mondiale *world(wide)*
mondo *world*; in tutto il— *all over*
  the world
moneta *coin, money, currency*
monotono/a *monotonous*
montagna *mountain*
monumento *monument*
morire (irr. pp. morto) *to die*; fa un
  caldo da— *it's boiling hot*;
  annoiarsi da— *to be bored to death*
mortadella *Bologna sausage*
morte (f) *death*
morto/a *dead*
mostra *exhibition*
mostrare *to show*
motivo *reason, purpose*
motore (m) *motor, engine*

motorino *moped*
mozzare *to chop off*
multa *fine*
municipio *town-hall*
muratore (m) *mason, bricklayer,*
  builder
museo *museum*
musica *music*
musicale *musical*
musicante (m or f) *musician,*
  bandsman
musicassetta *music cassette*

nailon (m) *nylon*
napoletano/a *Neapolitan*
Napoli *Naples*
nascere (irr. pp. nato.) *to be born*
nascondere (pp. nascosto) *to hide,*
  conceal
naso *nose*
Natale *Christmas*
natale *native*
natio *native*
nativo/a *native*
nato/a *born*
natura *nature*
naturalmente *naturally*
nazionale *national*
nazionalità *nationality*
ne *some, any, of it, of them*; ce
  n'è *there is*; ce ne sono *there are*
nè . . . nè *neither . . . nor*
neanche *not even, neither*
necessario/a *necessary*
negativo/a *negative*
negozio *shop*;— di
  abbigliamento *outfitter's clothes shop*
nel = in + il, nella = in + la,
  nei = in + i
nemico *enemy*
neolaureato/a *newly graduated*
neorealista *neorealist*
nero/a *black*
nessun, nessuno/a *no, none, no-one,*
  not any
neve (f) *snow*
nevicare *to snow*
niente *nothing, anything, no*; di—
  don't mention it; non fa— *it*
  doesn't matter; per— *(not . . .) at*
  all; nient'altro *nothing else*

no *no*
nobiltà *nobility*
noi *we*; da— *at our place*; con— *with us*
nome (m) *name, forename*
non *not*; più *not any more*
nonna *grandmother*
nonni (m pl) *grandparents*
nonno *grandfather*
nono *ninth*
non so che (m) *something (or other)*
Nord (m) *North*
normale *normale*; benzina — *two-star petrol*
normalmente *usually*
nostalgia *nostalgia*; sentire la — *to feel homsick, miss*
nostro/a *our, ours*
notare *to notice*
notizia *news*
notiziario *news*
la notte (f) *night*
novanta *ninety*
novantina *about ninety*
nove *nine*
novembre *November*
nozze (f pl) *wedding, marriage*
nucleo *nucleus*
nulla *anything, nothing*
numero *number*
nuora *daughter-in-law*
nuotare *to swim*
nuoto *swimming*
nuovo/a *new*; di *again*

o *or*; o . . . o . . . *whether . . . or . . .*
obbedire (IIIb) *to obey*
obbligatorio/a *obligatory, compulsory*
occasione (f) *opportunity, chance*
occhiali (m) *glasses*; — da vista *spectacles*; — da sole *sunglasses*
occhiata *glance, look*; dare un' — *to have a look*
occhio *eye*
occorrere (p.p. occorso) *to be necessary, required; to happen; to require*
occuparsi *to deal with, look after, to occupy oneself*
occupato/a *engaged, busy, taken*

occupazione (f) *occupation, job*
oddio! *my goodness!*
odore (m) *smell*
offerta (f) *offer*
offerto *(see offrire)*
offresi = si offre *(see offrire)*
offrire (IIIa) *(pp offerto) to offer*
oggetto *object, thing, article*
oggi *today, these days*
ogni *every, all, any*;—tanto *every so often, now and then*
olimpico/a *Olympic*
olio *oil*
oltre a *besides, as well as*
omaggio *tribute, homage*
ombra *shade, shadow*; all'— *in the shade*
ombrello *umbrella*
onomastico *name-day, Saint's day*
opera *work*;— d'arte *work of art*
operaio *worker, employee*
opinione (f) *opinion*
oppure *or else*
ora *now*
ora *hour*; a che —? *at what time*;? l'—di punta *rush-hour*
orale *oral*
orario *timetable, opening times, business hours*; in — *on time*
orchestra *orchestra*
ordinare *to order, arrange, put in order*
ordinario/a *ordinary, usual*
ordinazione (f) *order*
ordine: mettere in — *to tidy up, put in order*
orecchio *ear*
oretta *about an hour*; mezz'— *about half an hour*
organizzare *to organise*
origine (f) *origin*
ormai *by now, by this time*
orografia *orography, mountain system*
orologio *watch, clock*
ospedale (m) *hospital*
ospite (m or f) *guest*
osservare *to watch, observe*
ottanta *eighty*
ottantina *about eighty*
ottavo/a *eighth*
ottenere (irr.) *to obtain, get*

ottimo/a *excellent, superb*
otto *eight*
ottobre *october*
ottocento *nineteenth-century*

P.S. (*see* Pubblica Sicurezza)
pacchetto *packet, small parcel*
pacco *parcel*
padre (m) *father*
padrona di casa *landlady*
padrone (m) di casa *landlord*
  paesano/a *rural*
paese (m) *village, small town*
Paese *country*
paesino *small village*
pagare *to pay*
paio *pair*; un — d'ore *a couple of hours*
palazzo *palace, mansion, block, building*
pallone (m) *football*
pane (m) *bread*
panetteria *baker's shop*
panettone (m) *Milanese cake*
panino *bread-roll*
panna *cream*
panorama (m) *view*
panoramico/a *panoramic*
pantaloni (m pl) *trousers*
papa (m) *Pope*
paragonare *to compare*
parcheggiare *to park*
parcheggio *parking, car-park*; — custodito *supervised car-park*
parco *park*
pare: mi — *it appears to me, I think*
parecchio/a *quite a lot, several*
parente (m *or* f) *relative, relation*
Parigi *Paris*
parlare *to speak, talk*
parola *word*
parolaccia *bad language, swearing*
parrucchiere (m) *hairdresser, barber*
parte (f) *part*; a — *separately*; da — mia *for my part*; da questa — *this way*; a — questo *apart from this*
partecipare *to take part*
partenza *departure*; in — *leaving*
particolare *particular, special, individual*
particolari (m pl) *particulars*

partire (IIIa) *to leave, depart*
partita *game, match*
Pasqua *Easter*
passaggio: di — *passing through*
passamontagna (m) *Balaclava helmet*
passante (m) *passer-by*
passaporto *passport*
passare *to pass, pass through, call by, spend*
passeggiare *to go for a walk, to walk*
passeggiata *walk*
passeggiero/a *passenger*
passo *step*; passi da gigante *rapid progress*
pasta *cake, pastry, pasta*
pastasciutta *pasta (served with sauce)*
pasticceria *patisserie*
pasticciere (m) *confectioner*
pasto *meal*
patata *potato*
patatine fritte (f pl) *chips*
patente (f) (di guida) *driving licence*
patrono *patron*
patto *agreement*; a — che *on condition that, provided that*
paura *fear*; aver — *to be afraid*
paziente *patient*
pazienza *patience*; aver — *to be patient*; — *never mind!*
peccato: (che) —! *what a pity!*
pedaggio *toll*
peggio *worse, worst*
pelle (f) *leather*
pena: (non)vale la — *it's (not) worth (it)*
penetrazione (f) *penetration*
penisola *peninsula*
penna *pen*
pensare *to think, believe*
pensiero *thought, way of thinking*
pensione (f) *small hotel, boarding-house*; — completa *full board*; mezza — *half board*
pepe (m) *pepper (spice)*
peperone (m) *pepper (vegetable)*
per *for, in order to*; — strada *in the street*
perchè *why? because*; ecco — *that's why*
perciò *therefore*
percorso *distance, run*

percorso/a: distanza— *distance covered*

perdere (p.p. perso *or* perduto) *to lose, miss*

pericoloso/a *dangerous*

periferia *outskirts, suburbs*

periodo *period*

perla *pearl*

permanere (irr. p.p. permasto) *to persist*

permesso *excuse me, may I come in? may I?*

permettere (p.p. permesso) *to allow, permit*

permissività *permissiveness*

però *however, but, nevertheless*

persino *even*

persistere (p.p. persistito) *to persist*

perso (*see* perdere)

persona *person, individual*

personalmente *personally*

pertanto *therefore, consequently*

perugino/a *from Perugia*

pesante *heavy*

pesare *to weigh*

pesce (m) *fish*

piacere (irr) *to please*; le/ti piace/ piacciono? *do you like it/them?*; mi piace/piacciono *I like it/them*

piacere *pleased to meet you*; con — *with pleasure*; far — *to please*; per — *please*

pianista (m *or* f) *pianist*

piano *floor, storey; quietly, slowly*

piano piano *little by little*

pianoforte (m) *piano*

pianterreno *ground floor*

pianura *plain*

piatto *plate, dish, course*

piazza *square*

piazzale (m) *large open square*

piccolo/a *small, little, child*

piede (m) *foot*; a piedi *on foot*; in piedi *standing, up and about*

Piemonte (m) *Piedmont*

pieno/a *full*; fare il — *to fill up*

Pietro *Peter*

pigro/a *lazy*

pillola *pill*

pioggia *rain*

piombare *to fill (of teeth)*

piovere *to rain*

pipa *pipe*

piscina *swimming-pool*

pistola *pistol, gun, revolver*

più *more, most*; di — *most of all*; non — *not any more*; — o meno *more or less*; — di/che *more than*; — avanti *further on*

piuttosto *rather*; tu — *what about you?*

pizza *pizza*

pizzeria *pizza-shop/restaurant*

plastica *plastic*

pluriennale *of many years*

po': un po' di *a (little) bit of*

poco *little, not very much*; a — a — *little by little*; fra — *soon*; — fa *a moment ago*; costa — *it's cheap*

poi *then, later*

poichè *as, since*

politico/a *political*

poliziotto *policeman*

pollo *chicken*

poltrona *armchair*

pomeriggio *afternoon*

pomodoro *tomato*

ponte (m) *bridge*

pop: musica — *pop music*

popolare *popular*; quartieri popolari *working-class districts*

popolazione (f) *population*

porre (p.p. posto) *to place, set*

porta *door*

portafoglio *wallet*

portare *to carry, wear, bring, take*

portatile *portable*

portato/a: essere — per *to be good at*

portiere (m) *porter, caretaker*

portineria *porter's lodge*

portone (m) *main gate, main door*

positivo/a *positive*

posizione (f) *position*

possibilmente *if possible*

posta *post-office; mail*

postale *postal*

posto *place, seat, job*; non c'è — *there is no room*; a — *in order*

potabile *drinkable*

potenziare *to encourage, develop*

potere *to be able, can*
potere (m) *power*
povero/a *poor*
pranzare *to have lunch, to dine*
pranzo *lunch, dinner*
praticamente *practically*
precedenza *priority*
preceduto/a *preceded*
preciso/a *precise*; di — *precisely*
preferenza *preference*; di — *mostly, preferably*
preferibile *preferable*
preferire (IIIb) *to prefer*
preferito/a *favourite*
prego *don't mention it, not at all, that's all right*; di qua — *this way please*; prego? *what would you like? yes?*
premio *prize*
prendere (p.p. preso) *to take, have, fetch, catch, get, collect*
prenotare *to book, reserve*
prenotazione (f) *booking, reservation*
preoccuparsi *to be worried, anxious*; non si preoccupi! *don't worry*
preparare *to prepare*; prepararsi *to get ready, prepare oneself*
presa *socket*
prescelto/a *selected*
presentare *to present, offer, introduce*; presentarsi *to arise, come*
presente *present*; alla — *herewith*
presenza *presence*
presidente (m) *president*; — della commissione *president of the board of examiners*
preso (*see* prendere)
pressione (f) *pressure*
presso *at the house of, care of*
prestare *to lend*
prestigio *prestige*
presto *early, soon*; a — *see you soon*; far — *to hurry up*
prete (m) *priest*
pretendere (p.p. preteso) *to expect*
prevalentemente *mainly*
prevedere (p.p. previsto) *to foresee, anticipate*
prezzo *price*
prima *earlier*; — di *before*; — di tutto *first of all*; — che *before*

primavera *spring*
primo/a *first*; i primi di agosto *early August*
principale *principal, main*
privato/a *private, personal, independent*
probabilmente *probably*
problema (m) *problem*
procedere *to proceed, go on*
processione (f) *procession*
procurare *procure, get, obtain*
prodigarsi *to do all one can*
prodotto *produce, product*
produrre (irr. p.p. prodotto) *to produce*
produzione (f) *production*
professionista (m or f) *professional person, expert*
professore (m) *teacher, professor*
professoressa *woman teacher, professor*
profondo/a *thorough, deep, abyss*
profumeria *perfumery*
profumo *perfume*
progetto *plan, project*
programma (m) *programme*
progresso *progress*
proibire (IIIb) *to forbid*
promettere (p.p. promesso) *to promise*
promosso/a: essere — *to pass (an exam)*
pronto/a *ready, certainly*
pronto! *hello!* (*see also* soccorso)
proposito: a — *by the way*
proposta *proposition*
proprietà *property*
proprietario *owner*
proprio *really, just*
proprio/a *one's own, proper, real*
prosa *theatre, prose*
prosciutto *ham*
prosperità *prosperity*
prossimo/a *next*
prova *test, exam, trial*
provare *to feel, try, try on*
proveniente *coming*
provincia *province*
provinciale *provincial*
pubblicare *to publish*
pubblico *public*
pulire (IIIb) *to clean*

pullman *coach, bus*
punta: ora di — *rush-hour*
punto *point*
puntuale *punctual*
può darsi *maybe*
purchè *provided that*
pur = pure
pure *too, also, by all means*
pur di *if only to*
puro/a *pure, simple*
purtroppo *unfortunately*

qua *here*; di — *this way*
quadro *picture*
qual = quale
qualche *some*; — volta *sometimes*;
  qualcosa *something, anything*
qualcuno *someone, anyone, one or two*
qual/quale *what/which (one)?*; il
  quale/la quale *which, who*
qualità *quality*
qualsiasi *any, all, every*
qualunque *any, whatever*; un giorno
  — *just an ordinary day*
quando *when*; da — *since*
quant'è? *how much does that come to?*
quanti/e *how many*; quanti ne
  abbiamo? *what's the date?*
quanto/a *how much, as much as*;
  quanto tempo *how long*; per
  quanto? *by how much?*
quaranta *forty*
quarantina *about forty*
quartiere (m) *district, neighbourhood*
quarto/a *fourth*; — d'ora *quarter of
  an hour*
quasi *nearly, almost*
quattordici *fourteen*
quattro *four*
quel, quell', quella *that*; quei *those*;
  quello, quella, quel *that (one)*,
  quelle *those (ones)*; quel che *what*
questione (f) *matter, question*
questo/a *this (one)*; questi/e *these
  (ones)* qui *here*; — vicino *near
  here*
quindi *so, well, therefore*
quindicesimo/ *fifteenth*
quindici *fifteen*
quindicina *about fifteen*
quinto/a *fifth*

quiz *quiz*; — a premi *quiz with
  prizes*
quotidiano/a *daily*

raccolta *collection*
raccomandata *registered letter*
raccontare *to tell, relate*
racconto *story, tale*
raccordo: — anulare *ring motorway*
radersi *to shave*
radio (f) *radio*
radiofonico/a *radio(phonic)*
raffreddore (m) *cold*
ragazzo *boy, boy-friend*
ragazza *girl, girl-friend*
ragazzone (m) *big boy*
raggiungere (p.p. raggiunto) *to get to,
  reach, arrive*
ragione (f) *reason*; aver — *to be
  right*
ragioneria *book-keeping, accountancy*
ragioniere (m) *accountant (male),
  book-keeper*
ragioniera *accountant (female), book-
  keeper*
rallegramenti! *congratulations!*
rallentare *to slow down*
rapido *very fast inter-city train*
rapido/a *rapid, fast*
rapina *robbery*
rapinare *to rob*
rapinatore (m) *robber*
rapporto *link, relationship*
rappresentanza: in — di *representing*
rappresentare *to represent*
raro/a *rare*
rasoio *razor*
realizzare *to realise, make*
recente *recent*
regalare *to make a present of, to give*
regalo *present, gift*
reggersi *to be based on*
regionale *regional*
regione (f) *region*
regolare *regular*
regolare *to regulate, adjust*
regolarmente *regularly*
religioso/a *religious*
rendere (p.p. reso): — omaggio *pay
  tribute to*
repubblica *republic*

residente *resident*
residenza *residence*
residenziale *residential*
respirare *to breathe*
respiro *breath*
restare *to stay, remain*
restauro *restoration (work)*
restituire (IIIb) *to give back, return*
resto *rest, change, balance*
rete (f) *net, network, channel*
retorico/a *rhetorical*
retribuito/a *paid, remunerated*
rettore (m) *rector*
riagganciare *to replace*
riaprire (IIIb, p.p. riaperto) *to reopen*
ribellarsi *to rebel*
ricambiare *to exchange, reciprocate*
ricchezza *wealth*
ricco/a *rich, wealthy*
ricerca *research*; alla — di *in search of*
ricetta *prescription, recipe*
ricevere *to receive*
ricevuta *receipt*
richiedere (p.p. richiesto) *to ask for (again), to ask back, to demand, require*
richiesta *request*
richiudere (p.p. richiuso) *to close again*
ricominciare *to start, begin again*
riconoscere *to recognise*
ricordare *to remember, remind*; ricordarsi *to remember*
ricostruzione (f) *reconstruction*
ricreare *to recreate*
riempirsi (1st pers. riempio) *to get filled*
rientrare *to come back, reenter*
riferirsi (IIIb) *to refer*
riguarda: per quanto — *as regards . . . , as far as . . . is concerned*; esso — *it concerns*
rilassarsi *to relax*
rileggere (p.p. riletto) *to reread*
rilevante *relevant, important*
rilievo *importance*
rimanere (p.p. rimasto) *to remain, stay*
rimozione (f) *removal*
ringraziare *to thank*

rinnovare *to renew, restore*
rione (m) *district*
riordinare *to tidy up*
riparare *to repair*
ripartire (IIIa) *to leave (again)*
ripetere *to repeat*
riportare *to bring back*
riposarsi *to (have a) rest*
riposo *rest*; giorno di — *day off*
riprendere (p.p. ripreso) *to resume*
riprodurre (p.p. riprodotto) *to reproduce*
risiedere *to reside*
risolvere (p.p. risolto) *to resolve*
risparmiare *to save*
rispettare *to respect*
rispetto a *compared with*
rispondere (p.p. risposto) *to answer, reply*
risposta *answer, reply*
ristorante (m) *restaurant*
risultato *result, outcome*
ritardo *delay, lateness*; in — *late*
ritenere *to consider, think*
ritirare *to collect, get back*
ritmo *rhythm*
ritornare *to come, go back, return*
ritorno *return*; andata e — *return ticket*; essere di — *to be back*
riunione (f) *meeting*
riuscire (irr.) *to succeed, be able to, manage*
rivedere *to see again, revise*
rivestirsi (IIIa) *to get dressed again*
rivista *magazine*
rivolgersi (p.p. rivolto) *to apply, ask*
roba *thing(s), stuff*
Roma *Rome*
romanzo *novel*
rompere (p.p. rotto) *to break, tear*
rosa *rose, pink*
rosso/a *red*
rosticceria *rotisserie*
rotto (*see* rompere)
rovinare *to ruin*
rugby (m) *rugby*
rumore (m) *noise*
ruolo *role*
rurale *rural*
Russia *Russia*
russo/a *Russian*

sa (*see* sapere)

sabato *Saturday*

sabbia *sand*

sacrificio *sacrifice*

safari (m) *safari*

saggio *essay*

sagra *festival, feast*

sala *room, hall;* — da pranzo *dining-room*

salame (m) *salami*

sale (m) *salt*

sali e tabacchi (m pl) *salt and tobacco store*

salire (irr.) *to go up, get on, climb*

salone (m) *hall, exhibition, show*

salotto *drawing-room*

salsa *sauce*

salto *jump, leap*

salumeria *delicatessen*

salumiere (m) *grocer*

salutare *to greet*

salute (f) *health*

saluto *greeting*

salvo/a: sano e — *safe and sound*

san (*see* santo); San Pietro *St Peter*

sano/a *healthy*

santo/a *saint, sacred, holy*

sapere *to know, be able;* far — *to inform*

sapere *to taste;* non sa di niente *it has no taste*

satirico/a *satirical*

sbagliare *to make a mistake, to be wrong*

sbaglio *mistake, error*

sbrigare *to handle, clear;* sbrigarsi *to hurry up*

scacchi (m pl) *chess*

scadenza *expiry, term*

scadere *to expire*

scaffale (m) *(book)shelf, bookcase*

scala: le scale *stairs*

scambio *exchange*

scapolo *bachelor*

scappare *to dash off, rush off*

scarico *unloading*

scarpa *shoe*

scatola *box, tin*

scegliere (p.p. scelto) *to choose*

scelta *choice*

scendere (p.p. sceso) *to go down, get off*

sceriffo *sheriff*

sceso (*see* scendere)

schiavo/a *slave*

schiena *back*

sci (m) *ski, skiing*

sciare *to ski*

scientifico/a *scientific*

scienza *science*

sciopero *strike*

scoglio *rock, cliff*

scolastico/a *scholastic, academic*

scomparire (irr. p.p. scomparso) *to vanish, disappear*

scomporsi (irr. p.p. scomposto) *to lose one's composure*

sconto *discount*

scopo *purpose, aim*

scorso/a *last, past*

scottarsi *to get burnt*

Scozia *Scotland*

scrivere (p.p. scritto) *to write*

scultore (m) *sculptor*

scuola *school*

scuro/a *dark*

scusare *to excuse*

scusi! *excuse me*

sdraiarsi *to lie down*

se *if, whether*

sè *him/her/it/one/-self yourself*

sebbene *although*

seccare *to get on one's nerves*

secolo *century*

seconda: a — di *according to*

secondo *according to*

secondo/a *second*

sede (f) *seat;* — centrale *head office*

sedersi (irr.) *to sit (down)*

sedia *chair*

sedici *sixteen*

seduto/a *sitting, seated*

seduzione (f) *seduction*

segno *sign*

segretario/a *secretary*

segreteria *secretary's office*

seguente *following*

seguire (IIIa) *to follow*

sei *six*

semaforo *traffic-light*

sembrare *to seem, appear*

semplice *simple*

semplicità *simplicity*

sempre *always, still*
senso *sense, direction*
sentire (IIIa) *to feel, hear*; sentir dire *to hear of*; senti! *listen!*; sentirsi bene *to feel well*
senza *without*; senz'altro! *of course*
sera *evening, night*
serata *evening*
sereno/a *sunny, serene*
serio/a *serious*; prendere le cose sul — *to take things seriously*
servire (IIIa) *to serve, need, be useful*; servirsi da soli *to help oneself*
servizio *service*; fuori — *out of order*
sessanta *sixty*
sessantina *about sixty*
sesto/a *sixth*
seta *silk*
sete (f) *thirst*; aver — *to be thirsty*
settanta *seventy*
settantina *about seventy*
sette *seven*
settembre *September*
settentrionale *northern(er), north*
sèttimana *week*
settimanale *weekly*
settimo/a *seventh*
settore (m) *sector, sphere*
sfilare *to parade, wind through*
sfruttare *to exploit*
si *him/her/it/one/-self, one, people, they, you (in general), themselves, yourselves, each other*
sì *yes*
sia . . . che *both . . . and*
sia . . . sia *whether . . . or*
Sicilia *Sicily*
siciliano/a *Sicilian*
sicuro/a *safe, sure*
Siena *Sienna*
sigaretta *cigarette*
sigaro *cigar*
significare *to mean, signify*
signora *lady, Mrs*
signor(e) (m) *(gentle)man, Mr, Sir*
signorile *high-class, luxury*
signorina *young lady, Miss*
similmente *similarly*
simpatico/a *nice, pleasant*
sin (*see* sino)
sindaco *mayor*

sinfonia *symphony*
singolarmente *singly*
singolo/a *single*
sinistro/a *left*
sino: sin(o) da *right from, ever since*
Siracusa *Syracuse*
siringa *syringe, injection*
sistemare *to arrange, fix*; sistemarsi *to get settled*
situato/a *situated*
situazione (f) *situation, position*
smarrimento *loss*
smarrire (IIIb) *to mislay, lose*
smettere (p.p. smesso) *to stop*
smistare *to sort out, filter off*
soccorso *assistance, help*; pronto — *first aid, casualty ward*
sociale *social*
società *society*
socievole *sociable, friendly*
soddisfatto/a *satisfied, happy*
soggiorno *stay*
sognare *to dream*
sogno *dream*
solamente *only*
soldi (m pl) *money*
sole (m) *sun*
solidale *solid*
solidarietà *solidarity*
solito: di — *as usual, usually*
sollevare *to raise*
solo/a *only, alone, lone*; da — *on one's own, alone*; una sola volta *once only*
soltanto *only*
somigliare *to resemble, look like*
sono (*see* essere)
sopportare *support, bear, tolerate*
sopra *up(stairs), above*; qui — *up here*
soprattutto *above all*
soprintendenza *superintendence, service*
sorella *sister*
sorgere (p.p. sorto) *to rise*
sorpresa *surprise*
sorriso *smile*
sorto/a *started up*
sosta *parking, waiting*
sostenere (irr.) *to take, sit (of exam)*
sostitutivo/a *substitutive*

sotto *under*; qui — *here below*
sottopassaggio *subway, underpass*
sottoscritto/a *undersigned*
spaghetti (m pl) *spaghetti*
spagnolo/a *Spanish*
spago *string*
sparecchiare *to clear*
spazzolino *toothbrush*
specchio *mirror*
speciale *special*
specialista (m or f) *specialist*
specializzato/a *specialised, skilled*
specialmente *especially*
spedire (IIIb) *to send, dispatch*
spegnere (p.p. spento) *to turn off, extinguish*
spendere (p.p. speso) *to spend*
spensierato/a *carefree*
spento (*see* spegnere)
sperare *to hope (for)*
spesa *expense*; fare la — *to do the shopping*
speso (*see* spendere)
spesso *often*
spettacolo *performance, play, show*
spiacere = dispiacere
spiaggetta *small beach*
spiaggia *beach*
spiccioli (m pl) *small change*
spiegabile *explicable*
spiegare *to explain, unfold*
spina *spine; plug*
splendido/a *splendid*
sport (m) *sport*
sportello *counter (window)*
sportivo/a *sporting; sportsman*
sposarsi *to get married*
sposato/a *married*
sposi (m pl) *bride and groom*
squadra *team*
squisito/a *exquisite, delicious*
stabilire (IIIb) to *establish*; stabilirsi *to settle*
stagione (f) *season*
stamattina *this morning*
stampa *press*
stampatello: in — *in block letters*
stancare *to tire*; stancarsi *to get tired*
stanco/a *tired*
stanotte *last night, tonight*
stanza *room*

stare *to be, stay*; — per +inf. *to be about to*; — +gerund *to be doing*; — in piedi *to stand*; — attento *to be careful*
stasera *this evening, tonight*
statale (*of the*) *state*
Stati Uniti (m pl) *United States*
stato *state*
stato/a (*see* essere *or* stare)
statua *statue*
stazione (f) *station*
stereo *stereo*
sterlina *pound*
stesso/a *same, self, very*
stia (*see* stare)
stipendio *wages, salary*
stipo *cupboard*
stomaco *stomach*
storico/a *historic*
strada *street, road*
stradale (*of a*) *street, road*
straniero/a *foreign(er), strange*
strano/a *odd, funny, strange*
stratagemma (m) *stratagem*
strato *layer, stratum*
strumento *instrument*
studente (m) *student*
studentessa (*female*) *student*
studiare *to study*
studio *study, surgery, studio*
stufo/a di *fed up with*
stupendo/a *stupendous*
su *on, about*
subire (IIIb) *to undergo*
subito *at once*
succedere (p.p. successo) *to succeed, happen*
sud (m) *south*
sufficienza: a — *enough, plenty*
suggerire (IIIb) *to suggest*
suo/a *his, her, its, hers, your, yours*
suonare *to play, ring*
suono *sound*
super: benzina — *four-star petrol*
superare *to exceed, get through, overcome*
superficialmente *superficially*
superiore *upper*
supermercato *supermarket*
super-rapido *high-speed (luxury) express*

supplemento *supplement*
surrealista (m or f) *surrealist*
svago *recreation, relaxation*
svalutazione (f) *devaluation*
sveglia *alarm, early call*
svegliarsi *to wake up*
Svizzera *Switzerland*
svizzero/a *Swiss*

tabaccaio *tobacconist*
tabù (m) *taboo*
taglia *size*
tagliare *to cut*
taglio *cutting, cut*
tale, tal *such (a)*
talento *talent*
talvolta *sometimes*
tangenziale: (strada) — *bypass*
tanto/a *so much, so many, very much;*
  tanto . . . quanto *as much as*
tardi *late;* far — *to be late*
tasca *pocket*
tassì (m) *taxi*
tavola *table*
tavolino *small table*
tazza *cup*
tazzina *little cup*
te *you*
tè (m) *tea*
teatro *theatre*
tecnico/a *technical, technician*
tecnologico/a *technological*
tedesco/a *German*
telefonare *to telephone*
telefonata *telephone call*
telefonico/a *telephone*
telefono *telephone*
telegiornale (m) *television news*
telegramma (m) *telegram*
teleselezione (f) *STD*
televisione (f) *television*
televisivo/a *television*
televisore (m) *television set*
temere *to fear*
tempaccio *foul weather*
tempestare *to storm*
tempo *time; weather;* con i tempi che
  corrono *as things are at present*
tendere (p.p. teso) *to tend*
tenere (irr.) *to keep;* tener presente *to
  bear in mind*

tennis (m) *tennis*
tenore (m) *tenor*
tensione (f) *tension*
tentare *to try, attempt*
termale: stazione — *spa;* bagni
  termali *thermal baths*
termine (m) *term, closing date*
terra *land, earth;* gomma a — *flat
  tyre;* per — *on the floor, ground*
terrazza *terrace, balcony*
terrazzo *terrace, balcony*
terreno *land*
terribile *terrible*
terzo/a *third*
tessere *to weave*
testa *head;* aver mal di — *to have a
  headache*
testo *text, words*
ti *(to) you, (to/for) yourself*
tifo: fare il — *to support*
tifoso/a *(football) fan*
timore (m) *fear*
tingere (p.p. tinto) *to dye*
tipicamente *typically*
tipo *type, kind*
tirare *to pull, come out with;* —
  vento *to be windy*
titolare (m) *owner, holder*
titolo *title, qualification*
toccare *to touch*
togliere (irr. p.p. tolto) *to take, pull
  out;* togliersi *to take off*
tolto/a *(see* togliere)
Torino *Turin*
tornare *to return, go/come back*
torre (f) *tower*
torto: aver — *to be wrong*
tosse (f) *cough*
tossire (IIIa *or* IIIb) *to cough*
totale *total*
tra = fra
tradizionale *traditional*
tradizione (f) *tradition*
traduzione (f) *translation*
traffico *traffic*
tragedia *tragedy*
tram (m) *tram*
tramontare *to set*
tranne che *except for*
transitare *to pass, drive along*
trascorrere (p.p. trascorso) *to spend*

trascurare *to neglect*
trasferirsi (IIIb) *to move*
trasformare *to transform*
trasgressore (m) *offender*
trasmesso/a *transmitted*
trasmettere (p.p. trasmesso) *to transmit*
trasmissione (f) *transmission*
trasporto *transport*
trattare *to treat, deal with*
trattenere (irr.) *to hold (back)*
trattoria *restaurant, country inn*
traversa *turning*
tre *three*
tredici *thirteen*
tremare *to tremble*
tremendo/a *terrible, dreadful*
treno *train*
trenta *thirty*
trentenne *thirty-year-old*
trentina *about thirty*
troppo/a/i/e *too, too much, too many*
trovare *to find, see, visit, be*; trovarsi bene *to be happy*
tu *you*
tuo/a, tuoi, tue *your, yours*
tuonare *to thunder*
turista (m *or* f) *tourist*
turistico/a *tourist*
turno: di — *on duty*
tuttavia *nevertheless*
tutto/a *all, whole, everything*; tutti i giorni *every day*; tutti/e e due *both*

ubbidire (IIIb) *to obey*
ubriacarsi *to get drunk*
uccidere (p.p. ucciso) *to kill*
ufficio *office*; — postale *post office*
ufficiale *official*
uguale *identical, (the) same*
uliva *olive*
ultimo/a *last, latter*
un, un', una, uno *a, an, one*
undicesimo *eleventh*
undici *eleven*
unico/a *sole, only*
unificare *to unite, join*
unitamente *unitedly*
unito/a *united, joined*
università *university*

universitario/a *(of the) university*
un po' di *a bit of, a little*
uomo (pl. uomini) *man*
uovo (pl. uova) *egg*
urbano/a *urban*
urgente *urgent*
usare *to use*
uscire (irr.) *to go out, come out (of book or record)*
uscita *exit, way out*
uso *use*
utile *useful*
uva *grapes*

va (*see* andare)
vacanza *holiday*
vado (*see* andare)
vaglia (m) *postal-order*
valere (irr. p.p. valso) *to be worth*
valigia *suitcase*; fare le valigie *to pack*
valore (m) *value*
vantaggio *advantage*
vaporetto *steamer*
variare *to vary*
varietà *variety*
vario/a *various*
vaso *vase*
vasto/a *vast, huge, extensive*
vecchiaia *old age*
vecchio/a *old*
vedere (p.p. visto) *to see*; vediamo *let's see*
veicolo *vehicle*
vela *sail*; andare a gonfie vele *to be booming (of business)*
veloce *fast*
velocità *speed*
vendere *to sell*
vendita: in — *on sale*
venerdì *Friday*
Venezia *Venice*
venire (irr. p.p. venuto) *to come*
venti *twenty*
ventimila *twenty thousand*
ventina *about twenty*
vento *wind*
ventisette *twenty-seven*
veramente *really*
verde *green*; al — *broke*
verificarsi *to happen*

verità *truth*
vero/a *true, real*; vero? *isn't it?*
aren't they? isn't it so?* etc.
versamento *payment*
verso *towards, about*
vestirsi (IIIa) *to get dressed, to dress*
vestito *dress, suit*
vetrina *(shop) window*
vetro *pane of glass, window*
vi *(to/for) you, yourselves; there*
via (m): dare il — *to give the starting signal, get under way*
via *road, street; via! away!*
viaggiare *to travel*
viaggiatore (m) *traveller*
viaggio *journey, travel*; buon — *have a good journey*
vicino/a *neighbour*; vicino (a) *near*; qui — *nearby*
viene *(see venire)*
vietato/a *forbidden*
vigile (m) *traffic policeman*
vigilessa *traffic warden*
villa *villa*
villeggiatura *holiday*
villetta *small villa*
vincere (p.p. vinto) *to conquer, win*
vino *wine*
vinto *(see vincere)*
violinista (m *or* f) *violinist*
visione (f) *vision*

visita *visit, medical examination*
visitare *to visit, examine*
vissuto *(see vivere)*
vista *sight*
visto *(see vedere)*
vita *life*
vittoria *victory*
vivamente *deeply, sincerely, keenly*
vivere (p.p. vissuto)
voce (f) *voice*; alzare la — *to raise the voice*
voglia *wish*
voi *you (pl)*
volentieri *willingly*
volere (irr.) *to wish, want*
volta *time, occasion*; una — *once*; due volte *twice*; a loro volta *in their turn*; a volte *sometimes*
volto *face*; volto/a *devoted to*
vorrei *(from volere) I'd like*
vuole *(see volere)*
vuoto/a *empty*

zero *zero, nought*
zia *aunt*
zio *uncle*
zitto/a *quiet*
zodiaco *zodiac*
zona *zone, area, district*
zucchero *sugar*

Index to Grammar

Abbreviations used: *adj.* = adjective; *adv.* = adverb; *art.* = article; *cf.* = compare(d); *cond.* = conditional; *def.* = definite; *f.* = feminine; *fut.* = future; *imp.* = imperative; *ind.* = indefinite; *inf.* = infinitive; *irr.* = irregular; *m.* = masculine; *p. def.* = past definite; *p. p.* = past participle; *pers.* = person; *pl.* = plural; *prep.* = preposition; *reg.* = regular; *sing.* = singular; *subj.* = subjunctive.